Brigitte Jäger-Dabek

# Reisegast in Polen

Brigitte Jäger-Dabek

# Reisegast in Polen

Herausgeber der Reihe Reisegast:

Buch & Welt GmbH

IWANOWSKI'S REISEBUCHVERLAG

**www.iwanowski.de**

Hier finden Sie aktuelle
Infos zu allen Titeln,
interessante Links –
und vieles mehr!



1. Auflage 2007

**Konzept, Redaktion, Bildredaktion:** Buch & Welt GmbH, München

**Lektorat:** Ute Diergarten-Wandel, München

**Projektleitung (Iwanowski):** Rüdiger Müller, Dormagen

**Satz und Produktion:** Dr. Alex Klubertanz, München

**Bildnachweis:**
*Volkmar E. Janicke* Seite Titelmotiv und Seite 3, 9, 10, 13, 16, 19, 21, 26, 27, 29, 30, 32, 37, 39, 42, 44, 48, 53, 54, 59, 63, 67, 69, 73, 76, 92, 114, 116, 119, 121, 123, 126, 129, 132, 134, 137, 139, 144, 148, 151, 153, 168, 169, 172, 175, 176, 178, 180, 182, 183, 184, 188, 191.
*Brigitte Jäger-Dabek* Seite 11.
*Mietek Małek* Seite 8, 12, 15, 22, 40, 52, 71, 78, 79, 80, 82, 83, 85, 89, 91, 94, 97, 105, 106, 108, 110, 115, 117, 142, 145, 150, 158, 160, 161, 166, 171, 186.
*transit Fotografie und Archiv* Seite 147, 155, 156, 164.
*wikipedia* Seite 2, 23, 34, 45, 57, 100.
*Leo Purmann* Cartoons Seite 194-200.
*Rolf Eder* Karten Seite 14, 24.

**Gesamtherstellung:** B.o.s.s.-Druck und Medien, Goch

ISBN: 978-3-933041-30-2

# Inhalt

EZAJSK
EZAJSK

# Irgendwo weit im Osten

## Vorwort von Brigitte Jäger-Dabek

Sichere Landung. Über 40 000 Storchen-Brutpaare verbringen den Sommer in Polen.

*Bären und Wölfe?*

»Nach Polen fährst Du?« Im Gesicht meines Gegenübers arbeitet es. Förmlich sehe ich, wie Bilder entstehen von Wölfen und Bären, die aus tiefdunklen Wäldern nachts bis an die Ränder der Ortschaften kommen. Alle gespeicherten Klischees und Vorurteile über dieses Land rattern durch. »Da willst du Urlaub machen? Ist das nicht viel zu gefährlich?« Besorgnis liegt in der Stimme. – »Nein, ist es nicht», antworte ich, »und meinen Wagen habe ich auch jedes Mal wieder mit nach Deutschland gebracht. Ich fahre doch nicht in eine Wildnis mit kultureller Brache und Autoknackern an jeder Ecke.«

*Solidarność und Autodiebe?*

Das ist übertrieben? Leider immer noch nicht so ganz. Denn seit ich in der zweiten Hälfte der 1970er Jahre erstmals nach Polen fuhr, hat sich an den Ansichten hierzulande wenig geändert. Bezeichnend ist, was der polnische Schriftsteller Stefan Chwin während einer Bahnreise von einem deutschen Mitreisenden zu hören bekam, befragt nach seinen Vorstellungen über das Polen von heute. Wie aus der Pistole geschossen kam die Antwort: »Ja, das Land des Papstes, der Störche, der *Solidarność* und der Autodiebe«.

Polen – traditionsbewusst und immer auf der Suche nach nationaler Identität

Sie sind hartnäckig, die Stereotype, die unser Polenbild noch immer prägen. Dabei ist Polen unser Nachbarland, und seine Grenze liegt kaum eine Autostunde östlich von Berlin. Dennoch ist dieser Nachbar vielen Deutschen weitgehend

Danzig, die Narben des Bombenkrieges sind noch sichtbar.

unbekannt. Noch immer liegt Polen, was die gefühlte Entfernung betrifft, irgendwo weit im Osten, eher kurz vor Sibirien, in der Mitte von Nirgendwo, als in Mitteleuropa.

*Erst mit dem EU-Beitritt fiel der Eiserne Vorhang.*

Die Wirklichkeit sieht anders aus. Mit dem Beitritt zur Europäischen Union im Mai 2004 ist das Land dorthin zurückgekehrt, wo es historisch gesehen hingehört: ins Zentrum Europas. Mit seiner reichen Kultur und Geschichte macht es Mitteleuropa wieder vollständig. Für vier lange Jahrzehnte war Polen nach der Apokalypse des Zweiten Weltkrieges hinter dem Eisernen Vorhang verschwunden. So ist es eines der verlorenen Kinder Europas, das nun endlich heimkehren kann zu seiner angestammten Familie. Erst mit dem EU-Beitritt sei der Eiserne Vorhang endgültig gefallen, meinen viele Polen.

Nach der politischen Wende 1989 erlebte das Land gewaltige Veränderungen. Die Umbrüche brachten große Lasten für den Einzelnen mit sich, rissen neue soziale Gräben auf, verstärkten die Gegensätze zwischen Land und Stadt, zwischen ökonomischer Stagnation und etwa Warschaus atemberaubendem Flirt mit dem Kapitalismus. Und dennoch: die Nation schaut voraus und setzt alles auf eine politisch und wirtschaftlich stabile Zukunft.

*Leidvolle Geschichte*

Vieles ist nur vor dem Hintergrund einer leidvollen Geschichte zu verstehen, die bis heute von existenzieller Bedeutung für jeden Polen ist und seine Gedankenwelt sowie die Kultur des Landes prägt. Manche Empfindlichkeit hat historische Ursachen.

Wie zwischen Hammer und Amboss war das Land lange zwischen übermächtigen Nachbarn eingekeilt, für die es Verfügungsmasse eigener politischer Interessen war. Polen wurde geteilt, zerschlagen, besetzt und dennoch erstand es immer wieder neu, an anderer Stelle, mit anderen Grenzen und neuen Nachbarn. *Nie damy się,* wir lassen uns nicht unterkriegen, heißt es in Polen.

*Im Katholizismus verwurzelt*

Die tiefe Verwurzelung im Katholizismus hat zum Überleben der Nation beigetragen. Die katholische Kirche prägt den polnischen Alltag bis heute, macht vielerlei Verhaltensweisen erst begreifbar. Darüber mehr zu wissen, wird Ihnen den Zugang zu Ihren polnischen Bekannten erleichtern und Missverständnisse vermeiden helfen. Polen ist nicht fremdartig bedrohlich, nur eben anders. Aber das sind Länder wie Dänemark zum Beispiel oder Österreich auf ihre Weise ja auch.

*Begegnung mit Polen*

Ihnen Rüstzeug für die Begegnung mit Polen mit auf den Weg zu geben, ist zentrales Anliegen dieses Buches. Es ist der Versuch, Entwicklungen nicht nur zu beschreiben, sondern auch einzuordnen und Ihren Blick zu schärfen für die momentane polnische Befindlichkeit. Vielleicht gelingt es, Verständnis dafür zu wecken, wie Polen heute fühlen und denken, warum sie sich so und nicht anders verhalten. Im besten Fall ermuntert es Sie als Reisegast, nicht nur die traumhaft schönen Landschaften und die kulturhistorisch bedeutenden Sehenswürdigkeiten kennen zu lernen, sondern auch die Menschen, deren Land Sie besuchen. Es gibt viele gute Gründe, sich auf sie einzulassen.

## Über die Autorin:

Brigitte Jäger-Dabek, geboren 1952, ist freie Journalistin mit dem Schwerpunkt Osteuropa und kennt Polen seit über 25 Jahren. 1984 heiratete sie einen Polen. Nach dem Studium der Politik- und Islamwissenschaften in Hamburg war sie zunächst als selbständige Optikerin tätig. Seit 1997 arbeitet sie hauptberuflich als Autorin und Seminarleiterin mit dem Spezialgebiet Polen. Sie hat bereits mehrere Bücher veröffentlicht, darunter »Polens Ostseeküste & Masuren« im Iwanowski Verlag und »Polen – eine Nachbarschaftskunde für Deutsche« im Ch. Links Verlag. Sie lebt heute in Stade bei Hamburg.

# Annäherung an einen vergessenen Nachbarn

Ende der Zivilisation? Solina-Stausee, Karpatenvorland

## In der Mitte Europas

*Alte Denkmuster …*

Polen – nicht gerade das Reiseziel Nummer eins für die meisten Deutschen. Immer noch wähnen viele es irgendwo weit weg im Osten. Immer noch ist der Eiserne Vorhang nicht restlos aus den Köpfen aller verschwunden, halten sich Jahrzehnte alte Denkmuster hartnäckig: Polen als Terra incognita wie zu Zeiten des Kalten Krieges? Als weißer Fleck auf der Landkarte? Dabei genügt ein Blick darauf, um – überrascht vielleicht – zur Kenntnis zu nehmen: Polen ist unser Nachbarland und beginnt gleich hinter der Oder, keine 100 Kilometer östlich von Berlin. Warschau ist von Berlin aus nur halb so weit entfernt wie die alte Bundeshauptstadt Bonn oder München, von Wien oder Zürich ganz zu schweigen. Wie kommt es, dass Polen den sonst so reisefreudigen Deutschen derart unbekannt ist?

*… halten sich hartnäckig.*

Mit der Deutschen Einheit verschob sich das politische Zentrum Deutschlands zwar von Bonn nach Berlin und damit ein ganzes Stück weit ostwärts; an den deutschen Sichtweisen hat sich dadurch allerdings wenig geändert. Ähnliches gilt im europäischen Maßstab. Selbst der EU-Beitritt Polens brachte bislang kaum echte Annäherung. Andere Altmitglieder tun sich mit ihren »neuen« Nachbarn ebenfalls schwer, wie zum Beispiel die Österreicher mit der Slowakei, obwohl deren Hauptstadt von Wien aus früher einmal sogar mit der Straßenbahn zu erreichen war.

*An Polens Grenze…*

Schuld daran ist der nachwirkende Kalte Krieg, der Europa in zwei Lager spaltete. Über 40 Jahre lang waren wir es gewohnt, nach Westen zu schauen, zumindest nach Paris, am liebsten aber gleich über den ganzen Atlantik hinweg bis nach Washington. Das nahe Warschau, Polen, lag uns im Rücken, und alles was hinter uns liegt, ist uns weniger wert. Wir übersahen Polen, wir vergaßen es, es verschwand hinter dem Eisernen Vorhang. Wenn auch einige Deutsche diesen gedanklich lieber von der Elbe an die Oder verlegten, um die eigenen Landsleute in der ehemaligen DDR nicht dem »Reich des Bösen« zurechnen zu müssen, war es doch relativ egal, ob man Warschau erwähnte oder Wladiwostok. Beide Städte waren nahezu unerreichbar in einer fremden Welt verortet, die auch noch feindlich gesinnt war: im Ostblock, im Kommunismus. Europa, ja die Zivilisation überhaupt, schien an der polnischen Grenze zu enden.

*... begann der Eiserne Vorhang.*

Was aber stellt Polen denn nun eigentlich dar? Einen Teil Mitteleuropas? Oder gehört es zu Osteuropa? Nun ist Europa ja weniger ein geographisch als Anhängsel der asiatischen Landmasse abzugrenzender Raum, als vielmehr eine politisch gewachsene Idee. Die Grenze an Oder und Neiße war weder historisch noch kulturell jemals eine Trennlinie zwischen Ost- und Westeuropa. Kulturhistorisch betrachtet befand sich diese dort, wo die »lateinische«, also die katholische Prägung aufhörte und die russische Orthodoxie anfing, an Polens Ostgrenze. Polen war immer ein Bestandteil Mitteleuropas, das schon der urliberale Friedrich Naumann als den Raum definierte, den das Deutsche Reich und Österreich-Ungarn zusammen bildeten. Genau dieser kulturhistorische Raum aber ging in Vernichtungskrieg und Holocaust unter, und der Kalte Krieg setzte den Eisernen Vorhang willkürlich mitten hinein. Wo jedoch Grenzen mit Bollwerken versehen werden, wo sie für Menschen undurchlässig sind und mit scharfen Waffen bewacht werden, konnte keine Mitte mehr sein: Fast 50 Jahre lang.

*Rückkehr nach Mitteleuropa*

Nach der politischen Wende 1989 und der Auflösung des Ostblocks verlangte man in Polen vehement eine Rückkehr nach Europa. Es gab nur das eine Ziel: Zurück zu den abendländischen Werten Mitteleuropas! Vor allem der langwierige Prozess der EU-Beitrittsverhandlungen hielt das Thema auf der Tagesordnung. Eine neue kulturelle und politische Mitte musste gefunden werden. Es

Den EU-Beitritt feiern, Volkstanzfans in Przemyśl

galt das gemeinsame mitteleuropäische Erbe neu zu entdecken. Polen ist noch immer auf der Suche nach seinem Platz in der Gemeinschaft und einer neuen Identität. Zwar wurde durch die EU-Osterweiterung vom 1. Mai 2004 die Spaltung Europas faktisch beendet, seine Menschen aber begannen nur langsam, sich gemeinsamer kultureller Wurzeln zu besinnen.

*EU-Mitglied auf Augenhöhe*

Polen versteht sich in diesem Beitrittsprozess keineswegs als armer Verwandter, der als Bittsteller kommt und einen Bremsklotz darstellt, der der weiteren Entwicklung der europäischen Gemeinschaft entgegensteht – obwohl das weiter westlich durchaus so gesehen wird. Polen demonstrierte Selbstbewusstsein, wollte eine Mitgliedschaft auf Augenhöhe und begründete seinen Beitritt mit einem kulturhistorischen Anspruch auf Zugehörigkeit. Zunächst im Westen darob belächelt, begann den Altmitgliedern schon bald zu dämmern, dass dieser Beitritt nicht nur Polen, sondern auch die EU verändern würde – die Mitte rückt nun ostwärts. Und Polen gehört dazu, zu Mitteleuropa oder, um es ganz korrekt auszudrücken, zum östlichen Mitteleuropa.

*Viel Platz – wenig Menschen*

Es gibt etliche Umfragen, in denen vor allem Deutsche bestätigen, dass sie von Polen kaum etwas wissen. Nicht einmal die Einwohnerzahl – 38 Millionen – können mehr als die Hälfte der Deutschen halbwegs richtig schätzen und Polens tatsächliche Größe versetzt offenbar in Staunen. Mit 313 000 Quadratkilometern Staatsfläche ist es fast so groß wie die Bundesrepublik und größer als Italien oder Großbritannien. Setzt man die beiden Zahlen – Fläche und Einwohner – zueinander ins Verhältnis, wird klar, dass es in Polen viel Platz gibt. Das Land ist mit 122 Einwohnern pro Quadratkilometer nur gut halb so dicht besiedelt wie die Bundesrepublik mit 230 Einwohnern pro Quadratkilometer.

*Beständig ist nur der Wechsel.*

Einmal abgesehen von der rund 530 Kilometer langen natürlichen Grenze an der Ostseeküste, ist mit 467 Kilometern Polens längste Grenze die zu Deutschland. Was seine Nachbarn betrifft, hatte Polen es oft schwer. Meist übermächtig verspürten diese stets einen gewaltigen Appetit auf seine Ländereien und teilten es nach kriegerischen Auseinandersetzungen mehrfach unter sich auf. So ist das »Zwischen-Hammer-und-Amboss-Syndrom« zur polnischen Urangst geworden. Immer wenn Polen neu entstand, wurden an einer anderen Stelle neue Grenzen gezogen. Und wenn Polen schon einmal bestehen blieb, dann wurde rundherum alles neu geordnet. Nach dem Ende des Kalten Krieges wechselte die Nation nur ihren Namen – aus der ehemaligen Volksrepublik Polen wurde die Republik Polen –, blieb aber diesmal anders als die umliegenden Staaten in ihren Grenzen bestehen. Dafür bekam Polen lauter neue Nachbarn. Kein einziger seiner Nachbarstaaten ist heute noch der gleiche wie vor 1989. Die DDR verschwand durch die Wiedervereinigung mit der Bundesrepublik, die Sowjetunion löste sich auf. Die neuen Nachbarstaaten neben Deutschland hießen nun Russische Föderation, Litauen, Weißrussland und Ukraine. Die Tschechoslowakei trennte sich in Tschechien und die Slowakei. Es blieb also bei der großen Konstante in der polnischen Geschichte und Politik: Beständig ist nur der Wechsel.

## Polens Landschaften

*Zwischen Ostsee und Karpaten*

Die Landschaften Polens sind in breite von West nach Ost verlaufende Zonen unterteilt. An den abwechslungsreichen Küstengürtel längs der über 500 Kilo-

Bergwandern im Winter, Bieszczady Nationalpark, Südostpolen.

meter langen polnischen Ostseeküste schließen sich südlich Streifenwald und seenreiche Moränenlandschaften an. Es folgt im Süden der breite und landwirtschaftlich geprägte Gürtel des polnischen Tieflandes von Großpolen und Masowien. Dieser geht – wiederum im Süden – in eine Reihe von Hochebenen und Mittelgebirgen über, dem ein Hochgebirgsriegel folgt. Die Karpaten und die Sudeten begrenzen Polen ganz im Süden. Der Rysy ist mit 2499 Metern Polens höchster Berg und liegt in der Hohen Tatra, die ein Teil der Karpaten und Polens einziges Hochgebirge mit alpinem Charakter ist.

*Oder und Weichsel*

Drei Viertel Polens besteht aus Flachland, weiten Ebenen und sanften Hügeln mit bis zu 200 Metern Höhenunterschied. Durchschnitten werden Polens Landschaften von zwei großen Flüssen, die von Süd nach Nord in die Ostsee fließen. Dies sind an der Westgrenze zu Deutschland die Oder, die in den schlesischen Beskiden entspringt, und weiter östlich die Weichsel, die bei Danzig (Gdańsk) nach 1047 Kilometern in die Ostsee mündet und Polens größter Fluss ist.

*Die Hohe Tatra*

Zwei dieser Landschaften lieben die Polen besonders: die Hohe Tatra und Masuren. Diese beiden so völlig verschiedenen Regionen sind nicht nur die bevorzugten polnischen Urlaubsziele. Auch viele ausländische Besucher kommen hierher. Die Polen sind ein Volk von Naturliebhabern und scheinen als eigentliche Flachlandbewohner von einer beinahe zärtlich zu nennenden Bergromantik beseelt zu sein. So übt die traumhaft schöne, alpine Landschaft der Hohen Tatra eine fast magische Anziehungskraft aus. Und in der Tat ist die Hohe Tatra eine Kleinausgabe der Alpen, nur 50 Kilometer lang und 15 Kilometer breit.

Masurische Seenplatte – Inbegriff intakter Natur, Sztynort (Steinort)

INFO

## Adebars Traumland

52.500 Weißstorchenpaare hat der Deutsche Naturschutzbund (NABU) beim VI. internationalen Weißstorchenzensus 2004/2005 in Polen gezählt. Das ist fast ein Viertel der weltweiten Storchenpopulation. Besonders in Masuren finden die Vögel ob der kleinräumigen Landwirtschaft und der Mischung aus Ackerflächen, Weideland und Wasser ideale Lebensbedingungen und einen reichlich gedeckten Tisch.
Nur die Weißstörche sind »Kulturfolger«. Sie suchen die Nähe der Menschen, ziehen während der warmen Sommermonate auf Kirchtürmen und Bauernhäusern ihre Jungen auf. Viele der immer wieder verwendeten Nester sind Tonnen schwer und manche über 100 Jahre alt. Die Schwarzstörche sieht man dagegen nur selten. Sie brüten in hohen Baumkronen in der Abgeschiedenheit der dichten masurischen Wälder.
Polens Störche gehören zu den »Ostziehern«. Mitte August verlassen sie ihre Sommerquartiere und fliegen über die Türkei mehr als 10 000 Kilometer weit fort in ihre südafrikanischen Winterquartiere. Jedes Jahr kehren sie wieder an ihren Geburtsort zurück, zuerst die Männchen, die den Brutplatz sichern und eine Woche später folgen im April die Weibchen.
Das polnische Storchendorf schlechthin ist Zywkowo, ein kleiner Ort im Norden der Woiwodschaft Warmia i Mazury (Ermland und Masuren), nahe der Grenze zur russischen Enklave Kaliningrad (Königsberg). Hier zählte man in den letzten Jahren über 40 Storchenpaare, die zusammen etwa 80 Jungstörche großzogen. Zywkowo hat damit eindeutig mehr gefiederte als menschliche Einwohner.

Hier ballt sich der Tourismus. Allerdings gibt es beträchtliche Einschränkungen individueller Freizeitmöglichkeiten. Die jedoch werden klaglos hingenommen: Ein großer Teil der Hohen Tatra ist als strengstens geschützter Nationalpark ausgewiesen.

*Masuren*

Wenn es noch eine Region gibt, die ganz Polen zu faszinieren scheint und die zum Inbegriff von intakter Natur wurde, dann ist dies Masuren mit seiner berühmten Seenplatte. Die Ruhe und Weltabgeschiedenheit dieses Landstrichs im Nordosten Polens ist das zweite unangefochtene Sehnsuchtsziel reiselustiger Polen. Alle, die einmal dort waren, schwärmen von den verträumten Dörfern, den vielen Storchennestern auf den Dächern malerischer Katen, den majestätisch über die Wiesen schreitenden Weißstörchen, den kristallklaren Seen, den tiefen, urwüchsigen Wäldern, der guten Luft und von den erlebten Abenteuern auf Wanderfahrt mit dem Paddelboot. (vgl. S. 173f.)

*Nationalparks*

Polen ist ein waldreiches Land. Gut ein Drittel seiner Fläche ist von Wäldern bewachsen. Vorwiegend sind es Kiefern- und Fichtenwälder sowie Mischwälder, die das Landschaftsbild prägen. Polens »Grüne Lunge« im Nordosten des Landes besitzt im Białowieża-Nationalpark sogar den größten zusammenhängenden

Urwald Europas, der schon 1979 in die Liste des UNESCO-Welterbes aufgenommen wurde. Je weiter man nach Nordosten kommt, desto dünner besiedelt ist das Land und umso unberührter ist seine Natur.
Der Umweltgedanke ist im Bewusstsein der Polen inzwischen fest verankert. Man weiß, dass die Schätze der Natur von großem Wert sind und das Pfund, mit dem Polen wuchern kann. So erklärt sich auch die erstaunlich große Zahl der Nationalparks und sonstiger unter Naturschutz stehender Flächen in Polen. Derzeit gibt es 22 offizielle Nationalparks mit 300 000 Hektar Fläche, dazu 88 Landschafts- und Naturparks sowie an die 1000 Naturreservate.

*Umweltschäden*

Die geringe Industrie-Dichte der Regionen außerhalb der großen Ballungsräume in der Mitte und im Süden Polens ließ die Umwelt im Norden und Osten trotz aller sozialistischen Umweltsünden relativ unberührt. Die Rückständigkeit der Landwirtschaft in diesen Agrarhochburgen mit ihren Tausenden armer Kleinbauern tat ein Übriges: Kunstdünger, Mastfutter und Hormonpräparate blieben für die kleine Höfe unerschwinglich. Die Bauern waren gezwungen, traditionell (und somit fast ökologisch-gesund) zu produzieren. Die großen Umweltschäden betrafen folglich eher die Industriezentren und dort besonders die oberschlesischen Kohlereviere sowie die Weichsel, in die das Gros der Industrieabwässer ungeklärt eingeleitet wurde.
Nach der Wende atmete Polens Natur rasch auf. Die Hälfte der Industriekombinate überlebte die Entlassung in die freie Marktwirtschaft nicht, unter ihnen auch etliche große Umweltverschmutzer und Anlagen mit veralteten, Energie fressenden Maschinenparks. Von einem Tag auf den anderen waren viele der größten polnischen Dreckschleudern abgeschaltet worden.

*Schutzmaßnahmen*

Der nächste große Schritt in Richtung Umweltgesundung war eine groß angelegte Kampagne zur Modernisierung bestehender Heizungsanlagen. Ging man zu Anfang der 1990er Jahre im Winter durch polnische Städte, blieb einem nahezu die Luft weg und der Hals kratzte bald vor beißendem Rauch. Über sämtlichen Stadtteilen hing eine Dunstglocke, die wie Nebel wirkte. Die Polen waren es gewohnt, fast ausschließlich mit Kohle zu heizen, in waldnahen Gebieten auch mit Holz. Nun erhielten sie plötzlich lukrative Anreize zur Umrüstung von Kohle und Holz auf Gasheizungen. Der Industrie und den vielen Kohlekraftwerken wurden wirksame Filter gesetzlich verordnet.

*Geldregen aus Brüssel*

Dazu kam ein warmer Geldregen aus Brüssel, mit dem man Polens größtem Umweltproblem zu Leibe rückte, dem Mangel an Kläranlagen. Im Zuge der EU-Beitrittsvorbereitungen wurden Hunderte von neuen Klärwerken gebaut und ältere Anlagen modernisiert. Die polnische Umwelt dankte diesen Maßnahmen mit relativ rascher Erholung. Man kann nun auch im Winter wieder tief durchatmen und sogar die Weichsel ist ein gutes Stück sauberer geworden. Die andauernden sommerlichen Badeverbote in der Danziger Bucht wegen der giftigen Weichselabwässer gehören der Vergangenheit an.
Es ist nun aber keineswegs so, dass es nichts mehr zu tun gäbe für Polens Umwelt, im Gegenteil. Ganze Komplexe sind noch nicht aufgearbeitet wie zum Bei-

Hochhaus-panorama. Warschau, Polens Hauptstadt

spiel die Umstrukturierung des oberschlesischen Kohle- und Industriegebietes mit seinen Gruben, Schächten und der Schwerindustrie. Zwar hat auch hier die Pleitewelle einige der schlimmsten Umweltverschmutzer stillgelegt, aber vor allem die Böden sind von der Stahl- und Kohleindustrie noch stark belastet. Auch ist die Luftverschmutzung hier weit höher als im Landesdurchschnitt. Die Lebenserwartung der Menschen ist ebenfalls deutlich niedriger als im übrigen Polen und es treten viel mehr chronische Erkrankungen der Atemwege auf, vor allem bei Kindern. Der illegale und unter hohem, persönlichem Risiko stattfindende Abbau von Restkohle ist für viele arbeitslos gewordene Familienväter oft die einzige Möglichkeit, ihren Familien Brennmaterial für alte Öfen und Herde zu beschaffen. Die Männer setzen bei der Arbeit unter Tage bewusst ihr Leben aufs Spiel. Viele dieser »Spechte« sind in den mangelhaft gesicherten alten Stollen bereits verunglückt. Besonders im oberschlesischen Kohlerevier fehlt also für Menschen und Umwelt weiterhin jegliche Perspektive für eine bessere Zukunft.

## Land der Gegensätze

*Strukturelle Umwälzungen*

Noch immer ist Polen ein Land im Umbruch, ist die Transformation hin zu Demokratie und Marktwirtschaft nicht abgeschlossen. Es ist eines der größten ehedem kommunistischen Länder, in dem eine solche Transformation jemals begonnen wurde. Soziale Schieflagen blieben dabei nicht aus. Inzwischen wird deutlich, dass die Schere zwischen Arm und Reich, zwischen Stadt und Land immer weiter aufklappt. Polen ist ein Land der Gegensätze geworden, in dem alles im Fluss ist. Der Kontrast zwischen innovativen Hightechfabriken und unrentablen Betrieben mit völlig veralteten Produktionsanlagen, zwischen hochmodernen, durchtechnisierten Groß-Agrarbetrieben und Minibauernhöfen, deren Fuhrpark noch immer aus Pferd und Wagen besteht, spitzt sich zu. Der Wandel hin zu modernen Produktions- und Informationstechniken hat zwangsläufig zu großen strukturellen Umwälzungen im Land geführt, das seit jeher stark agrarisch geprägt war.

*Dem Kapitalismus erlegen*

Sogar einen Gegensatz der Metropolen gibt es. Warschau (Warszawa), die ungeliebte, brodelnde Kapitalistische auf der einen Seite und Krakau (Kraków) die zärtlich geliebte, elegante Geistig-Kulturelle auf der anderen Seite. Hässlich und laut sei Warschau sagen viele, zu schnell gewachsen und völlig verbaut. Filz und Vetternwirtschaft würden dort bis hinein ins Zentrum der Macht regieren. Der Gegensatz zwischen der vollständig dem Werben des westlichen Kapitalismus erlegenen Hauptstadt und dem gemächlichen Tempo im Rest des Landes könnte nicht größer sein. Es liegen Welten zwischen abgeschiedenen Dörfern und dem alle Ressourcen aufsaugenden Moloch Warschau. Fast alle Wege nach oben führen in Polen einzig über die Hauptstadt, egal ob es um Ausbildung, Karriere, oder das große Business geht.

*Manhattan an der Weichsel*

Der Kontrast zwischen Stadt und Land ist so groß, dass Soziologen mittlerweile von »Polen A« gleich Stadt und »Polen B« gleich Land sprechen. Der große wirtschaftliche Aufschwung ist in Polens Städten unübersehbar. Vor allem Warschau scheint förmlich zu explodieren. Ruck, zuck werden immer mehr gläserne Bürotürme hochgezogen, die alsbald von schick gekleideten und gut ausgebildeten Jungakademikern im Yuppie-Stil bevölkert werden. In den hippen Bistros und Pubs der Umgebung werden in den Arbeitspausen die lukrativsten Anlageoptionen diskutiert. Die Banken, Versicherungen und Dienstleistungsfirmen in den Hochglanzzentren der großen Städte können ihr Wachstum kaum zügeln. Ihre Mitarbeiter gehören zu der neuen urbanen Mittel- und Oberschicht, die Polens Binnennachfrage stetig ankurbeln. »Warschau sieht jedes Jahr ein wenig mehr wie ein Manhattan an der Weichsel aus, sogar eine moderne U-Bahn entsteht«, frohlockt Polens neuer Mittelstand, die *biznesmeni,* wie Geschäftsleute sich heutzutage auf Neupolnisch nennen. Längst hat die Hauptstadt den Lebensstandard der Gesamt-EU erreicht, während man in anderen Landesteilen gerade einmal auf zwei Drittel kommt und jeder siebte Pole gar mit der Hälfte zurechtkommen muss.

*Wendeverlierer*

Diese Wendeverlierer findet man vor allem in den ländlichen Regionen. Insbesondere im Nordosten, und Osten, wo es kaum Arbeitsplätze außerhalb der Landwirtschaft gab. Die meisten Menschen auf dem Land waren dort bei den PGRs (Państowe Gospodarstwo Rolne) tätig, der polnischen Variante landwirtschaftlicher Produktionsgenossenschaften. Andere bewirtschafteten eigene Bauernhöfe, die mit einer durchschnittlichen Größe von weniger als acht Hektar unrentabel waren und oft nur der Eigenversorgung dienten. Nach der Wende brach die Staatswirtschaft zusammen. Die wenigsten PGRs fanden einen Investor, der auch nur ein paar Arbeitsplätze hätte sichern können. So wurden die

Bewohner ganzer Dörfer über Nacht arbeitslos. Derzeit ist die Arbeitslosigkeit in manchen Bereichen des Nordostens – besonders des Grenzgebietes zum russischen Kaliningrad (Königsberg) – noch immer fast doppelt so hoch wie im Landesdurchschnitt. Sie ist längst zum Dauerzustand geworden. Die ehemaligen PGR-Mitarbeiter haben meist nur einen geringen Bildungsgrad, oft keine abgeschlossene Schulbildung, sind nicht mobil und somit praktisch chancenlos bei der Vermittlung. Sie überleben mehr schlecht als recht von einem kleinen Stückchen Land, mit dessen Produkten sie sich selbst versorgen. Nur die wenigsten erhalten Arbeitslosengeld.

*Strukturelle Arbeitslosigkeit*

Der Übergang zur Marktwirtschaft bescherte Polen also das »neue« Problem der strukturellen Arbeitslosigkeit. Investiert wird nicht in die Schaffung neuer Arbeitsplätze, investiert wird in die Steigerung der Produktivität der Betriebe, was weitgehenden Arbeitsplatzabbau zur Folge hat. Die einzige Ausnahme bildet der Ausbau der Infrastruktur. Allein der Straßenbau brachte auch dem ländlichen Raum gut 10 000 neue Arbeitsplätze. Für mehr Förderung ist allerdings kein Geld in Polens notorisch leeren, öffentlichen Kassen. Und noch eine polnische Besonderheit: Fast ein Fünftel seiner Mittel benötigt der Staat für die Zahlung der sozialen Wohltaten, die Anfang der 1990er Jahre Postsolidarność-Regierungen dem Wahlvolk spendierten. Man schätzt die Zahl der Polen auf fast eine Million, die damals flugs zu Frühpensionären, Invaliditätsrentnern oder Empfängern sonstiger öffentlicher Hilfen gemacht wurden. Auch ein wesentlich reicheres Land als Polen könnte sich solche Soziallasten nicht leisten.

*Schlechte Aussichten*

Die Problematik der strukturellen Arbeitslosigkeit wird sich in den nächsten Jahren kaum entschärfen. Denn die Privatisierung der maroden, polnischen Schwerindustrie ist noch längst nicht abgeschlossen. Dann dürften noch einmal bis zu 300 000 Polen ihre Arbeitsplätze verlieren. (vgl. S. 88ff.)

Viel Straße, wenig Stadt: Stettin (Szczecin)

# Zwischen Hammer und Amboss – das alte Polen

## Am Anfang Legenden

*Burgsiedlung Gniezno*

Feldbewohner nannten sie sich, die slawischen Polanen, über die westeuropäische Chronisten erstmals im 10. Jahrhundert berichteten. Sie siedelten im Gebiet zwischen Weichsel und Warthe im Bereich des heutigen Großpolen (Wielkopolska) und lebten dort friedlich zwischen ihren slawischen Nachbarn. Einen starken Hauptort hatten sie seit dem 8. Jahrhundert, die Burgsiedlung Gniezno (Gnesen).

Millionen Polen folgen dem Kreuz seit über 1000 Jahren.

Auch um die Herkunft des Gnesener Herrschergeschlechts der Piasten rankt sich – wie um so vieles in Polen – eine Legende. Piast der Rademacher, ein einfacher Bauernjunge aber von »edlem Gemüt«, wurde demnach zum Herrscher der Polanen berufen. Als er, ein Wagenrad bauend, vor seiner Hütte saß, kamen zwei Fremde des Weges, die er gastlich aufnahm. Diese Fremden hatte der König zuvor abgewiesen und nun stellte sich heraus, dass sie Engel waren. Und diese Engel prophezeiten Piast eine große Zukunft. Sein Sohn und dessen

INFO

### Vom Adlernest zum Staatssymbol

Wo die Anfänge im Dunklen liegen, die Herkunft historisch nicht hundertprozentig zu belegen ist, verklären Legenden die eher nüchterne Wirklichkeit. So auch in der Legende über die Entstehung Polens. Es waren einmal drei edle Brüder, die zogen durch die Lande. Sie suchten eine neue Heimat für sich und ihre Nachkommen. **Czech,** der Urvater der Tschechen wählte die fruchtbaren Moldauauen. **Rus,** der Stammvater der Ruthenen bevorzugte die Steppen und

Polnisches Staatswappen

**Lech,** der Träumer, erblickte in einer weiten, flachen Landschaft mit rundlichen Hügeln und kleinen Seen eine Rieseneiche, die ihre Äste wie Arme ausbreitete und darin ein Nest mit einem weißen, fast flüggen Adlerjungen barg. Das schien Lech ein Zeichen zu sein. Er verabschiedete sich von seinen weiterziehenden Brüdern und baute genau an dieser Stelle eine Hütte, die er Gniazd nannte, auf Deutsch: Nest. Später dann entwickelte sich aus dem »Nest« eine Stadt namens Gniezno (Gnesen) und noch viel später die Hauptstadt Polens. Wappentier des neuen Landes wurde der weiße Adler. Er hielt sich als Wappentier im Laufe der Zeiten und ziert auch heute noch das polnische Staatswappen. Seine Krone stellt die Krone Mariens dar, der Schutzpatronin Polens. Im kommunistischen Polen wurde dasselbe Wappen verwendet – nur ohne die goldene Krone.

Nachkommen würden dereinst Polen beherrschen. Piast als Stammvater der polnischen Könige, gerecht und volksnah, weise und fromm: Die Legende blieb über die Jahrhunderte lebendig und wurde zum Themengeber für viele Gemälde. Das größte und bekannteste ist das Monumentalgemälde im Paulinerkloster Tschenstochau.

## Westorientierung – die Piasten (960–1386)

### Mieszko I. (960–992)

*Begründer Polens*

Legende hin, Legende her: Der erste historisch zu belegende Piastenherrscher und angeblicher Urenkel Piasts war Mieszko I., der eigentliche Begründer Polens. Er wurde 963 erstmals schriftlich erwähnt und regierte von 960 bis 992. Sein Reich umfasste bereits das ganze heutige Zentralpolen, hatte er doch die Slawenstämme geeint. Im Westen grenzte sein Territorium an das Heilige Römische Reich Deutscher Nation, einem Nachbarn mit beachtlicher Macht des Handels, des Schwertes und Kreuzes. Die Stärke seiner Nachbarn hatte er bei seiner Niederlage gegen Kaiser Otto I. an der Oder von 963 bereits schmerzlich zu spüren bekommen und war dem deutschen Kaiser seitdem tributpflichtig.

Mieszko, der trotz der kriegerischen Auseinandersetzung vielfältige Kontakte zu seinen deutschen Nachbarn unterhielt, zeigte sich beeindruckt. Ob nun mehr von deren christlichem Glauben oder ihrer weltlichen Macht, sei einmal dahingestellt. Jedenfalls war es auch politisch nicht unklug, um Aufnahme Polens in die christliche Völkergemeinschaft zu bitten. Denn mit der Taufe und dem damit verbundenen päpstlichen Schutz entzog Mieszko dem Reich die Möglichkeit, Polen gewaltsam zu bekehren, sprich: zu annektieren. Obendrein hatte er als »christlicher« Herrscher nun seinerseits ein Motiv, ungehemmt nach Osten zu missionieren.

Mitteleuropa und Polen um 960

König Bolesław in polnischen Portemonnaies

*Polen wird katholisch.*

Mit seiner Heiratspolitik sicherte er sich zusätzlich ab. Mieszko ehelichte die böhmische Prinzessin Dobrava und nahm am Ostersonntag 966 den christlichen Glauben an, und mit ihm tat es ganz Polen. Dem polnischen Geschichtsverständnis gilt dieser Ostersonntag 966 als ein Kerndatum. Der Tag markiert für die Polen den Eintritt ihres Landes in die europäische Geschichte. Gleichzeitig ist er der Beginn der katholischen Tradition im Land. Schon frühzeitig waren also Kirche und Staat eng miteinander liiert.

Kluge politische Schachzüge waren das: Viele Jahrzehnte herrschte Ruhe an der Grenze zum Deutschen Reich. Im Osten ließ der deutsche Kaiser Mieszko gewähren und Schlesien sowie den Weichselraum um Krakau annektieren. Wichtige Handelsrouten verliefen hier, die Polens Staatsschatullen füllen halfen.

## Bolesław der Tapfere (992–1025)

*Akt von Gnesen*

Auch sein Sohn Bolesław I. erwies sich als geschickter Staatsmann. Im Osten führte er den Christianisierungsfeldzug weiter und im Westen hielt er sich das Deutsche Reich gewogen. Im »Akt von Gnesen« erhob Kaiser Otto III. ihn im Jahre 1000 während einer Pilgerfahrt zum polnischen Souverän und kürte ihn zum »Bruder und Mitstreiter im Reich«. Eine eigenständige polnische Kirche konnte daraufhin entstehen. Schon im Jahr darauf wurde das Erzbistum Gnesen gegründet. Bis heute residiert dort der Primas von Polen, der zugleich auch Erzbischof von Warschau ist.

Doch die Tage der deutsch-polnischen Freundschaft damals waren gezählt. Seit dem Tod Kaiser Ottos wehte ein anderer Wind. Ottos Nachfolger Heinrich II. (ab 1002) pfiff auf die Allianz mit Polen und versuchte im Gegenteil, seine Ostmarken zu Ungunsten Polens auszudehnen.

Doch Bolesławs Heere erwiesen sich als überraschend stark und überlegen. Bis tief nach Böhmen und Bayern hinein führten die drei Westfeldzüge polnischer Truppen. Es gelang Bolesław die polnische Westgrenze neu zu ziehen, als Heinrich 1018 im Frieden von Bautzen die Annexion der Lausitz, Mährens und Pommerns bestätigen musste.

*Königreich Polen*

Bolesław hatte sich auch im Osten gewaltig ins Zeug gelegt, hatte Kiew und mit Ruthenien etwa das Gebiet der heutigen Ukraine annektiert und ein christliches Reich geschaffen, das von der Oder im Westen bis zu Bug und San im Osten reichte, sowie in der Nord-Südausdehnung von der Ostsee bis zu den Sudeten. 1025 erhielt er die ersehnte päpstliche Zustimmung und nahm die Königswürde an. Sein Standbild mit den Königsinsignien am Dom von Gniezno (Gnesen) ist eines der beliebtesten Fotomotive bei polnischen Schulklassen.

## Niedergang der Piasten

*Krakau wird Hauptstadt.*

Kurz darauf starb Bolesław, und sein Reich überlebte ihn nicht lange. Bereits acht Jahre später musste sein Sohn Mieszko II. 1033 auf den Thron verzichten und wurde somit wieder reichsuntertänig. Enkel Kazimierz I. verlegte 1034 die Hauptstadt nach Krakau, wo sie 500 Jahre lang bleiben sollte.

*Senioratsverfassung*

Die Piastenherrscher hatten im 10. und 11. Jahrhundert nicht mehr die Macht, ihren absolutistischen Staat den einzelnen Herzogtümern gegenüber zusammen zu halten. Die Zentralmacht zerfiel immer mehr, das polnische Reich drohte in den partikularistischen Bestrebungen des erstarkenden Adels unterzugehen.

Ausflugsziel: die Königsresidenz (Wawel) im heutigen Krakau

Malbork (Marienburg), Hochschloss mit Burgturm, Sitz des Deutschen Ordens von 1309–1457, größte aus Backstein gebaute Festung Europas

Ein Übriges tat die Einführung der Senioratsverfassung im Testament von Bolesław III., das 1138 in Kraft trat.

Die hierin verbriefte, neue Erbfolgeregelung sah vor, dass der älteste Königssohn, der Senior, in Krakau residieren sollte, Teile Großpolens und Pommern sowie die Oberhoheit erhielt. Die übrigen Landesteile aber wurden unter den anderen Piastensöhnen aufgeteilt. Das schwächte die Zentralgewalt und die Dynastie zerfiel in sich teils erbittert befehdende Linien.

*Zerfall der Großreiche*

Die Senioratsverfassung hatte bis 1180 Bestand und mit ihrer Abschaffung wurde auch das letzte noch vorhandene gesamtstaatliche Band zerrissen. Polen existierte praktisch nicht mehr, war für zwei Jahrhunderte in Einzelprovinzen zerfallen. Ihre Souveränität konnten sich diese Herzogtümer nur deshalb erhalten, weil auch die Nachbarn ihre Probleme hatten; der Zerfall des Heiligen Römischen Reiches Deutscher Nation begann in dieser Zeit genauso wie der des Kiewer Großfürstentums. Trotz der politischen Querelen waren die beiden Jahrhunderte der Zersplitterung eine erste Blütezeit Polens. Kultur und Wirtschaft gediehen prächtig. Es wurden neue Städte gegründet, zumeist – wegen der dadurch günstigeren Entwicklungsmöglichkeiten – nach deutschem Recht. Mit den neuesten Techniken und Anbaumethoden ihrer Zeit brachten holländische und deutsche Siedler den Fortschritt nach Polen.

## Gefahren von außen

*Mongolen*

Von außen drohte große Gefahr. Die Schwäche des Kiewer Reiches ermöglichte den ungehindert zur stärksten Macht des Ostens aufgestiegenen Mongolen einen Sturmlauf durch halb Europa, der sie 1240 auch bis nach Polen führte. Von Breslau (Wrocław), Krakau und Sandomierz blieb nur Schutt und Asche übrig. Erst als sich Deutsche und Polen zusammentaten, wurde den Mongolen Paroli geboten. Die beiden vereinten Heere siegten 1241 in der Schlacht bei Legnica (Liegnitz); die Mongolen zogen sich zurück.

*Pruzzen*

Weiter nördlich hielt ein anderer kleinerer Gegner eines der polnischen Fürstentümer in Atem. Die Pruzzen, ein baltischer Stamm, der zwischen Weichsel, Ostseeküste und der Memel lebte, war der östliche Nachbar der Masowier und ließ sich einfach nicht freiwillig christianisieren. Daher rief Herzog Konrad von

Masowien 1226 den Deutschen Orden gegen die Pruzzen zu Hilfe. Ein verhängnisvoller Hilferuf, wie die Geschichte erweisen sollte.

Nach dem Ende der Kreuzzüge suchten die geistlichen Ritterbrüder im weißen Mantel mit dem schwarzen Kreuz ohnehin gerade nach einem neuen missionarischen Betätigungsfeld, das mit dem Erwerb eigenen Territoriums verbunden war. Beides stellte ihnen Konrad im Osten in Aussicht. Als Kaiser Friedrich II. dem Orden in der Goldene Bulle von Rimini 1226 die Herrschaft über sämtliche eroberten Pruzzengebiete zusicherte, griff Ordenshochmeister Hermann von Salza zu und sein Landmeister Hermann Balk überschritt zügig nach Osten vorrückend die Weichsel.

*Deutschritter*

Nachdem auch Papst Gregor IX. in der »Bulle von Rieti« das Geschäft (Christianisierung gegen Ländereien) abgesegnet hatte, stand dem Aufstieg des Ordens zum mächtigsten und effektivsten Staatsgebilde im östlichen Mitteleuropa nichts mehr im Wege. Im »Kuschwitzer Privileg« übereignete Konrad dem Orden 1230 das Kulmer Land an der Weichsel zum »ewigen« Lehen. Die Zeche zahlten die Pruzzen. Zehn Jahre später war ihr Land unterworfen und christianisiert. Der Orden ging nun daran, aus dem eroberten Territorium einen christlichen Gottesstaat zu machen, dessen Integrationsfaktor nicht Stammeszugehörigkeit war, sondern allein der christliche Glaube. Als bedeutendste Militärmacht der Region erwuchs der Orden zur Bedrohung sämtlicher polnischer Teilfürstentümer.

*Pommerellen und der Zugang zur Ostsee*

Im Westen war das slawische Pommerellen bis 1295 selbständiges Herzogtum. Als der letzte Herzog Swantopolk 1266 gestorben war, kam es zum Erbfolgekrieg zwischen seinen Söhnen Mestwin und Wartislaw. Auch Polen und das Deutsche Reich griffen beherzt ein. Dem Deutschen Orden ging es um eine Landverbin-

**INFO**

## Der Deutsche Orden und sein Staat

Gegründet wurde der Deutsche Orden 1090 bei Akko im Heiligen Land unter dem Namen »Brüder und Schwestern vom Deutschen Haus St. Mariens in Jerusalem«. Dieser ursprüngliche Krankenpflegeorden wurde 1198 in einen geistlichen Ritterorden zur Verbreitung des Glaubens mit kriegerischen Mitteln umgewandelt. Nach der Eroberung des Heiligen Landes durch islamische Heere zog der Orden seine dortigen Truppen zurück und suchte anderswo nach Missionierungsaufgaben. Ein Versuch in Ungarn war gescheitert, da kam 1226 der Ruf von Konrad von Masowien gerade recht, ihm bei der Unterwerfung und Christianisierung seiner pruzzischen Nachbarn zu helfen.

Der Orden marschierte. Was dabei herauskam, war die Erfolgsgeschichte einer Militärmacht mit überlegener Planung, Organisation und Effektivität. Zielstrebig folgte dem Marsch der Truppen die politische Absicherung des gewonnenen Territoriums durch ein dichtes Netz von festen Häusern und Burgen, der Aufbau von Siedlungen im Schutzkreis dieser Befestigungen, eine Kolonisation des Landes durch Anwerbung von Neusiedlern – der Orden schuf sein eigenes Staatsvolk.

Die ethnische Herkunft der Menschen spielte dabei eine untergeordnete Rolle, solange der Neubürger Christ war und loyal. In diesen Blütejahren galt das Ordensland als das fortschrittlichste Staatswesen der Region. An seiner Spitze stand der seit 1309 in der Marienburg residierende »Hochmeister«. Ihm waren fünf »Großgebieter« zur Seite gestellt sowie sein Stellvertreter, der »Großkomtur«, der für das Heerwesen zuständige »Tressler«, sowie der »Spittler« als Leiter des Hospitalwesens.

Eiserner Ordensritter auf der Marienburg

Die Beurteilung der Tannenbergschlacht ist das große Missverständnis bei der Betrachtung der Geschichte des Deutschen Ordens. Zweifellos war sie die größte Schlacht des Mittelalters und die militärisch größte Niederlage des Ordens. Aber sie vernichtete den Orden nicht. Die Marienburg wurde nicht erobert. Das Machtzentrum blieb intakt. Keinesfalls bedeutete sie das Ende der Ordensmacht. Allenfalls war sie eine Art Initialzündung für deren Zerfallsprozess.

Der Niedergang des Ordens beruhte letztlich auf seiner Unfähigkeit zu inneren Reformen, dem Unvermögen, Städten und Ständen ein Mitspracherecht zu gewähren. Die Städte schlossen sich zum Preußischen Bund zusammen, erhoben sich, koalierten teils mit den Polen und erhöhten so den äußeren und inneren Druck auf den Ordensstaat. Der Orden musste dann, um als Staatswesen überhaupt zu überleben, im Zweiten Thorner Frieden von 1466 weite Gebiete an Polen abtreten und den Hochmeistersitz von der Marienburg nach Königsberg (Kaliningrad) verlegen.

Das Bild des Ordens zwischen grausamen, Land raubenden Ostlandrittern und kühner Speerspitze deutsch geprägter Ostkolonisation wurde in der Geschichtsschreibung lange kontrovers diskutiert. Unbestritten hingegen blieb und bleibt seine zivilisatorische Leistung.

dung mit dem Deutschen Reich, den Polen um einen Zugang zum Meer. Erster Sieger des Konflikts war Mestwin. Er vermachte Pommerellen 1282 dem polnischen Herzog Przemysław II. (1279–1295), der 1294 nach Mestwins Tod die Herrschaft über Pommerellen antrat und sich zum polnischen König krönen ließ. Doch nur ein halbes Jahr später wurde er ermordet.

Polen drohte in den Wirren des entstandenen Machtvakuums zu versinken, bis der böhmische König Wenzel II. durch die Hochzeit mit Przemysławs Tochter zu dessen Nachfolger avancierte. Doch auch Wenzel wurde 1306 ermordet. Władysław der Herrscher Kujawiens, der ob seiner Kleinwüchsigkeit den Beinamen Łokietek (der Ellenlange) trug, ließ sich nun zum polnischen König proklamieren. Um seinen Herrschaftsanspruch auf Pommerellen durchzusetzen, wandte auch er sich an den Deutschen Orden. Dieser nutzte die Situation und verjagte 1309 die Polen aus Pommerellen. Von nun an war das Verhältnis zwischen Polen und Deutschen vergiftet und immer wieder sollte es in der Geschichte der Nachbarn um Polens Ostseezugang zum Konflikt kommen. Es gab keine Kompromisse in dieser Frage, denn ein polnischer Zugang zum Meer schloss eine Landverbindung des Ordenstaates zum Deutschen Reich aus. Immerhin gelang Władysław die »kleine polnische Lösung«: Er vereinte Groß- und

Tuchhallen am Marktplatz in Krakau. Zur Zeit Kazimierz III. war die Handelssprache hier überwiegend Deutsch.

INFO

### Piastisch und jagiellonisch – Zwei Staatsmodelle

Mit dem beginnenden Nationalismus, besonders aber zu Anfang des 20. Jahrhunderts, erlebten die Begriffe »piastisch« und »jagiellonisch« eine Renaissance. Sie wurden vor allem bei der Debatte um Polens Wiedererstehung nach dem Ersten Weltkrieg immer wieder als Denkmodelle für die geographische und politische Ausrichtung des neu entstehenden Staates benutzt. Gemeint war mit dem piastischen Staatsmodell die Westorientierung des Landes: die Verbindung Polens mit Schlesien und Pommern im Kampf gegen deutsche Interessen. Knackpunkt war in diesem Zusammenhang immer Polens Zugang zum Meer. Der Begriff eines »jagiellonischen« Polens meint in Anlehnung an die polnisch-litauische Union der Jagiellonenzeit eine Ausdehnung des Landes Richtung Osten. (vgl. S. 46f.)

Kleinpolen, konsolidierte den polnischen Zentralstaat und ließ sich 1320 zum polnischen König krönen.

## Kazimierz III. (1333–1370)

*Der große Modernisierer*

Der letzte Herrscher der Piasten-Dynastie, Kasimir der Große, wurde zum ersten großen Modernisierer des Landes. Diplomatisch geschickt gelang ihm die schwierige Integration der Teilfürstentümer Polens, wenn auch Adel und Städte weiter an Einfluss gewannen. Er reorganisierte den Staat, schuf ein modernes Rechtssystem, eine stabile Währung und sicherte das Land durch Burgen, befestigte Siedlungen und Städte. Auch förderte er Wissenschaft und Kultur und ließ 1364 die Krakauer Universität gründen, die somit älteste in Polen. Er rief die besten Baumeister, Maler und Bildhauer seiner Zeit nach Polen, was ihm als einzigem polnischen König den Beinamen »der Große« einbrachte.

*Einwanderer willkommen*

Das Polen jener Zeit war ein weltoffenes und tolerantes Land. Einwanderer waren willkommen und man ließ sogar zu, dass sie in bedeutenden Städten wie Krakau die Mehrheit stellten, Deutsch zur Amtssprache wurde, der Stadtrat deutsch dominiert war. Doch nicht nur Deutsche, auch Italiener, Juden, Flamen, Walachen, Engländer und Franzosen strömten nach Polen.

*Schutzgesetz für Juden*

Wegen der zahllosen Verfolgungen des 12. und 13. Jahrhunderts sowie der großen Pestwelle im 14. Jahrhundert waren viele Juden in die dem Deutschen Reich nahe gelegenen Gebiete Polens gezogen. Schon im »Statut von Kalisch« erhielten die Juden 1264 in Großpolen unter Herzog Bolesław V. weitreichenden Schutz und Privilegien. König Kazimierz bestätigte 1349 diese Privilegien, gewährte Religionsfreiheit und dehnte deren Rechtsgültigkeit auf Kleinpolen aus. Damit hatte Polen das weltweit erste Schutzgesetz für Juden erlassen. Es folgte eine Einwanderungswelle, in deren Folge sich in Polen die größten existierenden jüdischen Gemeinden Europas bildeten.

Als Kazimierz III. 1370 starb, war er der Letzte seines Geschlechts. Sein Tod beendete 400 Jahre Piastenherrschaft. Sie hatten Polen die staatliche Identitätsbildung und den Aufstieg zu einer beachtlichen Macht beschert. Mit seinen Nachfolgern begann eine neue, nach Osten gerichtete Politik Polens.

## Ostorientierung – die Jagiellonen (1386–1569)

### Der Kampf gegen den Deutschen Orden

*Polnisch-litauische Personalunion*

Nach dem Tod von Kazimierz übernahm 1370 der ungarische König Ludwig auch die polnische Krone. Er gehörte zur ungarischen Linie der Familie D'Anjou und war der Neffe von Kazimierz. Auch Ludwig blieb ohne männlichen Nachfolger. So wurde seine Tochter Jadwiga Thronerbin und heiratete 1386 den litauischen Großfürsten Jagiełło, der mitsamt seinen Untertanen den christlichen Glauben annahm. Plötzlich hatte der Deutsche Orden mit dem neuen polnisch-litauischen Großreich einen ernstzunehmenden Gegner bekommen. Die folgenden zwei Jahrhunderte der polnisch-litauischen Personalunion sind bis heute prägend für das polnische Geschichtsverständnis.

*Tannenberg-schlacht*

Es war nur eine Frage der Zeit, bis es zum Krieg zwischen den beiden regionalen Großmächten kam. Am 15. Juli 1410 brach er in Masuren aus. Die »Schlacht von Grunwald«, wie die Polen sie nennen, war die größte Schlacht des Mittelalters. Die polnisch-litauischen Heere von König Władysław Jagiełło brachten dem

Danzig (Gdánsk), seit 1361 Freie Hansestadt, fiel 1466 wie auch Thorn (Toruń) als Lehen an Polen.

Ordensheer eine empfindliche Niederlage bei. Doch der polnisch-litauische Sieg in der »Tannenbergschlacht«, wie die Deutschen sie nennen, wurde verspielt. Zwar endete die Vormachtstellung des Ordens in der Region, es gelang ihm jedoch im Ersten Thorner Frieden von 1411 den Großteil seines Territoriums zu halten.

*Zweiter Thorner Friede von 1466*

Die Städte in seinem Herrschaftsbereich aber wünschten mehr Selbstbestimmung und wirtschaftliche Freiheit. Sie schlossen sich daher zum Preußischen Bund zusammen und erhoben sich gegen den Orden. Fast dreizehn Jahre dauerten die Auseinandersetzungen (1454–1466), an denen sich auch Polen beteiligte. Die Städte sahen in einer polnischen Oberhoheit für sich durchaus Vorteile, hatte man doch unter dem polnischen Adler weit größere Rechte als im Ordensstaat. Wirklichen Frieden brachte somit erst der Zweite Thorner Friede von 1466. Der Ordensstaat verlor das Kulmer Land, Pommerellen, Westpreußen sowie das Ermland, die unter polnisch-litauische Lehnhoheit kamen. Polen hingegen hatte nun endlich auch den erstrebten Zugang zur Ostsee erhalten. Der Deutsche Orden zog sich nach Ostpreußen zurück.

## Das Goldene Zeitalter

*Renaissance in Polen*

Unter den Jagellionen-Dynasten von König Władysław III. (1434–1444) bis zum letzten Herrscher Zygmunt August, der 1572 kinderlos starb, erlebte Polen eine weitere Blütezeit. Das Riesenreich erstreckte sich von der Ostsee bis zum Schwarzen Meer und war auf dem Höhepunkt wirtschaftlicher und politischer Macht. Nie wieder hatte Polen so viel Einfluss auf der europäischen Bühne wie in dieser Epoche.

Das »Złoty Wiek« (Goldenes Zeitalter) war eine Periode großer Toleranz in Polen. Das Mittelalter galt als überwunden. Bildung stand hoch im Kurs. Alle wichtigen zeitgenössischen Bücher wurden ins Polnische übersetzt. Wie nirgends sonst in Europa hatte die Renaissance vor allem im geistigen und kulturellen Leben Polens Spuren hinterlassen. In keinem anderen Land ging die Religionsfreiheit so weit, nirgends hatten Kultur und Wissenschaften solche Freiheiten wie hier. Polen war ein weltoffenes Vielvölkergemisch aus Polen, Litauern, Ruthenen, Juden, Deutschen, Armeniern und Tataren, um nur die größeren Ethnien zu nennen.

*Weltoffenheit und Toleranz*

Vor allem Krakau wurde zum Sinnbild des Goldenen Zeitalters. Die besten Baumeister und Künstler ihrer Zeit fanden sich hier ein. Italienische Renaissancekünstler modernisierten die Tuchhallen, gestalteten den »Wawel« aus, die Krakauer Königsresidenz, bauten zahlreiche Schlösser und Paläste. Veit Stoß, der Nürnberger Bildhauer, zum Beispiel schuf den berühmten Flügelaltar der Marienkirche. Jan Zamoyski, ein Adliger, der als Kanzler zu großem Reichtum gekommen war, ließ mit der 1580 gegründeten und nach ihm benannten Stadt Zamość eine Perle der Renaissancebaukunst von europäischem Rang entstehen. Der aus Thorn (Toruń) stammende Nikolaus Kopernikus studierte in Krakau

Nikolaus Kopernikus (1473–1543) porträtiert von Jan Matejko

und stellte das herrschende Weltbild auf den Kopf, als er entdeckte, dass die Erde sich um die Sonne dreht. Jan Kochanowski war der Begründer der Volkssprache und mit seiner Psalterübersetzung für Polen so wichtig wie Luther für die Deutschen.

## Die Adelsrepublik (1569–1795)

### Unter dem Liberum Veto

*Privilegien und Machtzuwachs*

Auf Dauer war dieses Riesenreich jedoch nicht zu halten. Der Druck von außen nahm beständig zu und auch im Inneren Polens gärte es. Der Einfluss litauischer, weißrussischer und vor allem polnischer Adelsfamilien nahm beständig zu, der Kampf um innenpolitische Mitspracherechte wurde erbitterter, die Krone war zu Zugeständnissen gezwungen. Das ging so weit, dass der König auf das Recht verzichtete, den Adel zu besteuern. Außerdem musste er den Adel vor jeder kriegerischen Auseinandersetzung um dessen Plazet zur Finanzierung bitten. Jan Olbracht rief daher 1493 eine Adelsversammlung ein, die seinen geplanten Feldzug gegen die Türken finanziell absegnen sollte. Daraus ging das Adelsparlament hervor, der spätere Reichstag »Sejm«, der allein Gesetze verabschieden konnte.

*Der König als Primus inter Pares*

Schon 1569, also noch zu Zeiten Zygmunt Augusts, hatten polnischer Adel und litauische Fürsten auf dem Reichstag von Lublin einen neuen Staat geschaffen, die »Rzeczpospolita« (Vereinigte Republik Polen-Litauen), einen Doppelstaat, in dem das Königreich Polen und das Großfürstentum Litauen zwar eigene Gesetze und Verwaltungen hatten, aber von einem gewählten König und dem gemeinsamen *Sejm* regiert werden sollten. Aus der zunehmend schwierig zu handhabenden polnisch-litauischen Personalunion sollte eine dauerhafte konstitutionelle Union werden. Als Herren dieser neuen Republik sahen sich die Angehörigren des polnischen Adels *(Szlachta),* dem der König Diener, nicht Herr sein sollte. Eine Adelshierarchie gab es nicht. Es bestand Rechtsgleichheit eines jeden Mitglieds, selbst wenn dieses verarmt war. Nach dem 1652 eingeführten, sogenannten »Liberum Veto« hatte jeder kleine Landadlige die Möglichkeit, einen Reichstagsbeschluss zu blockieren, Gesetze zu Fall zu bringen. Es herrschte das Einstimmigkeitsprinzip.

*Königswahl*

So gehörte zum Goldenen Zeitalter auch die »Goldene Freiheit«. Aber nur für den Adel, der in Polen immerhin zehn Prozent der Gesamtbevölkerung stellte, im Gegensatz zu anderen Ländern, in denen er zwei bis drei Prozent ausmachte. Gleichzeitig mit dem Erstarken des Adels entwickelte sich aber auch die Leibeigenschaft in Polen, denn nur Adlige konnten damals Land erwerben. Einige Adelsfamilien stiegen zu sagenhaftem Reichtum auf. Die Czartoryskis, Potockis, Poniatowskis und Radziwiłłs wurden zu oligarchischen Magnaten, bildeten so eine eigene Kaste und herrschten auf ihren Besitzen wie souveräne Fürsten mit einem großen Hofstaat. Ohne sie ging bald nichts mehr in Polen. Die Szlachta positionierte sich zunehmend als Träger der Nation und beeinflusste Kultur und Politik immer stärker. Der König war ja nur ein Primus inter Pares; die eigentliche Macht hatte der Adel, der ihn auf Lebenszeit wählte und ihn ständig zu Zugeständnissen zwang. (vgl. S. 99ff.)

INFO

## Sarmatismus – Herkunftsmythos des polnischen Adels

Die *Szlachta* leitete die eigene Herkunft mythisch verklärt vom mit den Skythen verwandten Nomadenvolk der Sarmaten ab, die als besonders tapfer und ruhmreich galten und in den ersten Jahrhunderten unserer Zeitrechnung vom Schwarzen Meer an die Weichsel gewandert sein sollen. Dieser als Sarmatismus bezeichnete Herkunftsmythos wurde etwa ab dem 16. Jahrhundert Mode in Polen, bis fast die gesamte *Szlachta* ihre Wurzeln bei den Sarmaten und damit quasi in der Antike sah.

Alle Adeligen hatten demnach letztlich die gleiche Herkunft und bildeten so bei allen Unterschieden eine ausgeglichene, elitäre Einheit. Dies führte zu einem grandiosen Überlegenheitsgefühl gegenüber den anderen Schichten des Volkes, aber auch den Nachbarländern. Ein besonderer Ehrenkodex bildete sich aus, eine ganz spezielle Lebensform, ja der Adel besaß sogar eine eigene, eben standesgemäße Kleidung. Das sarmatische Ideal wurde in Kombination mit einer idealistischen Verklärung des Goldenen Zeitalters und der *Szlachta,* ja selbst der Magnaten, zu einer der großen kulturellen Prägungen Polens. Hierin wurzelt auch zu einem erheblichen Teil das heutige Geschichtsbild der Polen.

In den 223 Jahren der Adelsrepublik wurden elf Könige auf Lebenszeit gewählt, von denen sieben Ausländer waren, Henri Valois (1574–1575) war Franzose, Stefan Báthory (1576–1586) Ungar aus Siebenbürgen, Zygmunt III. Wasa (1587–1632) sowie seine Söhne Władysław IV. Wasa (1632–1648) und Jan II. Kazimierz Wasa (1648–1668) waren Schweden, die beiden Wettiner August II. der Starke (1697–1706 und 1710–1733) und August III.(1736–1763) waren Sachsen. Als erfolgreichster Ausländer auf Polens Thron gilt Stefan Báthory. Ruhmreichster aus Polen stammender König der Adelsrepublik war Jan Sobieski. Doch egal ob Pole oder Ausländer, innenpolitisch gesehen hatte der jeweilige König nicht viel zu sagen.

## Könige mit und ohne Fortune

*Krieg gegen Russland*

Die Wahl nicht nur der ausländischen Könige wurde zuweilen von Günstlingswirtschaft beeinflusst. Viele wurden aus politischem Kalkül gewählt. So bestärkte der erste ausländische Wahlkönig Henri de Valois den Herrschaftsanspruch des Adels und schuf mit zwei Erlassen die Grundlagen der »Goldenen Freiheit«. Sein Nachfolger Stefan Báthory mehrte das Ansehen der Adelsrepublik als Heeresreformator, begnadeter Militärstratege und geschickter innenpolitischer Taktiker. Drei Wasas der katholischen Linie des schwedischen Königshauses hintereinander auf dem polnischen Thron sollten den Frieden erhalten. Zwar gelang es ihnen tatsächlich, Polen aus dem Dreißigjährigen Krieg herauszuhalten, dennoch wurde ihre Regierungszeit eine Epoche des beginnenden Niedergangs und unzähliger militärischer Katastrophen für Polen. So führte Zygmunt III. Wasa (1596 hatte er die Hauptstadt Polens nach Warschau verlegt) Polen in einen Krieg mit Russland, der von 1609 bis 1618 dauerte. An dessen Ende hatte die Adelsrepublik zwar ihre größte Ausdehnung erreicht, jedoch keinen Frieden mit Russland.

*Schwedische Besetzung*

Noch verheerender für Polen war die Lage im Westen. Plötzlich befand sich das Land in einem Zweifrontenkrieg. Der protestantische schwedische König Karl X. Gustav sah Polen durch den Krieg gegen Russland geschwächt und fühlte sich geradezu eingeladen, mit einer Durchmarschgenehmigung durch das brandenburgisch-hohenzollernsche Hinterpommern Polen in die Zange zu nehmen. Zwischen 1655 und 1660 war Polen von den Schweden besetzt, die das Land verwüstet und ausgeblutet zurückließen. Mit diesem »Schwedische Flut « genannten Krieg war die Epoche der polnischen Toleranz gegenüber Andersgläubigen beendet. Ein Drittel der polnischen Bevölkerung überlebte die Schreckenszeit nicht.

*Schwarze Madonna von Tschenstochau*

Diese endete erst 1660 mit der für Polen siegreich verlaufenden Entscheidungsschlacht am Jasna Góra (Heller Berg) bei Częstochowa (Tschenstochau), die zum wichtigsten Mythos der polnischen Geschichte wurde. Bis heute glauben die Polen, der Sieg sei dem Marienbildnis der Schwarzen Madonna auf dem Hügel des heutigen Paulinerklosters zu verdanken gewesen. Er wurde zu einer metaphorischen »Befreiung Polens aus der Dunkelheit durch Maria« und er-

wies sich als ein alle Zeiten überdauernder Machtgewinn der polnischen katholischen Kirche. (vgl. S. 116)
Jan II. Kazimierz dankte 1668 ab. Von der Hinterlassenschaft der Wasas jedoch erholte sich die polnische Adelsrepublik nie wieder. Die Großmachtstellung Polens war endgültig verloren gegangen. Polen zeigte sich gegenüber den aufstrebenden, straff organisierten und absolutistisch regierten Nachbarstaaten Preußen und Russland zunehmend unterlegen.

*Jan Sobieski und die Türken vor Wien*

Daran konnte auch ein außenpolitisch starker König wie Jan III. Sobieski (1674–1696) nicht viel ändern. Es gelang ihm, noch einmal etwas Glanz auf die Adelsrepublik zu bringen, als er die dauernde Türkengefahr im Süden beseitigte. Zuvor war er ein Bündnis mit den Habsburgern eingegangen und der *Sejm* hatte nach großzügigen Zahlungen aus der Wiener Hofburg die Entsendung von Heerestruppen gegen die Türken verfügt, die sich der österreichischen Hauptstadt bedrohlich näherten.
In der Schlacht am Kahlenberg 1683 wurden die Türken von Jan Sobieski und seinen Soldaten geschlagen, weshalb ihn die Polen bis heute als den »Retter des Abendlandes« verehren. Dieser Sieg hatte zwar Polens Grenzen vorerst gesichert, doch innenpolitisch konnte Sobieski nichts erreichen. Der Adel, der sich noch immer als führende Schicht wähnte, erging sich in dekadenten Prassereien aller Art, obwohl er schon längst keine Macht mehr besaß.
Die war allmählich auf Preußen, Habsburg und Russland übergegangen und Polen war zum Spielball ihrer Großmachtsinteressen geworden. Sie setzten etwa

Patrizierhaus in Legnica (Liegnitz), Schlesien, erst polnisch, dann habsburgisch, preußisch…

*Poniatowski und Russland*

den sächsischen Kurfürsten August II. den Starken als polnischen König durch oder später Stanisłlaw II. August Poniatowski. Letzterer entstammte zwar dem polnischen Adel, politische Karriere jedoch hatte er als Liebhaber der russischen Zarin Katharina gemacht. Er hätte zum Glücksgriff für Polen werden können. Doch seine Reformansätze gingen sowohl dem Adel als auch der russischen Zarin zu weit. Sie bestimmte fortan über das polnische Geschick und zwang König und Sejm 1768 den »ewigen polnisch-russischen Vertrag« zu unterzeichnen, worauf ein Bürgerkrieg ausbrach. 1769 marschierten Österreich und Preußen ein und besetzten Teile Polens.

## Die drei Teilungen Polens

*Erste Teilung 1772*

Die Idee zur Ersten Teilung Polens hatte Preußenkönig Friedrich II., der Große. In der Vereinbarung von 1772 erhielt Russland die Gebiete östlich der Flüsse Düna und Dnjepr zugesprochen; Maria Theresia erhielt Galizien, Sandomir und Lemberg; Preußen bekam das Ermland, das nödliche Kujawien, das Kulmer Land, Westpreußen und Pommerellen. Damit verlor Polen mit 200 000 km² ein Drittel seines Territoriums und 4,5 Millionen Bürger!

*Eine moderne Verfassung*

Stanisłlaw II. August Poniatowski blieb geduldeter König von »Restpolen«. Ideen der Aufklärung strömten in das Land und mit ihr das Gedankengut der Französischen Revolution. Am 3. Mai 1791 wurde im *Sejm* eine polnische Verfassung verabschiedet, die erste in Europa und nach der amerikanischen die zweite auf der Welt. Neben Gewaltenteilung und Volkssouveränität sah diese moderne Verfassung eine Erbmonarchie vor. Regieren sollte ein vom *Sejm* kontrolliertes Kabinett, der König musste einen Amtseid auf die Verfassung ablegen. Der Katholizismus wurde bei weitgehender Toleranz anderer Konfessionen Staatsreligion. Die Abschaffung des Liberum Veto sollte Polen wieder regierbar machen und den Einfluss der Städte sowie von Bürgern und Bauern stärken, wenn auch der Adel letztlich bestimmend bleiben würde.

*Zweite Teilung 1793*

Zweifellos war diese Verfassung ein großer Wurf, der Polen aus den Schwierigkeiten der Adelsrepublik hätte herausführen können. Doch so viel Freiheit war absoluten Monarchien wie Preußen, Österreich und Russland im höchsten Maße suspekt. Russland hatte konservative polnische Adlige zur »Konföderation von Targowica« und zum Widerstand ermuntert. Von Russland militärisch unterstützt, weiteten sich die Unruhen aus und führten zum Russisch-Polnischen Krieg von 1792, den Polen verlor. Es folgte die Zweite Teilung Polens vom 27. Januar 1793, an der Russland und Preußen beteiligt waren. Dabei gingen Weißrussland und die Ukraine an Russland, während Großpolen, Westmasowien sowie Danzig und Thorn zu Preußen kamen. Der auf die Hälfte geschrumpfte, verbliebene polnische Rumpfstaat hatte nur mehr 240 000 km² und 3,5 Millionen Einwohner.

Die Polen gaben sich nicht geschlagen. Der im amerikanischen Unabhängigkeitskrieg als General in George Washingtons Armee zu Ruhm gekommene Ta-

Restaurierte Fresken, Haus zu den Sieben Kurfürsten, Breslau

deusz Kościuszko rief zum Widerstand auf. Zum ersten Male entwickelte sich in Polen ein Volksaufstand. Die Truppen bestanden nur aus wenigen Soldaten in Führungspositionen, das Gros der Kämpfer waren gerade zuvor zu freien Männern erklärte Bauern, mit umgeschmiedeten Sensen als Waffen. Letztlich konnten sie gegen die modern ausgerüsteten Truppen der Russen und Preußen nicht standhalten. Die Hauptstreitmacht der Aufständischen unterlag in der Schlacht von Maciejowice bei Warschau im Oktober 1794. Kościuszko, der im Moment seiner Verwundung »Finis Poloniae« gerufen haben soll, wurde zum Volkshelden. Er begründete das Bild des heroischen Widerstands von hoffnungslos unterlegenen, aber patriotisch bis zum letzten Atemzug gegen eine Übermacht von Unterdrückern kämpfenden Polen.

*Heroischer Widerstand*

Polens Schicksal allerdings war nun tatsächlich besiegelt. Dem kurzen, rauschhaften Aufbruch ins nationale Zeitalter und dem ersten Schritt hin zur Entwicklung einer Bürgergesellschaft folgte die Dritte Teilung Polens 1795. Russland erhielt alle noch übrigen Teile Rutheniens und Litauens, Österreich das übrige Kleinpolen mit Krakau, Preußen bekam Restmasowien und Warschau. Als Staat hatte Polen aufgehört zu existieren. Es sollte für 123 Jahre von der Landkarte verschwinden. 1797 wurde auch noch der Name Polen abgeschafft. Stanisław II. August Poniatowski, somit letzter polnischer Souverän, starb ein Jahr später in St. Petersburg.

*Dritte Teilung 1795*

# Unter fremder Herrschaft

Auf polnischen Äckern floss viel Blut.

## Polen nach den drei Teilungen (1795–1914)

*Nationales Trauma*

»Finis Poloniae«: Bis zum Ende des Ersten Weltkrieges sollte das polnische Trauma dauern, das diese drei Gebietsaufteilungen bis hin zur kompletten Staatsauflösung bewirkt hatten. Es bestimmt bis heute politisches Denken und Handeln in Polen. Nur aus dieser »Teilungszeit« heraus sind bestimmte kulturelle Prägungen zu erklären, wie etwa die besondere polnische Romantik innerhalb einer Literatur, die niemals nur Kunst sein wollte, sondern immer zuerst patriotische Agitation. Die spezielle Rolle und Macht der katholischen Kirche in Polen erwuchs in dieser Epoche, in der sie zur Hüterin der polnischen Kultur und nationalen Identität wurde. Auch sollte es von nun an immer neue Auswanderungswellen geben, in deren Folge sich eine polnische Exilkultur mit tiefgehender Fernwirkung auf das Heimatland entwickelte. Dazu entstand eine auch in vielen »Gastländern« einflussreiche, politische Exilbewegung. In den polnischen Teilgebieten gab es nun keine eigenen sozialen Strukturen und schon gar keine eigenständige polnische Wirtschaft mehr. Die Unterwerfung und zunehmende Unterdrückung – vor allem des Adels – durch die jeweiligen Machthaber kreierte einen lange währenden, verzweifelten und erbitterten Widerstand. Als die anderen Völker Europas ins nationale Zeitalter aufbrachen, war Polen als Staat nicht existent. Viele Polen suchten nach Neuorientierung und sahen zunächst das Frankreich der Revolution als eine Art natürlichen Bündnispartner gegen die Unterdrückung ihres Landes. Napoleon wurde zum Hoffnungsträger für viele Polen, als er als junger General in Italien gegen die gemeinsamen österreichischen Feinde zu Felde zog.

## Hoffnungsträger Napoleon

Zu Tausenden eilten die Polen zu den französischen Fahnen. Vor allem aus ehemals zwangsrekrutierten polnischen Soldaten des Habsburger Reiches wurden 1797 die polnischen Legionen in Italien unter General Jan Henryk Dąbrowski gebildet. Sie waren felsenfest davon überzeugt, für Polens Freiheit zu kämpfen, wenn sie unter Napoleon dienten.

*Frieden von Tilsit*

Als Napoleon 1807 in der Folge des Tilsiter Friedens aus bis dahin preußischen Gebieten Polens das Herzogtum Warschau bildete, nährte er die Hoffnungen auf ein unabhängiges Polen, besonders als 1809 noch die bis dahin österreichischen Regionen Krakau und Lublin dazukamen. Das Herzogtum bekam eine eigene polnische Verwaltung, eine eigene Verfassung und sogar eine eigene Armee unter der Führung von Fürst Józef Poniatowski. Auch der *Code Napoléon* wurde eingeführt, die Leibeigenschaft abgeschafft. Herzog wurde König Friedrich August von Sachsen, der allerdings nie in Warschau regierte, sondern völlig von französischen Befehlen abhängig war. Viele Polen sahen das Herzogtum als Vorläufer eines freien Polen an und griffen nach diesem Strohhalm. Sie kämpften für ihren »Retter« und engagierten sich für seine Kriegsziele.

*Russlandfeldzug*

Über 100 000 Mann stark war schließlich das Kontingent der Polen bei Napoleons Russlandfeldzug. Die Polen stellten neben den Franzosen die meisten Soldaten für die Grande Armée. Und sie zahlten den höchsten Blutzoll. Denn

INFO

### Noch ist Polen nicht verloren ...

Józef Wybicki verfasste das »Lied der polnischen Legionen in Italien«, das zu einer Mazurka-Melodie gesungen und schnell polenweit bekannt wurde. Nach der Wiedererstehung Polens (1918) erhob man es zur Nationalhymne. Sie ist nach der französischen Marseillaise die älteste Nationalhymne Europas.

»Noch ist Polen nicht verloren
Solange wir leben.
Was uns fremde Gewalt hat genommen
Erkämpfen wir mit dem Säbel uns zurück.
Marsch, Marsch Dąbrowski!
Von Italien nach Polen.
Unter Deiner Führung werden wir uns mit der Nation vereinen.«

nur jeder zehnte polnische Soldat sah die Heimat wieder. In einer Art Nibelungentreue folgten die polnischen Truppen Napoleon bis zum bitteren Ende. Sie wurden von den Preußen und den Russen bis nach Leipzig gejagt und dort in der »Völkerschlacht« vernichtend geschlagen (1813).

*Wiener Kongress*

Polen gehörte zu den Verlierern bei der nun anstehenden Neuordnung Europas. Der Flirt mit Napoleons Frankreich erwies sich als tragischer Fehler. Die vormalige Aufteilung Polens wurde vollständig wiederhergestellt. Der Zar hatte mit der Besetzung der polnischen Gebiete Fakten geschaffen, und der Westen wollte für das Wiedererstehen Polens keinen neuen Konflikt riskieren. So traf der Wiener Kongress 1815 für Polen folgende Regelung: Die Österreicher erhielten den Großteil Galiziens mit Lemberg. Krakau wurde zur Stadtrepublik. Preußen erhielt die westlichen Teile Polens, die zum Großherzogtum Posen wurden. Russland wurde der größte Teil des Herzogtums Warschau zugeschlagen. Diese Territorien sollten den Namen Königreich Polen tragen und eine eigene moderne Verfassung erhalten. Einen König bekam dieses Königreich nie. Nicht einmal der Name Königreich Polen wurde benutzt. Die Bezeichnung »Kongresspolen« setzte sich durch.

## Kongresspolen

*Spirale der Gewalt*

Die anfängliche Liberalität des Zarenreiches den Polen gegenüber änderte sich schnell und die zunehmende Unterdrückung rief Widerstand hervor, der wiederum die russischen Repressionen verstärkte – die Entwicklung mündete in eine Spirale der Gewalt.

Schlossplatz Warschau, nicht immer so friedlich wie heute.

*Novemberaufstand*

Großen Einfluss auf den Widerstandswillen der Polen hatte die polnische literarische Romantik: Sie initiierte die Tradition der hoffnungslosen Aufstände. Politischer Hintergrund des Novemberaufstandes von 1830 war die Nachricht vom Ausbruch der Revolution in Paris. Ohne definierte Ziele wandte sich der Aufstand der Unzufriedenen ganz allgemein gegen die russische Bevormundung. Zehn Monate konnte die von den Aufständischen ausgerufene Republik überleben, dann brach der Widerstand mit dem Fall von Warschau 1831 zusammen. Zar Nikolaus I. begann mit einer harschen Russifizierung von Verwaltung und Bildungssystem. Eine Auswanderungswelle setzte ein; Frankreich und die USA waren die bevorzugten Ziele. Die politische Emigration drängte es nach Paris, wo bereits damals die beiden Hauptlager der Demokraten und Konservativen entstanden. Im Deutschland des Vormärz war der Novemberaufstand sehr populär und führte zu einer regelrechten Polenbegeisterung, getragen durch Dichter wie Heinrich Heine. Höhepunkt war das Hambacher Fest 1832, bei dem deutsche und polnische nationale Bestrebungen sich fanden und vereinten. Was beide Nationen verband, war ja ihre staatliche Nichtexistenz.

*Russifizierung*

Der polnische Widerstandsgeist blieb ungebrochen. 1863 brach unter dem Anführer Romuald Traugutt – viele Straßen sind nach ihm benannt – ein letzter großer Aufstand gegen die russische Besetzung aus, inspiriert durch den Kampf italienischer Demokraten und deren Bestrebungen, ein freies Italien zu begründen. Die Bauern allerdings waren nicht mehr dazu zu bewegen, sich gemeinsam mit dem Adel zu erheben. Die Interessen drifteten längst massiv auseinander. Auch die polnische Emigration wirkte nicht mehr unterstützend im Hintergrund. Der Zar ließ den Aufstand 1864 brutal niederschlagen. Die Russifizierung der Verwaltung war bald total, Russisch alleinige Amtssprache, das Territorium des Königreichs Polen – Kongresspolen – wurde als »Weichselland« Russland eingegliedert.

## Polen unter Preußen

*Bismarcks Kulturkampf*

Einzig im österreichischen Teil Polens kam es zu einer Liberalisierung. Ganz anders in Preußen. Schon die Berufung Otto von Bismarcks zum preußischen Ministerpräsidenten ließ für Polen nichts Gutes ahnen. Wie zu erwarten ging seine Politik dann auch in Richtung einer verwaltungsmäßig völligen Integration der ehemals polnischen Gebiete in das preußische Staatsgefüge und einer mehr oder minder erzwungenen Assimilierung der polnischen Bevölkerung. Im Jahr der Reichsgründung 1871 lebten 2,4 Millionen Polen in Preußen; das waren zehn Prozent der Bevölkerung.

*Gegen alles Katholische*

Der Kulturkampf den Bismarck verfolgte, als er 1871 Kanzler des neu gegründeten Deutschen Reichs wurde, richtete sich nicht zuvorderst gegen die polnischen Bürger, sondern »gegen alles Katholische«. Später wurden die Germanisierungsbestrebungen ausgesprochen polenfeindlich. Doch letztlich scheiterte Bismarck im polnischen Preußen. Seine Versuche, polnische Sprache und Kultur

Szstynort (Steinort), Masuren, ehemaliges Schloss der Familie von Lehndorff, ostelbische Großgrundbesitzer bis 1945.

zu verdrängen, blieben ohne Erfolg. Die Germanisierung des Bodens in der Provinz Posen misslang völlig. Bismarck brachte 1885 bei seiner rigidesten antipolnischen Maßnahme nicht nur die internationale Öffentlichkeit gegen sich auf, sondern auch seine eigenen Standesgenossen: Die ostelbischen Großgrundbesitzer gerieten in Rage, als er 30 000 Polen ausweisen ließ, die die russische Staatsangehörigkeit besaßen. Sie waren durchweg Saisonarbeiter im deutschen Osten; ihr Fehlen brachte so manchen landwirtschaftlichen Großbetrieb in Schwierigkeiten.

*Erstarkendes Bürgertum*

Unter dem Stichwort »Organische Arbeit« *(praca organiczna)* setzte sich unter Polens Intellektuellen nach dem Scheitern der Ideen der polnischen Romantik und dem langsamen Verdrängen des Adels als staatstragender Schicht durch das Bürgertum eine neue Taktik durch. Gemeint war mit diesem Begriff eine gewaltfreie und langsame Entwicklung polnischer Strukturen in Wirtschaft, Bildung und Kultur. Auf diese Strukturen sollte Polen dann bei seinem Wiedererstehen in späterer Zeit zurückgreifen können.

Der wirtschaftliche Aufstieg der Gründerjahre ging auch an Preußens polnischen Bürgern nicht spurlos vorbei; man hatte mehr Geld für den Ausbau eigener Volksbildungseinrichtungen. In der Summe gab es im wilhelminischen Reich selbst für die polnische Bevölkerung eine Reihe einklagbarer Rechte, die Dank der polnischen Partei im Reichstag auch immer wieder zum Thema wurden.

*Arbeiterbewegung*

Nicht nur das Bürgertum fasste Fuß in Polen und begann sich in Form von politischen Parteien zu organisieren, sondern auch die Arbeiterbewegung. Das Proletariat wurde zunehmend politisiert und organisierte sich, vor allem in den

Industriegebieten. 1892 wurde die Polnische Sozialistische Partei (PPS) gegründet; ein Jahr später die Sozialdemokratie des Königreichs Polen und Litauen. Neben diesen beiden großen linken Parteien existierte bald eine Vielzahl kleiner und kleinster Splitterparteien. Während der russischen Revolution von 1905 beteiligten sich viele polnische Arbeiter an den Barrikadenkämpfen in Łódź und in Warschau. Der internationalistische Ansatz, der Polens Freiheit im Rahmen der Weltrevolution sah, wurde von den bürgerlichen Parteien vor allem wegen der Zusammenarbeit mit russischen Sozialisten abgelehnt. So zersplitterten und befehdeten sich die unterschiedlichen polnischen Lager weiterhin.

## Das Drama des Ersten Weltkriegs (1914–1918)

*Im Netz der Großmächte*

Eine realistische Chance für ein Neuerstehen Polens brachte der Erste Weltkrieg mit sich. Doch bis es so weit kam, waren drei Millionen Polen auf Seiten der Deutschen, Österreicher und Russen gezwungen, gegeneinander zu kämpfen. Die Meinungen der verschiedenen polnischen politischen Organisationen über das »Wie« eines souveränen Polens lagen weit auseinander und änderten sich im Verlauf des Krieges teils mehrfach, genau wie die Versprechungen der Krieg führenden Mächte. Österreichs Kriegsziele Polen betreffend sahen ein an Österreich angegliedertes Kongresspolen vor, Deutschland wollte sich einen von Ostpreußen im Norden bis nach Oberschlesien im Süden reichenden großen Streifen des Landes einverleiben und der Zar wollte, dass alles bleibt wie es ist.

*Wilsons 14-Punkte Plan*

Polens ernüchterte Intelligenz suchte Verbündete in Großbritannien und den USA. Vor allem der amerikanische Präsident Woodrow Wilson hatte ein offenes Ohr für die Polen, seit er den polnischen Komponisten Ignacy Paderewski kennen gelernt hatte. Unter Punkt 13 nahm er ein freies Polen, das alle Territorien mit mehrheitlich polnischer Bevölkerung sowie einen Zugang zum Meer erhalten sollte, in seinen 14-Punkte-Plan für einen Frieden in Europa auf. Diesmal hatten die Polen auf das richtige Pferd gesetzt: Der Zusammenbruch der bestehenden Ordnung in Europa und der Untergang der drei Teilungsmonarchien stellte Polens Wiedererstehen in Aussicht. Am Tag des Waffenstillstands, dem 11. November 1918, wurde die Republik Polen ausgerufen und General Józef Piłsudski, ein

Die Wissenschaftlerin und gebürtige Polin Marie Curie sympathisierte mit den Freiheitsbestrebungen Warschauer Intellektuellenkreise.

Parteigänger der sozialistischen PPS, übernahm als vorläufiges Staatsoberhaupt provisorisch die Staatsgewalt.

## Unabhängigkeit und Zwischenkriegsrepublik (1919–1939)

### Das Dilemma der Grenzen

*Freies Polen*

123 Jahre hatte die Mühsal der fremden Unterdrückung gewährt, aber auch die Hoffnung auf ein freies Polen. Nun waren die Träume endlich wahr geworden, Polen war wieder ein souveräner Staat. Etwas Wesentliches fehlte allerdings: Die Grenzen waren nicht festgelegt. Zwei Ideen für eine »Zweite Republik« gab es: Den »piastischen« Entwurf eines auf Kosten Deutschlands errichteten Polens in den Grenzen von 1772 favorisierten vor allem Polens Nationaldemokraten unter Dmowski. Den »jagiellonischen« Entwurf bevorzugte das Lager der polnischen Legionen mit Józef Piłsudskis an der Spitze. Dieser Plan sah eine Ostorientierung Polens vor. (vgl. S. 31)

*Vertrag von Versailles*

Der am 28. Juni 1919 unterzeichnete Versailler Friedensvertrag teilte Polen die Provinzen Westpreußen und Posen direkt zu. In Teilen Ostpreußens und Oberschlesiens sollten Volksabstimmungen darüber entscheiden, ob die Bevölkerungen zu Polen oder dem Deutschen Reich gehören wollten. Auch Danzig wurde aus dem Reich ausgegliedert und unter dem Schutz des Völkerbundes Freie Stadt. Polen hatte nun wieder seinen Zugang zur Ostsee. Ostpreußen war ohne Landverbindung mit dem Reich und auf dem Landweg nur durch den polnischen »Korridor« zu erreichen. Problematische Regelungen, die künftige Konflikte zwischen Polen und Deutschland vorprogrammierten.

*Westgrenzen*

Die Verbitterung saß auf beiden Seiten tief. Um Oberschlesien kam es zu blutigen Auseinandersetzungen. Dort waren die Verhältnisse besonders unübersichtlich. Ein Dorf hatte eine polnische Bevölkerungsmehrheit, der Nachbarort jedoch eine überwiegend deutsche Einwohnerschaft. Nachdem die Volksabstimmungen in Ostpreußen mit 97,8 Prozent pro-deutschen Stimmen zu einem Debakel für Polen geworden waren, stand für Oberschlesien Ähnliches zu befürchten. Das Abstimmungsergebnis war dann bei weitem nicht so eindeutig pro-deutsch, aber immerhin stimmten im Schnitt 60 Prozent für einen Verbleib beim Reich. Die Siegermächte berieten über eine Teilung Oberschlesiens, was zu weiterer Waffengewalt zwischen Polen und Deutschen führte. Drei schlesische Aufstände hatte es gegeben. Der letzte endete mit dem Sieg des deutschen Freikorps im Mai 1921 in der Schlacht am Annaberg. Zwar musste Polen nach Beschluss des Völkerbunds nun die Teilung Oberschlesiens akzeptieren, erhielt aber mit dem Gebiet um Kattowitz fast ganz Ostoberschlesien und somit das wirtschaftspolitisch so wichtige dortige Industrierevier. Die Westgrenzen zum Deutschen Reich waren festgelegt.

*Schlacht am Annaberg*

Im Osten war Polens Grenze zur Sowjetunion 1919 eigentlich durch die Curzon-Linie markiert, die nach dem britischen Außenminister George Curzon benannt worden war und den tatsächlichen ethnischen Verhältnissen sehr nahekam. War man dem mit der Kriegsschuld stigmatisierten Deutschland gegenüber rigoros mit verordneten Gebietsabtretungen auch nicht mehrheitlich polnischer Gebiete, war die Lage im Osten nicht ganz so klar. Hier erhoben vor allem Litauen, die Ukraine, Weißrussland und Polen Anspruch auf die gleichen Gebiete. Das Hauptaugenmerk Piłsudskis lag auf den polnischsprachigen Gebieten um Wilna/Litauen und Lemberg/Galizien. Als Vertreter des jagiellonischen Staatsprinzips fand er es völlig normal, dass wie zu Zeiten der Adelsrepublik auch Territorien mit nicht polnischer Bevölkerungsmehrheit zu Polen gehören sollten. So besetzten Piłsudskis Truppen den östlichen Teil des eben gerade wieder gegründeten Litauen mit der Region Wilna, wie Vilnius polnisch genannt wird. Weiter südlich besetzte er Kiew und Teile der Ukraine.

*Ostgrenzen*

Daraufhin kam es im April 1920 zum Krieg mit der Sowjetunion, die diese Gebiete ebenfalls beanspruchte. Der Krieg verlief mit wechselseitigem Erfolg. Die Rote Armee stand kurz vor Warschau, als eine brillante Operation General Piłsudskis unter Mithilfe des französischen Generals Weygand die sowjetischen Truppen in die Zange nahm und sie fast völlig aufrieb. Dieses »Wunder an der Weichsel« brachte die Kriegswende und führte dazu, dass die polnischen Truppen doch einen nicht unbeträchtlichen Teil ehemals litauisch-polnischer Gebiete erobern konnten. Im »Frieden von Riga« (1921) wurden diese Eroberungen weitgehend bestätigt.

*Krieg mit der Sowjetunion*

## Der Traum von Großpolen

Nach dem Kampf um die Grenzen musste auch im Inneren der Staat aufgebaut werden. Die Schwierigkeit dabei: Polen war nicht als ethnisch homogenes Land wiedererstanden. Im Gegenteil: Östlich der Curzon-Linie betrug der polnische Bevölkerungsanteil zu jener Zeit gerade mal 25 Prozent. Im Landesdurchschnitt waren nur gut zwei Drittel der Einwohnerschaft Polen. Den Rest stellten Deutsche, Juden, Litauer, Weißrussen, Ukrainer, Ruthenen und Tschechen.

*Ethnische Vielfalt*

Die junge Zweite Republik verabschiedete 1921 in einem breiten nationalen Kompromiss die neue demokratische Verfassung, bei deren Entwurf die französische Konstitution Modell gestanden hatte. Polens starker Mann Józef Piłsudski lehnte die vorgesehene schwache Stellung des polnischen Präsidenten ab und kandidierte bei der Präsidentenwahl 1922 nicht. 1926 dann nutzte er die allgemeine Unzufriedenheit zum Militärputsch. Bis zu seinem Tod 1935 wurde er zwar nie Staatspräsident, blieb aber dennoch in den verschiedensten Positionen – meist als Verteidigungsminister – de facto an der Macht. Er regierte nach innen einem Diktator ähnlich und forderte statt mehr Demokratie die *Sanacja,* die gesellschaftliche Heilung, die Gesundung des Staates durch Eindämmung der Rechte des Parlamentes. Nach außen versuchte er Polens Grenzen abzusichern. Nach Hitlers Machtantritt 1933 wurde aber mehr und mehr klar, dass der deutsch-sowjetische Interessenkonflikt früher oder später ausufern würde und

*Polens starker Mann*

Polen in der Mittellage zwischen Hammer und Amboss in größter Gefahr war. Im Lande selbst hatte die Weltwirtschaftskrise von 1929 verheerende Folgen: Die ohnehin nur langsam vorankommende Industrialisierung brach zusammen, die hohe Geburtenrate verschlechterte die Lebensbedingungen weiter, fast eine Viertelmillion Polen suchte jährlich ihr Heil in der Auswanderung.

*Polen und Deutsche*

Unter Piłsudskis Nachfolgern verstärkte sich die Tendenz zu einem mächtigen, autoritären Staat. Das harsche polnische Vorgehen gegen die deutsche Minderheit trieb viele der Volksdeutschen direkt in die Arme der Nationalsozialisten. Die Propagandaschlacht war im vollen Gange. In der zweiten Hälfte der 1930er Jahre begannen sich Kräfte in Warschau Gehör zu verschaffen, die von einer Großmacht Polen träumten. Vor allem, nachdem sich Polen beim Münchner Abkommen von 1938 zu den Siegern gesellte, sich ein Stück der zerschlagenen Tschechslowakei sicherte und das Teschener Gebiet annektierte. Nach der Besetzung der Tschechoslowakei im März 1939 durch das Deutsche Reich wandte sich Hitler unverzüglich Polen zu.

*Der Weg in den Krieg*

Die Kündigung des deutsch-polnischen Nichtangriffspakts im April 1939 von Seiten Hitlers hätte Warschau nach den bisherigen Erfahrungen klar machen müssen, was die Glocke geschlagen hatte. Man unterschrieb mit Frankreich und Großbritannien Beistandsabkommen, die für den Fall eines deutschen Angriffs militärische Hilfe zusicherten und hoffte, selbst lange genug standhalten zu können, bis die Hilfe da war. Überhaupt nicht gerechnet hatten die drei Partner mit dem, was dann kommen sollte. Eine Vereinbarung zwischen Stalin und Hitler hatte jeder für völlig ausgeschlossen gehalten. Polens Alliierte hatten bis zum allerletzten Moment nicht ernsthaft mit Molotow und Stalin verhandelt, sondern nur versucht, die Sowjetunion hinzuhalten. Doch die beiden Diktatoren einigten sich. Der Hitler-Stalin-Pakt vom 23. August 1939 war aber nicht nur ein Nichtangriffspakt, er sah auch eine neuerliche Teilung Polens vor. Stalin gab Hitler nicht nur grünes Licht für dessen Angriff auf Polen, er sicherte zu, dass die Sowjetunion gleichzeitig Polen von Osten aus angreifen würde. In einem geheimen Zusatzprotokoll waren die jeweiligen Interessensgrenzen genau abgesteckt.

Nach zwölf auf der Rathausuhr von Klodzko (Glatz). Die West-Alliierten reagierten zu spät.

Eine Reihe von fatalen Fehleinschätzungen der späteren Alliierten ermöglichte den beiden Diktatoren einen risikolosen Krieg. Sowohl die Briten als auch die Franzosen hatten für Polens Unverletzlichkeit garantiert und waren dabei davon ausgegangen, dass Polen eine bedeutende Militärmacht war, die mit ihrer Hilfe Hitler hätte standhalten können. Die Verhandlungen mit Stalin hatten sie schleifen lassen. Sie glaubten, dass die Sowjetunion mit der Erhaltung des Status quo in Osteuropa zufrieden war und im Kriegsfall einer Anti-Hitler-Koalition beitreten würde.

*Fehleinschätzungen*

## Die Hölle des Zweiten Weltkriegs (1939–1945)

»Mourir pour Dantzig?«
*Marcel Déat, französischer Minister für Luftfahrt, in der Zeitung L'Oeuvre vom 4.Mai 1939*

### Der Überfall auf Polen

*Blitzkrieg*

Kaum war der Hitler-Stalin-Pakt im sowjetischen Parlament ratifiziert, da griff am 1. September 1939 Hitlerdeutschland Polen an. Zwar erklärten Briten und Franzosen am 3. September den Deutschen den Krieg, aber »Mourir pour Dantzig?«, für Danzig sterben? Das wollten beide Garantiemächte dann doch nicht und verharrten im »Sitzkrieg«, während deutsche Truppen Polen im »Blitzkrieg« überrollten. Die Zivilbevölkerung verstopfte in wilder Flucht die Straßen. Hunderttausende polnischer Juden liefen um ihr Leben in Richtung Osten. Hitlers motorisierte Heere operierten in weiträumigen Umfassungsschlachten, schon nach zwei Wochen war Warschau eingeschlossen. Die ersten Bombardements setzten ein. Das Grauen kam aus der Luft. »Stuka« wurden die wendigen, im Zielanflug grässlich heulenden Sturzkampfbomber genannt, die zum Schrecken fur Millionen von Zivilisten wurden.

*Annexionen in Westpolen*

Als die Rote Armee am 17. September 1939 ihrerseits angriff und ihren Teil Polens bis zur vereinbarten Demarkationslinie besetzte, war das Schicksal der Nation bereits entschieden. Die Regierung war geflüchtet. Warschau – zu einem Schutthaufen zerbombt – kapitulierte am 28. September 1939. Am selben Tag besiegelten die beiden Siegermächte die erneute Teilung Polens. Das Dritte Reich erhielt fast alle ethnisch polnisch besiedelten Landesteile. Der ganze Westen Polens wurde dem Nazi-Reich angegliedert. Es entstanden die »Reichsgaue« Danzig-Westpreußen und Wartheland (mit Posen). Die polnischen Territorien, die an Nieder- und Oberschlesien sowie Ostpreußen grenzten, wurden diesen Reichsgauen zugeschlagen. Der östliche Teil der deutsch besetzten Territorien wurde zum »Generalgouvernement« unter Hans Frank, der im Krakauer Wawel residierte.

*Deportationen im Osten*

Die Sowjetunion annektierte Ostpolen mit den ukrainischen, weißrussischen und litauischen Minderheiten. Viele der dort lebenden Menschen wurden in der Folge deportiert. Fast eine Million der 1,7 Millionen in die Gebiete am Nordmeer sowie nach Kasachstan und Sibirien Deportierten waren ethnische Polen. Von den 300 000 polnischen Kriegsgefangenen in der Sowjetunion überlebten 82 000. Das Gros der Offiziere richtete die Rote Armee bei Katyn, in Starobielsk, Kozielsk und Ostaszkow hin.

*Vernichtungskrieg*

Noch während der eigentlichen Kämpfe rückten kurz hinter den Wehrmachts-Fronttruppen die sogenannten deutschen Einsatzgruppen nach und führten Erschießungen durch. Über 10 000 Polen wurden bis zum Jahresende getötet, der größte Teil von ihnen in Westpreußen. An diesem ersten großen organisierten Morden auf polnischem Boden nahmen neben der Waffen-SS auch Angehörige von Gestapo und Wehrmacht teil. Das machte klar, als was dieser Krieg von Anfang an geplant war: als rassistischer Vernichtungskrieg, der dem deutschen Volk »Lebensraum im Osten« sichern sollte. Polen sollte ausgelöscht, seine Menschen – soweit nicht schon tot – als »Sklavenvolk« der deutschen »Herrenrasse« untertan sein.

*Rassismus*

Seit dem 7. Oktober 1939 galt Hitlers Erlass zur »Festigung des deutschen Volkstums«, der umfangreiche Umsiedlungsaktionen im Rahmen einer so genannten »Rassischen Entmischung« auslöste. Die vom Reich annektierten und von acht Millionen Polen bewohnten Gebiete sollten so rasch wie möglich »entpolonisiert« werden. Rassisch für wertvoller erachtete Polen mussten zwecks Germanisierung bleiben, Kinder wurden geraubt und nach Deutschland in Heime des »Lebensborn« verschleppt. Binnen weniger Wochen wurde eine Million Polen aus den annektierten Gebieten ins Generalgouvernement vertrieben. Ihren Platz nahmen etwa eine halbe Million volksdeutsche Umsiedler ein, die aus zur Sowjetunion gehörenden Gebieten stammten, wie Deutschbalten oder Bessarabiendeutsche.

Das wohl berühmteste Photo vom Aufstand im Warschauer Ghetto, Quelle: Holocaust Memorial Museum, USA

Die polnischstämmige Elite – Künstler, Wissenschaftler und Priester – wurde gnadenlos verfolgt, systematisch liquidiert, durch Massenerschießungen oder unmenschliche Haftbedingungen.

## Die Endlösung der Judenfrage

*Holocaust*

Es ging noch schlimmer. 1942 wurde Polen auf der Berliner Wannsee-Konferenz zu dem Land bestimmt, in dem die »Endlösung der Judenfrage« stattfinden sollte.
Etwa dreieinhalb Millionen polnische Juden waren nunmehr der Willkür des Dritten Reichs ausgesetzt. Ab 1940 pferchten die Nazis sie zunächst in eigens eingerichtete Ghettos, abgeriegelte Stadtviertel, in denen qualvolle Enge und Hunger zu unmenschlichen Lebensbedingungen führten. Die Überlebenden dieser Ghettos wurden ab 1942 zur systematischen, industriellen Ausrottung in die Vernichtungslager Auschwitz-Birkenau, Treblinka, Sobibor, Belzec, Kulmhof und Majdanek deportiert. Von den 3,5 Millionen Juden, die vor dem Krieg in Polen lebten, überlebten 90 Prozent den Holocaust nicht. Heute leben nur noch ein paar Tausend Juden in Polen.

*Widerstand*

Der polnische Widerstand hatte sich inzwischen in England formiert. Władysław Sikorski bildete 1940 in London eine Exilregierung, die sich auf eine Exilarmee stützte. Das »Erste Polnische Korps« kämpfte von da an unter britischem Befehl, später kamen noch polnische Fliegerverbände dazu. Die Londoner Exilregierung steuerte auch die Operationen der in Polen agierenden »Armia Krajowa«, der Heimatarmee, die zu ihren besten Zeiten 1943 und 1944 etwa 350 000 Kämpfer unter Waffen hatten. Zum polnischen Widerstand gehörten jedoch nicht nur Partisaneneinheiten, sondern auch ein flächendeckendes Netz von Untergrundeinrichtungen wie Schulen, Universitäten, und Zeitungen.
Die Sowjetunion – seit 1941 gegen Nazideutschland im Krieg – setzte auf die polnischen Kommunisten. Zwei polnische Armeen entstanden in der Sowjetunion. Die 1943 gegründete *Erste Polnische Armee,* die aus der Infanteriedivision Tadeusz Kościuszko hervorgegangen war, kämpfte unter Zygmunt Berling im Osten. *Die Zweite Armee* wurde hauptsächlich aus deportierten Polen gebildet und verließ die Sowjetunion unter Führung von Władysław Anders über Sibirien, den Nahen Osten und Nordafrika und wurde der 8. Britischen Armee als *Zweites Polnisches Korps* eingegliedert. Diese 400 000 polnischen Soldaten kämpften am Monte Cassino genauso tapfer wie zuvor in Polen.

*Aufstand im Warschauer Ghetto*

Innerhalb Polens war Warschau Zentrum des Widerstands. Jüdische Widerstandsorganisationen der »Żydowska Organizacja Bojowa« (ŻOB) organisierten den Aufstand im Warschauer Ghetto, der am 19. April 1943 begann, denn die schrittweise Auflösung des Ghettos und Deportation seiner Bewohner duldete keinen weiteren Aufschub. Längst war klar, wohin die Menschentransporte gingen und was mit den Verschleppten geschah. Bis zum 16. Mai hielten die jüdischen Kämpfer aus, dann brach der Widerstand gegen die deutschen Truppen unter

Haupttor Vernichtungslager Auschwitz-Birkenau, größtes deutsches KZ auf polnischem Boden

SS-General Jürgen Stroop zusammen, der das gesamte Ghettogelände niederbrennen ließ.
Die Überlebenden des Ghettoaufstands kamen in die Vernichtungslager Treblinka und Majdanek. Opferzahlen sind nur sehr schwer zu nennen. Man kann davon ausgehen, dass die Kämpfe selbst mindestens 7000 Opfer forderten, weitere unzählige Menschen wurden anschließend erschossen, Tausende in Vernichtungslager deportiert.
Insgesamt waren über die Jahre fast eine halbe Million Menschen ins Warschauer Ghetto verschleppt worden, überlebt haben nur wenige Tausend.

## Flucht und Vertreibung

*Die Rote Armee rückt vor.*

Als die Rote Armee am östlichen Weichselufer gegen die Deutschen vorrückte und bereits in Hörweite war, startete die polnische Heimatarmee am 1. August 1944 den Warschauer Aufstand. Sie wollte die polnische Hauptstadt noch vor der Roten Armee befreien, um so Stärke und Unabhängigkeit im Hinblick auf Gestalt und Charakter eines künftigen Polens zu demonstrieren.
Der Plan schlug fehl. Die Rote Armee stoppte an der Weichsel alle Operationen und schien nur mehr abzuwarten, was in Warschau passierte. Stalins Truppen griffen weder in den Kampf ein, noch gestatteten sie das Passieren von Lieferungen der Alliierten und die dazu nötigen Flugzeuglandungen auf schon von der Roten Armee kontrollierten Territorien.

*Ein letztes Aufbäumen*

Der Aufstand, an dem sich auch viele Zivilisten beteiligten, dauerte 63 Tage, 160 000 Warschauer starben, 150 000 von ihnen waren Zivilisten, 200 000 wurden zur Zwangsarbeit verschleppt oder in Konzentrationslager deportiert. Nach der Kapitulation am 2. Oktober 1944 wurde Warschau von Wehrmacht und SS dem Erdboden gleich gemacht.

*Flucht und Vertreibung*

Als die Rote Armee nach ihrer Phase der Reorganisation im Spätsommer 1944 die Kräfte für den finalen Stoß gesammelt hatte und im Zuge ihrer Großoffensive über die Weichsel setzte, befreite sie in Warschau knapp 5000 Menschen, die sich in den Trümmern ihrer Stadt versteckt hielten. Die deutsche Bevölkerung aus Ostpreußen, Schlesien und Pommern – zum sinnlosen Durchhalten auf-

gefordert – war nicht evakuiert worden. Millionen flohen nun bei Schnee und Kälte zumeist zu Fuß oder mit Pferdefuhrwerken in Richtung Westen. Zehntausende starben.
In den Jahren 1944 bis 1950 gingen 12 Millionen Deutsche auf die Flucht oder wurden vertrieben. Rund 2 Millionen, meist Kinder, Alte und Kranke, überlebten Flucht und Vertreibung nicht. Keinen Monat nach der Befreiung Warschaus standen die Spitzen der Roten Armee an der Oder. Am 8. Mai 1945 kapitulierte Deutschland bedingungslos.

*Opferbilanz*

Als der Krieg beendet war, hatten sechs Millionen Polen ihr Leben verloren, ein Fünftel der polnischen Gesamtbevölkerung. Władysław Bartoszewski, der damalige polnische Außenminister und Auschwitz-Überlebende, zog 1995 in seiner Rede vor dem Deutschen Bundestag folgende Bilanz des Vernichtungskrieges: »Jeder vierte polnische katholische Priester und jeder vierte polnische Wissenschaftler, jeder fünfte polnische Lehrer wurde Opfer des Verbrechens. Diese Zahlen enthalten nicht die schweren Prüfungen von 2,3 Millionen Menschen, die aus ihren Häusern zwangsumgesiedelt wurden, sowie von über 2,5 Millionen polnischen Zwangsarbeitern und etwa 200 000 Kindern, die zu Germanisierungszwecken verschleppt wurden, von denen drei Viertel niemals mehr zu ihren Familien zurückkehrten.«

Harmlos mutet das in Beton gegossene, polnische Kriegsmahnmal heute an: Es erinnert an den Angriff des deutschen Linienschiffes »Schleswig-Holstein« auf die polnischen Befestigungsanlagen der Westernplatte bei Danzig, mit dem das Inferno des Zweiten Weltkriegs begann.

# Nachkriegspolen – die Volksrepublik (1945–1989)

## Zwischen Stalinismus und eigenem Weg

### Ein ethnisch homogenes Polen?

*Festschreibung der Oder-Neiße-Grenze*

Polens Zukunft war schon lange vor der deutschen Kapitulation entschieden. Die Alliierten hatten sich bei der Konferenz von Teheran 1943 über seine künftigen Grenzen verständigt. Zur Zeit der Konferenz von Jalta im Februar 1945 standen Stalins Truppen bereits an der Oder, was seine Verhandlungsposition stärkte. Stalin hatte also Fakten geschaffen und besaß nun starke Argumente für ein Polen, das westwärts verschoben bis an Oder und Neiße reichen würde. Das Land sollte demnach große Gebiete im Osten verlieren und als Ausgleich die deutschen Ostgebiete Südliches Ostpreußen, Westpreußen, weite Teile Pommerns und einige Gebiete der Neumark und Brandenburgs erhalten. Die Polen selbst hatten nicht viel zu sagen; sie waren wieder einmal zur Verfügungsmasse der Geschichte geworden. Zwar hatte sich die Londoner Exilregierung mit der provi-

Denkmal des Unbekannten Soldaten, Warschau

sorischen kommunistischen Staatsführung zu einer *Regierung der Nationalen Einheit* zusammengefunden, aber viel mehr, als die Beschlüsse vom Sommer 1945 abnicken, durfte sie nicht. Am 17. Juli 1945 beschloss die Potsdamer Konferenz somit endgültig die Westverschiebung Polens. Stalin hatte die deutschen Gebiete zu dieser Zeit bereits polnischer Verwaltung übergeben.

*Zwangsumsiedlung und innerpolnische Vertreibung*

Das neue Polen sollte ethnisch homogen sein, das bedeutete laut Beschluss der Potsdamer Konferenz, dass Millionen noch in den Ostgebieten verbliebene Deutsche von dort vertrieben werden sollten. Doch der Prozess der ethnischen Säuberung des Ostens war sowohl in den ehemals deutschen als auch in den ehemals polnischen Ostgebieten längst im Gang. Die große Masse der polnischen Neusiedler im früheren deutschen Osten wanderte aus Zentralpolen zu. Darüber hinaus kamen Zehntausende aus Ostpolen stammende polnische Zwangsarbeiter aus Deutschland, die nach dem Kriegsende durch die Westverschiebung Polens heimatlos geworden waren. Diese beiden Gruppen stellten zusammen etwa drei Millionen Neusiedler.

Hinzu kamen einige Tausend Weißrussen aus der Region um Białystok und rund 400 000 Ukrainer aus dem Südosten. Die Ukrainer galten der polnischen Regierung nach 1945 als politisch unzuverlässig. Ein Teil von ihnen wurde in Richtung Osten hinter den Bug vertrieben, ein anderer Teil jedoch nach Westen, vor allem nach Niederschlesien, Hinterpommern und Ostpreußen. Diese *Akcja Wisła* (Aktion Weichsel) genannte innerpolnische Vertreibung dauerte von Ende April bis Ende Juli 1947.

Insgesamt wurden 1,5 Millionen Polen aus den verlorenen Ostgebieten zwangsausgesiedelt oder »repatriiert«, wie die offizielle Sprachregelung lautete. Die ehemals deutschen Gebiete wurden nun »wiedergewonnene Gebiete« genannt und der Bevölkerung sämtlich als urpolnische Territorien dargestellt, die Jahrhunderte lang zwangsgermanisiert worden waren. Das »piastische Polen« war wiedererstanden. (vgl. S. 31)

## Die Kommunisten geben den Ton an

*Lubliner Komitee*

Von Anfang an überwog der kommunistische Einfluss im neu entstehenden Polen. Das im Juli 1944 gegründete »Polnische Komitee der nationalen Befreiung« (Polski Komitet Wyzwolenia Narodowego) war als Machtinstrument auserkoren, sobald die Rote Armee am 22. Juli 1944 die künftige Staatsgrenze bei Lublin überschritten hatte. Es wurde nach diesem Ort kurz und griffig bald nur noch »Lubliner Komitee« genannt. Durch Druck der Alliierten kam es zwischen dem Lubliner Komitee und der Londoner Exilregierung am 28. Juni 1945 zur Zwangsehe. Zwar gehörte mit Stanisław Mikołajczyk dieser »Regierung der nationalen Einheit« auch der Führer der Londoner Exilregierung an, doch den Ton bestimmten die Kommunisten unter der Führung von Bolesław Bierut.

*Wahlsieg der Kommunisten ...*

Die polnische Arbeiterpartei PPR (Polska Partia Robotnicza) war 1943 neu gegründet worden. Die übrigen Parteien wurden in der Zeit danach gleichgeschaltet und konnten nur noch im Block gewählt werden. »Blockflöten« nannten die Polen sie, weil sie nur noch die vorgegebene Melodie ihres Blocks mitflöten durften. Dieser Prozess endete 1947 nach dem erwarteten Wahlsieg des kommunistisch dominierten »Demokratischen Blocks«.

*... durch Ausschaltung der Opposition*

Mit Polizeiterror und gefälschten Wahlergebnissen war auch die letzte politische Widerstandsbastion gebrochen, die letzte verbliebene demokratische Partei und Sammelbecken vieler oppositioneller Politiker, die Bauernpartei PSL (Polskie Stronnictwo Ludowe) des ehemaligen Londoner Exilregierungschefs Mikołajczyk, an den Rand gedrängt worden. Nach Berichten ausländischer Wahlbeobachter soll der wahre Stimmenanteil der PSL bei über 50 Prozent gelegen haben. Diese Stimmen waren dem »Demokratischen Block« zugeschlagen worden, der nun über 394 der 444 Mandate verfügte. Mikołajczyk und mit ihm viele der zuvor im Londoner Exil aktiven Polen verließen 1947 wieder das Land. Auch der Machtkampf zwischen dem Nationalkommunisten Władysław Gomułka und dem Stalinisten Bolesław Bierut hatte seine Vorentscheidung gefunden.

## Ein Stalinist wird Staatspräsident

*Bolesław Bierut*

Eine neue Ära begann, als der *Sejm* am 5. Februar 1947 den Kommunisten Bolesław Bierut zum Staatspräsidenten wählte. Nun wurde nach der bereits 1946 verstaatlichten Industrie auch der private Handlungs- und Dienstleistungssektor abgeschafft oder in staatliche Regie übernommen, die Planwirtschaft eingeführt. Politisch hatte der Stalinismus Polen erreicht. Warschau sah sich mit einem ganzen Forderungskatalog konfrontiert: Als vordringlich galt der rasche Ausbau der Schwerindustrie und die Kollektivierung der Landwirtschaft. Im März 1948 befahl Moskau Polens Ministerpräsident Józef Cyrankiewicz obendrein die Zwangsvereinigung von Sozialisten und Kommunisten zur »Polnischen Vereinigten Arbeiterpartei« PZPR (Polska Zjednoczona Partia Robotnicza), ganz ähnlich wie in der DDR die SED (Sozialistische Einheitspartei Deutschlands).

*Gleichschaltung*

Bierut benutzte diese Gelegenheit, um seinen Widersacher Władysław Gomułka auszuschalten, der des »Nationalkommunismus« bezichtigt wurde und der Parteigängerschaft mit Tito. Gomułka, der die Zwangskollektivierung der polnischen Landwirtschaft ablehnte, wurde als Generalsekretär der Sozialisten abgesetzt und 1949 verhaftet. Neben der nun von allen Nichtlinientreuen gesäuberten PZPR durften noch die Bauernpartei PSL und die Demokratische Partei SD (Stronnictwo Demokratyczne) im Block weiter bestehen – gleichgeschaltet natürlich. Die PZPR nahm vom Tag ihrer Gründung an faktisch die »führende gesellschaftliche Rolle« ein und ließ sich das 1952 auch in der neuen Verfassung festschreiben. Fehlte nur noch die Armee, die ebenfalls 1949 gleichgeschaltet wurde; der Verteidigungsminister wurde auf Weisung Moskaus »importiert«. Der polnischstämmige Sowjetmarschall Konstantin Rokossowski stand nun dem Verteidigungsministerium in Warschau vor. Damit war Polen vollends zum Mitglied des stalinistischen Systems geworden. Nur zwei kleine Reste eines eigenständigen Weges waren geblieben: Die Unantastbarkeit der katholischen Kirche blieb trotz des Hausarrests für den Primas Kardinal Stefan Wyszyński bestehen und die Zwangskollektivierung des Bodens wurde in Polen nie konsequent vollzogen.

In polnischer Sprache: Propagandaposter aus den 1950er Jahren

Von Anfang an ließ Stalin keinen Zweifel daran, dass dieses Polen im beginnenden Kalten Krieg fest in den sozialistischen Block gehörte und das blieb auch unter seinen Nachfolgern so. Im Lande war die Einfügung in den Block der Sozialistischen Länder unter Führung der Sowjetunion mit der äußeren Bedrohung der westunterstützten, aufblühenden Bundesrepublik leicht zu vermitteln. Das Trauma der deutschen Besatzungszeit war noch frisch. Auch die Sowjetunion brauchte bei etwaigen polnischen Widerspenstigkeiten nur dezent auf die deutsche Bedrohung hinweisen und auf die Tatsache, dass nur die Sowjetunion Polens Westgrenze an Oder und Neiße sichern konnte. So war es selbstverständlich, dass Polen 1955 dem nach seinem Gründungsort »Warschauer Pakt« genannten Militärbündnis der sozialistischen Staaten beitrat.

*Linientreue*

Bierut forderte gewaltsam Linientreue ein: Tausende von Todesurteilen wurden verhängt, Zehntausende intellektueller Dissidenten inhaftiert, viele von ihnen getötet. Oppositionelle Regungen ließ er bereits im Keim ersticken und in Polen herrschte noch über Stalins Tod (1953) hinaus ein Klima des Schreckens.

Wirtschaftlich wurde in den 1950er Jahren der Umbau vom Agrarland zum Industriestaat mit Riesenschritten in Angriff genommen. Die komplett kriegszerstörte polnische Schwerindustrie wurde bevorzugt wieder aufgebaut. Dazu kamen die neu errichtete Werftindustrie an der Ostsee und die Stahlindustrie im Süden. Die Versorgung der neuen Werke sicherte das Schlesische Kohlerevier, das durch ebenfalls neue Bahnlinien mit den entstehenden Industriegebieten verbunden wurde.

## Poststalinismus in Polen

*Tauwetter*

Mit Stalins Tod im März 1953 begann ein erstes politisches Tauwetter: Das Ministerium für öffentliche Sicherheit wurde 1954 abgeschafft, Gomułka aus der Haft entlassen. Der Terror des Staatssicherheitsdienstes ebbte ab, und im kulturellen Bereich wehte ein Hauch von Freiheit durch das Land, das verglichen mit anderen sozialistischen Ländern im Stalinismus noch glimpflich davon gekommen war. Außenpolitisch blieb Warschau ganz auf Linie. Agitiert wurde nun – wie von Moskau vorgegeben – gegen den Klassenfeind und die imperialistischen Westmächte. Die antideutschen Kampagnen nahmen ab und richteten sich nun ausschließlich gegen die Bundesrepublik. Seit die DDR im Görlitzer Vertrag 1950 die Oder-Neiße-Grenze anerkannt hatte, suchte die polnische Diplomatie eine Annäherung. Die DDR war nun nicht nur ein sozialistisches »Bruderland«, sondern – per selbst verkündeter Definition – ein antifaschistisches Land mit antifaschistischen Traditionen. Die Geschichte des Nationalsozialismus war demnach ausschließlich auf die Bundesrepublik beschränkt.

*Marionette Moskaus*

Die poststalinistische Ära in Polen endete mit Bieruts Tod im Februar 1956 in Moskau. Er war dort Leiter der polnischen Delegation zum XX. Parteitag der KPdSU, bei dem Nikita Chruschtschow mit Stalins Verbrechen abrechnete. Noch in Moskau wurde Edward Ochab zu Bieruts Nachfolger bestimmt, ein Kompromisskandidat ohne eigene Macht und Seilschaften in der Partei, die ihn hätten stützen können.

*Arbeiterunruhen in Posen*

Im Juni 1956 waren die Stalinisten Polens am Ende. In Posen brachen Arbeiterunruhen und Streiks aus, bei denen es um bessere Arbeitsbedingungen und niedrigere Preise ging. Aber sehr schnell weitete sich die Streikbewegung zum politischen Aufstand aus und auch polnische Intellektuelle verlangten Re-

INFO

## Aufbau kommunistischer Parteien

Grundsätzlich waren alle kommunistischen Parteien nach dem Muster der sowjetischen Mutterpartei KPdSU aufgebaut. Das bedeutete zunächst einmal die Zwangsvereinigung von Kommunisten und Sozialisten in einer Partei. Konkurrenz aus den Reihen der Arbeiterbewegung wurde nicht geduldet. Organisationsprinzip war der »demokratische Zentralismus« mit einem streng hierarchischen Parteiaufbau und kompromissloser Disziplin ohne Meinungsvielfalt.

Es gab zwei Gliederungsstränge nebeneinander, einen regionalen Strang bis hinunter zu den örtlichen Parteiorganisationen in den Städten und Dörfern sowie parallel dazu die produktionsgebundenen Parteigliederungen in den Werken bis hinunter zum Arbeitsplatz. Auf allen Ebenen existierten Hierarchien der Exekutive mit Komitees, Büros und Sekretariaten, die mit hauptamtlichen Mitarbeitern besetzt waren. Oberstes Parteiorgan war der Parteikongress, der das Zentralkomitee (ZK) wählte. Das ZK wählte das Politbüro sowie das Sekretariat des ZK. Diesen beiden höchsten Parteiinstanzen stand der Generalsekretär vor, der ebenfalls vom ZK gewählt wurde. Das Politbüro gab die politische und ideologische Linie vor, die dann vom ZK und dessen Abteilungen und Fachressorts nach unten hin durchgesetzt wurden.

Im Besitze der Genossenschaft: PGR bei Przemyśl

formen, ja grundsätzliche Systemveränderungen, sie wollten endgültig weg vom Stalinismus. Es kam zu schweren Straßenkämpfen, bei denen etwa 80 Menschen ums Leben kamen und Hunderte verletzt wurden. Die Partei ließ Panzer auffahren und schlug den Aufstand mit aller Härte nieder.

## Sozialismus auf polnische Art?

*Władysław Gomułka*

Doch im Politbüro war man sich durchaus nicht so einig, wie das gewaltreiche Vorgehen vermuten ließ. Die Kluft war groß geworden zwischen stalinistischen Hardlinern, die für eine Fortsetzung des harten Kurses plädierten, und den vergleichsweise liberalen Kräften, die zwar gesellschaftliche Reformen forderten, aber keine grundlegenden Systemveränderungen. Erstaunlicherweise setzte sich diese moderate Gruppe um Władysław Gomułka durch, dem die Protestwelle zur Befreiung aus der Haft und zur Wahl zum 1. Sekretär der PZPR verholfen hatte.

*Sanftere Töne aus Moskau*

Der Nationalkommunist, der die Meinung vertrat, dass es mehrere Wege zum Sozialismus geben können muss, stellte sich an die Spitze der Bewegung und nutzte das Zögern Moskaus. Chruschtschow nämlich konnte und wollte sich kein zweites Ungarn leisten und ließ die Polen gewähren. Er schluckte sogar eine ausgesprochene Kröte, als er die Ablösung von Verteidigungsminister Marschall Rokossowski akzeptierte, der in Polen als Aufpasser der Sowjetunion und Agent Stalins galt. Rokossowski ging zurück in die Sowjetunion und wurde dort stellvertretender Verteidigungsminister.

Gomułka versprach Reformen vor allem mit Freiheiten im Bereich von Kultur und Kirche sowie weniger Gängelei durch die Sowjetunion. Die Zwangskollektivierung der Landwirtschaft war endgültig vom Tisch, die Wirtschaft sollte reformiert werden. Vor allem die Kirche profitierte von den kleinen Freiheiten dieser Tauwetterperiode. Ihre Selbstverwaltung blieb fortan weitgehend unangetastet,

*Kleine Freiheiten – große Irrtümer*

ihr wurden Priesterseminare sowie die Katholische Universität Lublin zugestanden, und sie besaß mit dem *Tygodnik Powszechny* eine der bis heute renommiertesten Zeitungen Polens. Die Partei gewährte die kleinen Freiheiten, weil sie ganz auf die Industrialisierung Polens setzte. Sie erhoffte sich damit einen Prozess der Urbanisierung, der eine Gesellschaft entstehen lassen würde, in der Traditionen und Kirchengebundenheit von alleine verschwinden – ein fataler Irrtum, wie sich bald erweisen sollte.

Die kollektive Landwirtschaft bestand zwar fort, wo sie eingeführt war, aber drei Viertel des polnischen Bodens blieben in privater Hand. Auch hierin sahen die Politökonomen Polens kein Problem. Sie meinten, die kleinen Bauernhöfe würden ohnehin mit der Zeit nicht mehr existieren, weil sie gegenüber den großen Staatsgütern PGR nicht konkurrenzfähig wären. Dies erwies sich als ein weiterer großer Irrtum, der Polen später an den Rand des Hungers führen sollte.

*Das System erstarrt.*

Die Zugeständnisse auf politischer Ebene waren ebenfalls für die Zeit relativ weitreichend. Doch politischer Pluralismus kam nicht zu Stande und alle neu gegründeten Organisationen wurden in der Nationalen Einheitsfront unter dem Diktat der PZPR vereint. Wirkliche Reformen fanden also nicht statt. Im Gegenteil: Die Tauwetterperiode dauerte nicht lange und je länger Gomułka an der Macht blieb, desto starrer wurde das System und desto härter wurden die Schrauben wieder angezogen. Ende der 1950er Jahre kam es zu einer Parteisäuberungswelle, bei der alle Wirtschaftsreformer und Liberalen ins politische Abseits gestellt wurden.

*Moczars antisemitische Kampagne*

Gomułka galt längst als zunehmend alterspassiv, als der polnische Innenminister Moczar 1968 eine antisemitische Kampagne entfachte, mit der er letztlich Gomułkas Sturz betrieb. Der Nationalist Mieczysław Moczar war seit 1964 im Amt und hatte sich in Geheimdienst, Miliz und den Kampfgruppen inzwischen seine eigene Hausmacht geschaffen. Seine »Partisanen« genannten Seilschaften rekrutierte er aus Parteikadern, die sich ihm und einander durch den gemeinsamen Kampf gegen die deutsche Besatzungsmacht verbunden fühlten. Diese »Partisanen« fanden durchaus einigen Beifall in der Bevölkerung, die mit der Entwicklung von Staat und Wirtschaft zunehmend unzufrieden war. Moczar benutzte 1967 die Propagandakampagnen gegen Israels Rolle im »Siebentagekrieg« und startete eine in der Zeit nach 1945 beispiellose staatliche antisemitische Diffamierungskampagne. Ziel der Aktion war es, Oppositionelle innerhalb und außerhalb der Partei auszuschalten. In der Folge verließen weit über 20 000 polnische Juden ihre Heimat.

*Auswirkungen des Prager Frühlings*

Ein Überschwappen des »Prager Frühlings« nach Polen wurde 1968 mit aller Härte verhindert. Nach der Absetzung des Theaterstücks »Dziady« von Adam Mickiewicz kam es zu Studentenprotesten, die sich – gepaart mit allgemeiner Unzufriedenheit – auszuweiten drohten und von der Parteiführung gewaltsam niedergeschlagen wurden. Prominentestes Opfer der anschließenden Parteisäuberungswelle war Außenminister Adam Rapacki, der abgesetzt wurde. Der lange wie paralysiert wirkende Gomułka distanzierte sich erst spät von Innenminister

Spiegel-Titel vom 6. November 1970, Quelle: Haus der Geschichte, Bonn

7. Dezember 1970, Warschau, Quelle: Bundesbildstelle, Bonn

Moczar, der ebenfalls seinen Hut nehmen musste, aber in der Partei einflussreich blieb.

## Aussöhnung mit der Bundesrepublik Deutschland?

*Anerkennung der Oder-Neiße-Grenze*

Gomułka verlegte sein Hauptaugenmerk nun auf die Außenpolitik. In den 1960er Jahren war am Rande der großen Politik der gesellschaftliche Dialog zwischen Polen und der Bundesrepublik in Gang gekommen. Besonders der Brief der polnischen Bischöfe an ihre deutschen Amtsbrüder, in dem sie den berühmten Satz formulierten »Wir vergeben und bitten um Vergebung«, und die EKD-Denkschrift von 1965 hatten den Boden bereitet. Der Bonner Regierungswechsel hin zur sozialliberalen Koalition Brandt/Scheel 1969 öffnete dann die Türen zu einer Verständigung weit. Nachdem zuerst Bonn und Moskau zu einem Ausgleich gekommen waren, war jetzt der Weg für Deutsche und Polen endgültig frei. So wurde der 7.12.1970 zum größten außenpolitischen Triumph für Gomułka: der Tag der Unterzeichnung des Vertrags, in dem die Bundesrepublik Deutschland die polnische Westgrenze anerkannte und den Gewaltverzicht erklärte.

*Der Kniefall von Willy Brandt*

Der Kniefall von Willy Brandt am Ghetto-Ehrenmal in Warschau bewegte die Polen, war Brandt doch persönlich unbelastet und selbst Exil-Deutscher gewesen, der sich dennoch zur Verantwortung aller Deutschen bekannte. In der folgenden Zeit begann die Normalisierung der bundesdeutsch-polnischen Beziehungen. Deutschstämmige durften aus Polen in die Bundesrepublik übersiedeln und auch die Entschädigung der polnischen Opfer der nationalsozialistischen Gewaltherrschaft wurde geregelt.

## Ein Technokrat soll es richten

*Gomułka wird abgelöst.*

Lange konnte sich Gomułka nicht in diesem Erfolg sonnen. Nur zwei Wochen später verkündete die Regierung drastische Erhöhungen der Lebensmittelpreise. Die sofort einsetzenden Arbeiterproteste weiteten sich rasch aus. Zentren der Unruhen waren die Werften in Danzig und Stettin. Bald kamen auch politische Forderungen nach Pressefreiheit und freien Gewerkschaften auf. Von der Ostsee ausgehend kam es in allen Industriezentren Polens zu Massenprotesten. Noch einmal schlug das Regime Gomułka mit aller Härte zurück. Mit 42 Toten bilanzierte die Regierung selbst das Ergebnis ihrer Militäraktionen. Aber erst die Rücknahme der Preiserhöhungen und die Ablösung Gomułkas durch das Politbüro ließen die Proteste verstummen.

*Giereks Aufschwung auf Pump*

Nachfolger wurde Edward Gierek, ein in Polen nicht unbeliebter Technokrat aus Oberschlesien. Er wechselte reihenweise Kader und Funktionäre aus, auch die Gruppe um Moczar wurde weitgehend entmachtet. Gierek versuchte, die immensen Wirtschaftsprobleme Polens zu lösen, die Konsumbedürfnisse der Menschen zu befriedigen und ihren Lebensstandard zu erhöhen. Um an Devisen zu kommen, musste man Produkte mit Weststandard exportieren. Dazu wurden die Produktionsverfahren modernisiert und komplette Anlagen im Westen eingekauft – gegen Devisen. Zwar ließ sich dadurch die Zahl der Konsumgüter im Land, die Kaufkraft der Polen und ihr Lebensstandard erhöhen, doch der Aufschwung war nur schöner Schein, auf Pump finanziert. Polens Auslandsverbindlichkeiten stiegen ins Astronomische.

*Preiserhöhung für Grundnahrungsmittel*

Um die drohende Zahlungsunfähigkeit des Staates abzuwenden, versuchte die Regierung Gierek 1976 die Ausgaben durch Abbau von Subventionen zu reduzieren, wodurch die Preise für Grundnahrungsmittel drastisch in die Höhe gingen. Wiederum kam es zu Protesten in den Industriezentren, besonders in Ursus bei Warschau und in Radom, die – wie gehabt – mit aller Härte niedergeschlagen wurden. Nach diesen Unruhen im Dezember 1976 wurde als Reaktion auf Seiten von Arbeitern und Intelligenz das »Komitee zur Verteidigung der Arbeiter« gegründet. Damit war der Anfang zur Organisation der Opposition gemacht, weitere Gründungen von Bürgerrechtsbewegungen folgten.

*Ein Pole wird Papst.*

Die öffentliche Meinung fand auch in der Kirche unter Primas Stefan Wyszyński zunehmend Forum und Schutzraum. Kirchenpublikationen wurden zu ihrem Sprachrohr. Mehr und mehr Priester arbeiteten aktiv in den oppositionellen Organisationen mit. Als am 16.10.1978 der Krakauer Erzbischof Karol Wojtyła zum Papst gewählt wurde, stand Polen Kopf. Die erste Polenreise des Papstes im Folgejahr 1979 führte zu einer »Abstimmung mit den Füßen«. Zu Millionen pilgerten die Polen zu Messen »ihres« Papstes. Erst jetzt begann die PZPR zu erkennen, wie die Mehrheitsverhältnisse im Land tatsächlich aussahen. Man ahnte nun, dass die straff organisierte Kirche ein mächtiger Gegner sein würde und mit ihr jede gesellschaftliche Gruppierung, die der Unterstützung der Kirche sicher sein konnte. Die Ära Gierek neigte sich unter rapidem Machtverfall dem Ende zu.

## Vom polnischen Sommer 1980 bis zur Wende 1989

### Aufstieg der Solidarność

Immer schneller drehte sich nun die Schuldenschraube, fast die Hälfte der Steuereinnahmen wurde für die Zahlung von Subventionen ausgegeben, Kredit auf Kredit aus dem Westen hielt die Zahlungsfähigkeit soeben noch aufrecht. Um den Staatsbankrott abzuwenden, griff die Regierung Gierek abermals zum Mittel heftiger Preiserhöhungen, die sie am 1. Juli 1980 bekannt gab.

*Der Funke springt über.*

Ausgehend vom Traktorenwerk Ursus bei Warschau rollte umgehend eine Streikwelle an, die ihren Weg über Ostpolen bis hin zur Ostseeküste machte. Zwar zeigte sich die Partei diesmal nachgiebiger und war bereit, den Lohnforderungen nachzukommen. Doch inzwischen ging es im Zentrum der Aktionen auf der Danziger Lenin-Werft längst um mehr. Die Forderung nach Wiedereinstellung der Arbeiterin Anna Walentynowicz, die Mitglied des »Gründungskomitees freier Gewerkschaften« war, machte den Anfang. Mitte August setzte eine Politisierung der Forderungen ein, als die Lenin-Werft komplett in den Ausstand trat und die Arbeiter das Werftgelände besetzten. Beginnend mit den ersten Forderungen nach Wiedereinstellung aller gekündigten Streikenden und nach Errichtung eines Denkmals für die bei früheren Streikwellen getöteten Arbeiter wuchs daraus allmählich ein ganzer Katalog.

*Besetzung der Lenin-Werft*

Im Gegensatz zu früher gingen die Streikenden diesmal nicht auf die Straßen, sondern verbarrikadierten sich in der Werft und besetzten weitere Werke. Man hatte seine Lektion gelernt und stellte diesmal auch das sozialistische System

Brot und Freiheit, Solidarność-Plakat, Krakau

INFO

## Die 21 Forderungen von Danzig

1. Anerkennung freier, unabhängiger Gewerkschaften.
2. Streikrecht und Sicherheitsgarantie für Streikende und deren Angehörige.
3. Gewährleistung der Rede-, Druck- und Publikationsfreiheit.
4. Widereinstellung aller entlassenen Streikenden und Freilassung aller politischen Häftlinge.
5. Medienberichte über Entstehung und Forderungen des Überbetrieblichen Streikkomitees.
6. Wirtschaftsreformen und Information über die tatsächliche Lage im Lande.
7. Lohnfortzahlung während der Streikzeit.
8. Lohnerhöhung um 2000 Złotys monatlich als Ausgleich für Preiserhöhungen.
9. Automatische Lohnerhöhung entsprechend der Preiserhöhungen und der Inflationsrate.
10. Volle Lebensmittelversorgung für Polen, Export nur von Überschüssen.
11. Kauf mit westlichen Währungen in Devisenläden ist nicht mehr zugelassen.
12. Anstellung für Leitungsposten nur noch nach Kompetenz und nicht nach Parteizugehörigkeit.
13. Fleisch und Fleischprodukte sollen zunächst auf Lebensmittelmarken verkauft werden.
14. Rentenalter für Frauen soll auf 55 Jahre, für Männer auf 60 Jahre herabgesetzt werden.
15. Erhöhung der Renten für sog. Altrentner auf das aktuelle Rentenniveau.
16. Verbesserung der Arbeitsbedingungen im Medizinbereich für eine bessere medizinische Versorgung der Bevölkerung.
17. Kinderkrippen- und Kindergartenplätze für alle Kinder arbeitender Frauen.
18. Einführen des Erziehungsurlaubs mit 100 Prozent Lohnfortzahlung für drei Jahre.
19. Kürzung der Wartezeiten für den Erwerb einer neuen Wohnung.
20. Spesen für Arbeit außerhalb des Wohnorts von 40 auf 100 Zlotys täglich erhöhen.
21. Einführung arbeitsfreier Samstage.

Dieser »Danziger Forderungskatalog« steht seit 2003 auf der Liste des UNESCO-Weltkulturerbes als »Geburt der Gewerkschaft *Solidarność* als massenhafte soziale Bewegung«.

nicht in Frage. Der vom Danziger Elektriker und Streikführer Lech Wałęsa präsentierte Forderungskatalog bildete die Grundlage für Verhandlungen zwischen Regierung und dem »Überbetrieblichen Streikkomitee«. Die Streikenden wollten der Regierung diesmal keinen Vorwand für Gewaltmaßnahmen bieten, sondern sie zu Verhandlungen zwingen.

*Die Regierung verhandelt.*

Und so geschah das erste Wunder dieses polnischen Sommers: Die Regierung verhandelte. Das zweite Wunder folgte auf dem Fuße: Die Regierung zeigte sich kompromissbereit. Sie akzeptierte am 31.8.1980 den Großteil der 21 Forderungen. Kernstück dieser Forderungen war die Zulassung der freien Gewerkschaft *Solidarność* (Solidarität). Die Bilder gingen um die Welt. Der kleine Danziger Elektriker Lech Wałęsa mit der Mutter Gottes am Revers unterzeichnet die Vereinbarung mit einem Riesen-Kugelschreiber. Doch Wałęsa und die Arbeiter waren diesmal nicht auf sich gestellt. Garant des Erfolges war die enge Zusammenarbeit zwischen Arbeiterschaft und Intellektuellen so unterschiedlicher Provenienz wie Jacek Kuroń und Tadeusz Mazowiecki, dem späteren Ministerpräsidenten.

*Massenbeitritt zur Solidarność*

Die Parteiführung versuchte es nochmals nach altem Muster: Sie setzte Edward Gierek ab und bestimmte Stanisław Kania zu seinem Nachfolger, der für eine gemäßigte Linie stand. Auch eine Reihe politischer Hardliner wurden aus dem Politbüro entfernt. Doch bei aller Entspannung der innenpolitischen Lage war der Machtverlust nicht mehr zu übersehen. Eine freie Gewerkschaft rüttelte an einem System, in dessen Selbstverständnis der Arbeiterstaat die Interessen der Arbeiter optimal vertrat. Die polnischen Werktätigen aber ließen sich nun nicht mehr länger gängeln: Mehr als drei Viertel von ihnen, fast 12 von 16 Millionen, traten der *Solidarność* bei.

*Drohgebärden aus Moskau*

Auch den sozialistischen Bruderstaaten erschien diese Entwicklung in Polen als höchst bedrohlich. Es gab damals einige Parteiführer im sozialistischen Lager, die nach dem Muster von Prag 1968 gern die Warschauer-Pakt-Truppen einmarschieren lassen wollten. Doch Moskau winkte ab. Die Sowjetunion mochte sich zu dieser Zeit neben Afghanistan kein zweites außenpolitisches Minenfeld zulegen. So ganz sicher sein konnte man sich ob der sowjetischen Haltung in Warschau aber nicht, denn es gab genügend einschüchternde Drohgebärden des »Großen Bruders«, dessen allzu feste Umarmung die Polen fürchteten. Vor allem die PZPR wurde zunehmend unter Druck gesetzt, mit den »Konterrevolutionären« aufzuräumen.

*Unsicherheit, Ängste und Instabilität*

Die wirtschaftliche Lage in Polen befand sich weiterhin in rasender Talfahrt. Das führte zu zahlreichen wilden Streiks und zu einer chaotischen Lage im Land. De facto gab es eine Art Patt im Machtgefüge: Zur Hälfte herrschte *Solidarność*, zur anderen Hälfte der wie gelähmt wirkende Staats- und Parteiapparat. Ab dem Frühsommer 1981 kam es immer wieder auch zu gewalttätigen Auseinandersetzungen zwischen Staatsorganen und *Solidarność*.

Für weitere Unruhe sorgten die andauernden Streitigkeiten innerhalb der *Solidarność*. Die Grundsatzdebatte, ob man nun nur Gewerkschaft oder auch politische Partei sein wollte, trug zur wachsenden Instabilität der Lage im Lande genauso bei, wie die Drohungen seitens des ZK der KPdSU, der Mordanschlag auf den polnischen Papst und der Tod des verehrten Primas Kardinal Stefan Wyszyński. Die gefühlte Gemengelage umfasste so Widersprüchliches wie den großen euphorischen Aufbruch, den Kampf um das tägliche Brot bei zunehmend desolater Wirtschaftslage und eine wild brodelnde Gerüchteküche, die Ängste verbreitete. Da liefen Geschichten um von verprügelten Rotarmisten, von für die Sowjetunion bestimmten Lebensmittelzügen, die an Polens Nordostgrenzen standen und von wütenden Polen an den Gleisen festgeschweißt wurden, von in den Wäldern versteckten sowjetischen Truppen. Die Menschen fürchteten eine Invasion der Roten Armee.

## Polen unter Kriegsrecht

Als der erste Kongress der *Solidarność* im September 1981 ein deutliches Mehr an politischer Ausrichtung beschloss und sogar eine Botschaft an die Arbeiter aller anderen sozialistischen Länder verabschiedete, war die Zeit der Duldung seitens der Partei zu Ende.

*Jaruzelski verhängt das Kriegsrecht.*

Im Oktober 1981, auf dem 4. ZK-Plenum der PZPR, holte eine Gruppe um den Armeegeneral und Verteidigungsminister Wojciech Jaruzelski zum Gegenschlag gegen die *Solidarność*-Opposition aus, um die eigene Handlungsfähigkeit zu erhalten. Kania wurde durch Jaruzelski ersetzt. Die *Solidarność* zeigte sich zwar nicht erfreut, aber kompromissbereit. Die Vorbereitungen für den großen Coup der Hardliner aber liefen längst auf vollen Touren. Die *Solidarność* sollte genauso entmachtet werden wie die allzu nachgiebigen Parteikader. So war der dann folgende Schritt nicht nur eine Gewaltaktion, sondern auch eine Bankrotterklärung der Partei und ihrer führenden Rolle. In der Nacht auf den 13. Dezember 1981 bildete Jaruzelski den »Militärrat der Nationalen Rettung«, der einen Tag später faktisch per Militärputsch die Macht übernahm. Abends verhängte Jaruzelski in einer Fernsehansprache den Kriegszustand über Polen. Die *Solidarność* war ab sofort suspendiert und wurde kurz darauf verboten. Sämtliche Medien unterlagen einer scharfen Zensur. Ein nächtliches Ausgehverbot wurde genauso verhängt wie ein Versammlungsverbot. An jeder größeren Straßenkreuzung und jeder Ortseinfahrt wurden Panzersperren errichtet, dazu die Grenzen abgeriegelt – es gab keine Kontakte mehr zum Ausland. Nur Lebensmitteltransporte und Hilfslieferungen für das am Rande des Hungers stehende Polen waren erlaubt. Für lange Monate boten nun nur die Fahrer dieser Hilfstransporte vielen Polen die Möglichkeit, eine Nachricht an Angehörige in Deutschland zu schicken.

*Internierungen*

Eine Verhaftungswelle setzte ein. Über 10 000 Gewerkschafter und Oppositionelle wurden in Lagern interniert, andere verschwanden hinter Gefängnismauern. Bis heute beteuert Jaruzelski, er sei mit der Verhängung des Kriegsrechts tatsächlich einem Einmarsch der Sowjetunion zuvor gekommen, wofür es allerdings keinerlei Belege gibt. Erst im Sommer 1982 wurden einige Bestimmungen des Kriegsrechts wieder gelockert, wozu erstaunlicherweise auch die Visaerteilung für westliche Ausländer gehörte. So konnten diese nun selbst nachschauen fahren, wie es ihren Angehörigen in Polen erging.

Das Szenario auf Polens Straßen ließ einen frösteln: Panzersperren an jeder größeren Kreuzung, langsames Durchfahren zwischen bis an die Zähne bewaff-

Blumenkreuz für die verbotene Solidarność 1987 vor der Wizytek-Kirche, Warschau

*Bürgerkriegsszenario*

neten Soldaten hindurch, zigfache Personenkontrollen, bei denen gleich mehrere Maschinenpistolen auf einen gerichtet waren. Aber auch ein leises durch die Zähne gezischtes »danke, dass Ihr gekommen seid und vergesst uns nicht…« bei der Rückgabe der Pässe. Es war eine manchmal grotesk anmutende Szenerie: Bewaffnete wie in einem Bürgerkrieg, die von den Polen mit fast trotzigem Ingrimm ignoriert wurden. Zum Kreuz ausgelegte Blumen vor der Wache des Grabmals des unbekannten Soldaten in Warschau, die täglich von der Staatsmacht weggeräumt wurden und am nächsten Morgen wieder genauso dalagen. Unzählige Frauen auf den Straßen, die Trauerkleidung trugen.

Am 13. eines jeden Monats wurden Messen fürs Vaterland gelesen. Auch den Mund ließen sich die Polen nicht verbieten: Literatur und Film brachten die Kunst, den eigentlichen Inhalt zwischen den Zeilen zu schreiben, zu grandioser Meisterschaft. Politische Karikaturisten spitzten die Federn: Der wegen seiner dicken, dunklen Brille *Szlepak* (Blinder) genannte Jaruzelski dürfte einer der am meisten karikierten Männer seiner Zeit gewesen sein.

## Sieg der Solidarność

*Auflösung des Militärrats*

Endgültig aufgehoben wurde das Kriegsrecht am 22. Juli 1983, zeitgleich mit der Auflösung des Militärrats. Die Bilanz: 25 Tote, mehr als zehn unaufgeklärte politische Morde, insgesamt über 13 000 Internierte. Langfristig die verheerendste Folge für Polen aber war die nun einsetzende Emigrationswelle. Fast 800 000 Polen verließen ihr Heimatland, allen voran die Elite. Dieser Aderlass an Hochqualifizierten war kaum zu verkraften.

Theoretisch war nun wieder die PZPR an der Macht, doch eben die verfiel immer weiter. Zu wirklichen Reformen war die Partei nicht mehr in der Lage. Obendrein tobte der innerparteiliche Machtkampf zwischen Hardlinern und Reformern. Vor diesem Hintergrund ist auch der Mord an dem oppositionsnahen Priester Jerzy Popiełuszko 1984 durch drei Offiziere des polnischen Staatssicherheitsdienstes zu sehen, der Polen bis heute bewegt.

*Zweiter Papstbesuch*

So war Polen ein zerrissenes Land, in dem die Stimmung mit angespannter Agonie zu charakterisieren war, als Papst Johannes Paul II. 1983 seine Heimat ein zweites Mal besuchte. Die Wirtschaft stand am Rande des Zusammenbruchs, das Lohnniveau sank dramatisch, fast alle Lebensmittel waren rationiert und die Läden leer. Doch zeigte auch dieser Papstbesuch deutlich, hinter wem die Massen standen, und das war gewiss nicht die Partei. Die führende gesellschaftliche Rolle hatten in Wahrheit längst *Solidarność* und die Kirche. Mehr noch, die Kirche war der einzige Ordnungsfaktor, der verlässlich war. Denn die Partei konnte sich ihrer Miliz und Armee längst nicht mehr sicher sein. Das galt besonders nach der Wende in der Sowjetunion, als Michail Gorbatschow dort 1985 an die Macht gekommen war. Das Drohpotenzial Sowjetunion fiel mehr und mehr weg, und die Reformkräfte begannen sich in der PZPR durchzusetzen.

*Machtaufteilung*

Die Streikbewegungen wuchsen nun wieder an, und Jaruzelski versuchte den Streikenden mit vorsichtigen Lockerungen entgegenzukommen. Er setzte auf Kooperation und das Land konnte ein wenig aufatmen, als der X. Parteitag der PZPR 1986 eine Amnestie beschloss und die Versöhnung betrieb. Der Druck der katastrophalen Verhältnisse aber blieb. So kam Jaruzelski zu der Erkenntnis, auf Dauer nicht gegen das Volk »anregieren« zu können und begann eine Machtaufteilung. Politbüro und ZK war klar, dass ohne die *Solidarność* nichts mehr ging.

*Gespräche am Runden Tisch*

So stimmte Jaruzelski den Gesprächen am »Runden Tisch« zu: Alle Teilnehmer sollten aus gleichberechtigter Position mit einander konferieren können. Ein bahnbrechendes Ereignis für Polen und eine Konferenzform, die im gleichen Zusammenhang in der DDR wieder aufgegriffen wurde. Vom 6. Februar bis zum 5. April 1989 trafen sich in Warschau Vertreter von Partei, Kirche und allen Kräften der gesellschaftlichen Opposition, um über Polens Zukunft zu verhandeln. Am Ende wurde die *Solidarność* wieder zugelassen. Vor allem aber wurde der Systemwandel verabschiedet, mit einem Mehrparteiensystem, freien Wahlen, und unabhängigen Gerichten.

*Wahlen*

Die ersten Wahlen am 4. und 18. Juni 1989 endeten mit einem großen Sieg der Opposition. General Jaruzelski wurde am 19. Juli zum Staatspräsidenten gewählt. Der *Solidarność* gelang es zusammen mit zwei Blockparteien am 24. August eine Regierung unter Tadeusz Mazowiecki zu bilden, einem Publizisten aus dem katholisch-intellektuellen Milieu. Somit war Polen das erste Land des sozialistischen Blocks im östlichen Europa, das einen nichtkommunistischen Ministerpräsidenten hatte. Ohne diese Entwicklung, die Gorbatschow abgesegnet hatte, wäre der Fall der Berliner Mauer zu diesem Zeitpunkt und das Ende des Eisernen Vorhangs nicht möglich gewesen.

# Transformiert – Zwischen Postsolidarność und Populismus

Zwielicht am Neptunbrunnen in Danzig

## Ein schwieriger Demokratisierungsprozess

Wende-Sommer 1989

Als die Mauer am 9. November plötzlich geöffnet wurde, war der deutsche Bundeskanzler Helmut Kohl zu Gast im bereits demokratischen Polen. Auch die Umarmung mit Ministerpräsident Tadeusz Mazowiecki hatte schon stattgefunden. Die Deutschen aber waren verständlicherweise mit sich selbst beschäftigt im Wende-Herbst 1989. Kaum einer von ihnen erinnert sich an die seinerzeitigen Ereignisse in Polen. Dabei war Polen schon auf dem Weg in die Transformation. Der *Sejm* hatte die Weichen für eine tiefgreifende Wirtschaftsreform gestellt: Wirtschaftsminister Leszek Balcerowicz begann unverzüglich mit dem Umbau der polnischen Planwirtschaft hin zu einer funktionierenden Marktwirtschaft. Kurz nach dem Kohl-Besuch wurde im Dezember die polnische Verfassung bis zu einer generellen Neufassung zunächst übergangsweise geändert, um die Wende zur parlamentarischen Demokratie unumkehrbar zu verankern. Auch einen neuen Namen erhielt das Land bei dieser Gelegenheit: Aus der Volksrepublik Polen wurde die Republik Polen (Rzeczpospolita Polska) und die nunmehr Dritte Republik erhielt das angestammte Wappen zurück. Von nun an schmückte die Krone wieder den weißen Adler. Unmittelbar danach passierte etwas, was

INFO

## Polens Parteien und ihre Ausrichtungen

▶ **PZPR (Polska Zjednoczona Partia Robotnicza) »Polnische Vereinigte Arbeiterpartei«**, kommunistische Einheitspartei bis1990 (ähnlich der SED in der ehemaligen DDR);

▶ **SD (Stronnictwo Demokratyczna) »Demokratische Partei«**, liberal-demokratisch, ehemalige Blockpartei;

▶ **PPR (Polska Partia Robotnicza) »Polnische Arbeiterpartei«,** 1943 gegründete kommunistische Partei, die in der PZPR aufging;

▶ **PPS (Polska Partia Socjalistyczna) »Polnische Sozialistische Partei«,** 1892 gegründet, ging in der PZPR auf;

▶ **PSL (Polskie Stronnictwo Ludowe) «Polnische Bauernpartei«,** ehemalige Blockpartei, heute dem konservativen Spektrum zuzurechnen;

▶ **SLD (Sojusz Lewicy Demokratycznej) »Bund der demokratischen Linken«,**
aus der PZPR hervorgegangene, heute sozialdemokratische Partei;

▶ ***Solidarność* »Solidarität«**
freie Gewerkschaft, zugelassen seit 1981;

▶ **AWS (Akcja Wyborcza *Solidarność*) »Wahlaktion Solidarność«,**
politischer Arm der *Solidarność;*

▶ **UW (Unia Wolnośći) »Freiheitsunion«,**
liberale sogenannte Professorenpartei;

▶ **UP (Unia Pracy) »Arbeitsunion«,**
linksliberale Partei;

▶ **PO (Platforma Obywatelska) »Bürgerplattform«,**
liberal-konservative Partei;

▶ **PiS (Prawo i Sprawiedliwość) – »Recht und Gerechtigkeit«,**
konservativ-nationale Partei mit Wurzeln in der *Solidarność;*

▶ **LPR (Liga Polskich Rodżin) »Liga Polnischer Familien«,**
nationalistisch-katholische Partei

▶ ***Samoobronna* »Selbstverteidigung«,**
radikal-populistische Bauernpartei

▶ **SdPl (Socialdemokracja Polska) »Polnische Sozialdemokratie«,**
2004 als Abspaltung von der SLD gegründete, sozialdemokratische Partei.

---

noch ein Jahr zuvor kaum denkbar gewesen wäre: Die Polnische Vereinigte Arbeiterpartei (PZPR) löste sich im Januar 1990 selbst auf.

*BRD bestätigt die polnisch-deutsche Grenze.*

In Mazowieckis Amtszeit fiel im November 1990 die Unterzeichnung des deutsch-polnischen Nachbarschaftsvertrages kurz nach der deutschen Wiedervereinigung. Dieser Vertrag stellte die polnisch-deutsche Grenze nun als endgültig fest und nahm den Polen damit eine große unterschwellige Dauerangst. Noch immer war Jaruzelski Staatspräsident, denn man wollte in Polen zunächst keine neuen Gräben aufreißen und ihn einfach absetzen, sondern ihm einen ehrenvollen Rückzug aus der Politik ermöglichen. Die Präsidentschaftswahlen vom 9. Dezember 1990 gewann dann Lech Wałesa und er behielt dieses Amt fünf Jahre lang.

Am 14. Dezember 1990 trat Regierungschef Tadeusz Mazowiecki zurück, der bei den Präsidentschaftswahlen ein paar Tage zuvor Gegenkandidat von Wałesa gewesen war, aber nur 18 Prozent der abgegebenen Stimmen erhalten hatte. Sein Nachfolger wurde der frühere wirtschaftspolitische Berater der *Solidarność* Jan Krzysztof Bielecki, der bis zum 5. Dezember 1991 amtierte.

## Erste Freie Wahlen 1991 und politisches Verwirrspiel

*Niedrige Wahlbeteiligung*

Im Oktober 1991 hatten die ersten, zu 100 Prozent freien Parlamentswahlen in Polen stattgefunden, mit einer enttäuschenden Wahlbeteiligung von nur 43 Prozent. Das neue Wahlgesetz hatte Splitterparteien begünstigt und so zogen 29 Gruppierungen in den *Sejm* ein. Die Regierungsbildung war schwierig und führte zu instabilen Vielparteien-Koalitionen. Zudem stand Polen in der härtesten Phase seines Wirtschaftsumbaus. Die Inflation stieg ins Astronomische. Die Arbeitslosigkeit explodierte. Zahllose Betriebe mussten schließen. Die harten Sparmaßnahmen des Staates senkten den Lebensstandard vieler Polen spürbar.

*Beständiger Wechsel*

Nachfolger von Ministerpräsident Bielicki wurde von Dezember 1991 bis Juni 1992 Jan Olszewski, der einstige Rechtsberater der *Solidarność*. Sein Nachfolger Waldemar Pawlak von der Bauernpartei PSL wurde zwar von Wałęsa zum Regierungschef ernannt, es gelang ihm aber nicht, eine mehrheitsfähige Regierung zu bilden. So durfte sich dann im Juli 1992 Hanna Suchocka versuchen, die immerhin eine Regierungsriege zusammenbekam und auch ein gutes

Erste freie Wahlen und nicht einmal die Hälfte der Polen ging hin.

Jahr lang durchhielt. Am 25. Oktober 1993 jedoch sprach ihr die Mehrheit der *Solidarność*-Abgeordneten wegen des angeblich zu schnellen Tempos der Wirtschaftsreformen das Misstrauen aus. Präsident Wałęsa löste daraufhin das Parlament auf und verfügte Neuwahlen. Doch die Polen hatten genug von dem Wirrwarr des dauernden Regierungswechsels und wählten ihrerseits den Wechsel.

*Koalition von SLD und PSL*

Wahlsieger waren die sozialdemokratische SLD und die Bauernpartei PSL, die fortan miteinander koalierten. Die Zahl der Parteien im Parlament war nach einer neuerlichen Wahlrechtsreform auf sechs gesunken. Nun bekam Waldemar Pawlak eine zweite Chance und brachte diesmal tatsächlich eine funktionierende Regierung zustande, die bis zum 1. März 1995 an der Macht blieb. Ihm folgte Józef Oleksy, der bis zum 26. Januar 1996 regierte. Sein Rücktritt erfolgte wegen des Vorwurfs, Agent des sowjetischen Geheimdienstes gewesen zu sein, was sich jedoch sehr schnell als unhaltbar erwies. Sein Nachfolger bis zum 17. Oktober 1997 wurde der spätere Außenminister Włodzimierz Cimoszewicz.

*Linksruck 1995*

Die Präsidentschaftswahlen von 1995 bestätigten den Linksruck. Zunehmend waren die Polen des kleinen Elektrikers im Präsidentenamt überdrüssig geworden und viele meinten, ein großer Kämpfer und Gewerkschafter müsse nicht notwendigerweise auch ein großer Staatsmann sein. Seine diplomatischen Ungeschicklichkeiten vor allem hatten Lech Wałęsas Ruf beschädigt. Nicht nur die Satireblätter unter den Medien stellten ihn als ungebildeten Schwätzer und Möchtegernstaatsmann dar, der von sich behauptete, die Mutter Gottes setze auf ihn. Er verlor die Wahl gegen Aleksander Kwaśniewski von der SLD.

*Rechtsruck 1997*

Aber Polen wäre nicht Polen gewesen, wenn unsere Nachbarn bei der folgenden Parlamentswahl von 1997 nicht wieder den Wechsel gewählt hätten. Sieger wa-

**INFO**

## Der Stern des Volkshelden sinkt

Lech Wałęsa, jahrelang gefeierter Volksheld der *Solidarność,* verschenkt im höchsten polnischen Staatsamt die zuvor erworbenen Sympathien. Das politische Fingerspitzengefühl hatte ihn während seiner fünfjährigen Präsidentschaft verlassen. So betrieb er mit seinem autokratischen Herrschaftsanspruch einen die ganze Amtszeit andauernden »Krieg an der Spitze«. Zudem sah er sich befugt, sich immer und überall persönlich einzumischen. Ein Regierungsstil, der zu ständigen Regierungswechseln führte und bei den meisten inzwischen entstandenen politischen Parteien zunehmend auf Ablehnung stieß. Ende 1995 war auch die Unterstützung der Bevölkerung weggebröckelt und Wałęsa verlor die Präsidentschaftswahl gegen den Postkommunisten Aleksander Kwaśniewski von der SLD. Eines allerdings muss man Wałęsas als historisches Verdienst zugutehalten: Unter seiner Präsidentschaft wandelte sich Polen von einem kommunistischen Land mit Planwirtschaft zu einem demokratischen Land mit einer schnell wachsenden freien Marktwirtschaft.

Voreiliger Lobgesang? EU-Beitrittsfeier am 1. Mai 2004, Folkloregruppe Przemyśl

ren diesmal das Wahlbündnis *Solidarność* AWS und die liberale Freiheitsunion UW, die unter Premier Jerzy Buzek koalierten. Die Mehrheitsverhältnisse waren nun einigermaßen stabil; die neue Verfassung brachte Sicherheit, sodass die Voraussetzungen für die neue Regierung gut waren. Immerhin war Jerzy Buzek der erste Premier Polens, der die offizielle vierjährige Amtszeit komplett durchstand und das, obwohl die UW im Jahre 2000 aus der Regierung ausschied.

*NATO-Beitritt 1999*

Polen ließ allmählich die wirtschaftliche Talsohle hinter sich. Die Wachstumsraten begannen stetig zu steigen, bis sie sechs Prozent erreichten. Außenpolitisch hatte der NATO-Beitritt 1999 dem Sicherheitsbedürfnis der Nation gut getan. Die innenpolitischen Veränderungen brachten der Regierung Buzek hingegen keine Pluspunkte. Die Unzufriedenheit in der Bevölkerung wuchs, denn die Reformen der Regierung waren halbherzig und nicht zu Ende gedacht.

*Skandale und Korruptionsaffären*

Schlimmer noch wirkten sich die vielen Skandale und Korruptionsaffären im Land aus, an denen allesamt Vertreter aus dem Regierungslager beteiligt waren. Die Folgen bekam zuerst Lech Wałęsa zu spüren, der sich 2000 noch ein letztes Mal um das Präsidentenamt bemühte, aber schon im ersten Wahlgang vernichtend von Aleksander Kwaśniewski geschlagen wurde. Er fand nie wieder in die große Politik zurück.

Die Regierung Buzek erhielt ihre Quittung im Jahr 2001 bei der Parlamentswahl. Sowohl die AWS als auch die UW wurden in die politische Bedeutungslosigkeit gewählt und schafften beide nicht einmal den Sprung ins Parlament. Wieder hatten die Polen den Wechsel gewählt. Sie erhofften sich vom Wahlsieger SLD mehr Ordnung und Organisation sowie weniger Neigung zur Selbstbereicherung. Die Wahlbeteiligung blieb aber auch diesmal unter 50 Prozent. Viele Polen hatten resigniert und meinten, dass es letztendlich egal sei, wer »das Volk bestehle«. Leszek Miller von der SLD stand nun einer Koalition mit dem schon angestammten Koalitionspartner PSL vor.

EU-Beitritt am 1. Mai 2004

Harte Schnitte standen an; der Staatshaushalt war überschuldet; die Sozialausgaben drohten vollends aus dem Ruder zu laufen. Ein ehrgeiziges Wirtschaftsprogramm wurde entworfen, doch auch die SLD fand sich in kürzester Zeit in einem Sumpf von Skandalen und Korruptionsaffären wieder, deren bekannteste die »Rywingate« genannte Medienaffäre war. Der Popularitätsverlust der Regierung Miller war Schwindel erregend, die Arbeitslosigkeit stieg rapide, Reformen scheiterten, das Gesundheitswesen drohte zusammenzubrechen. Zum Tag des EU-Beitritts am 1. Mai 2004 stand Premier Leszek Miller noch einmal im Rampenlicht, dann trat er zurück. Der parteilose Wirtschaftsexperte Marek Belka wurde sein Nachfolger und überstand bis zum Ende der Legislaturperiode drei Misstrauensvoten.

## Der Aufstieg der Brüder Kaczyński

Superwahlherbst 2005

Im polnischen Superwahlherbst 2005 wurde binnen eines Monats nicht nur das Parlament, sondern auch der Staatspräsident neu gewählt. Der Wechsel war inzwischen zur Konstante in der polnischen Politik geworden. Diesmal kam es zu einem unerwartet kräftigen Rechtsruck. Auch die Abstrafung der SLD, die Prognosen schon gar nicht mehr im Parlament gesehen hatten, verlief anders als erwartet: Sie erhielt elf Prozent der Stimmen und blieb im *Sejm*.

Gerechnet hatte man mit einem klaren Wahlsieg der liberal-konservativen Bürgerplattform PO, doch die erhielt nur 24 Prozent der Stimmen, gegenüber 27 Prozent der konservativ nationalen Partei »Recht und Gerechtigkeit« PiS von Jarosław Kaczyński, die wie viele Parteien des rechten Spektrums in Polen aus *Solidarność* und AWS hervor gegangen sind.

Das gesamte rechte bis populistische Lager erstarkte, die radikale Bauernpartei *Samoobronna* (Selbstverteidigung) des vorbestraften Politrüpels Andrzej Lepper erhielt elf Prozent, die nationalistisch-katholische Liga Polnischer Familien LPR acht Prozent der Wählerstimmen.

Ultrarechts kommt ans Ruder.

Die Koalitionsverhandlungen zwischen PiS und PO, die vor der Wahl erklärt hatten, miteinander koalieren zu wollen, zogen sich hin. Die getroffenen Vereinbarungen erwiesen sich bald als hinfällig. Da die PiS wider Erwarten die stärkere Fraktion bildete, hatte sie nun auch den Ministerpräsidenten zu stellen. Ihr Vorsitzender Jarosław Kaczyński zierte sich allerdings und spielte auf Zeit. Wahltaktik bestimmte den Stillstand der Verhandlungen, denn nur wenige Wochen später fand die Präsidentschaftswahl statt.

Dort war bis vor der Parlamentswahl der PO-Mann Donald Tusk nach allen Umfrageergebnissen aussichtsreichster Kandidat, nachdem der bisherige Präsident Aleksander Kwaśniewski nach zwei Amtszeiten nicht wieder antreten durfte. Nach der deutlichen Gunstverschiebung der Wähler bei der Parlamentswahl prognostizierten Polens Meinungsforschungsinstitute jedoch einen immer mehr schrumpfenden Vorsprung für Tusk, bis man kurz vor dem Wahltag sogar einen Sieg des PiS-Kandidaten im zweiten Wahlgang voraussagte. Dieser PiS-Kandidat aber war Lech Kaczyński, der Zwillingsbruder des PiS-Vorsitzenden Jarosław Kaczyński.

Jarosławs Taktik geht auf.

Und genauso kam es dann auch. Im zweiten Wahlgang konnte Lech Kaczyński weit mehr der Stimmen auf sich vereinigen, die im ersten Wahlgang für die nun weggefallenen Kandidaten abgegeben worden waren. Die Stimmen der *Samoobronna*- und LPR-Anhänger waren also das Zünglein an der Waage: Seit dem 23. Oktober 2005 ist Lech Kaczyński der vierte Staatspräsident der Dritten Polnischen Republik.

Jarosławs politische Ambitionen hatten die Karriere seine Bruders Lech also nicht verbaut. Seine Taktik war aufgegangen, zunächst auf das Ministerpräsidentenamt zu verzichten, damit nicht zu viele Polen auf die Idee kommen würden, das Brüderpaar könnte zu viel Macht auf sich vereinen. Die halbherzig fortgesetzten Koalitionsverhandlungen mit der PO scheiterten und Kazimierz Marcinkiewicz wurde Ministerpräsident einer Minderheitsregierung der PiS, die von *Samoobronna* und LPR geduldet wurde.

## Moralische Säuberung und außenpolitische Muskelspiele

Kursänderung

Gemäß der Regierungserklärung des neuen Ministerpräsidenten wurde nun eine moralische Säuberung der Politik und der Gesellschaft angekündigt, eine »entkommunisierte IV. Republik« sollte entstehen. Außenpolitisch wollte man sowieso alles anders machen. Die Kursänderung ließ Unangenehmes befürchten. Die Kaczyński-Brüder brüsteten sich sogar damit, keinerlei außenpolitische Kontakte zu haben, ja »von Deutschland nur den Frankfurter Flughafen zu kennen«. Obendrein waren beide bis dato als EU-Gegner bekannt. Erklärtes Ziel ihrer Außenpolitik: ein starkes Polen, das immer vor den Interessen multinationaler Gremien wie der EU zu rangieren habe. Das zu erwartende außenpolitische Muskelspiel setzte fast umgehend ein, führte zu deutsch-polnischen Verstimmungen und in eine zunehmende Isolation innerhalb Europas.

Ausgrenzung von Minderheiten

Die Entwicklung im Land zeigte deutlich weg von einer offenen, pluralistischen Gesellschaft. Die Politik war polarisierend wie nie zuvor seit der Wende und kannte mehr Schwarz-Weiß-Denken als Nuancen. Da wurde mit dem groben Klotz zerschlagen, was in fünfzehn Jahren an gegenseitigem Vertrauen aufgebaut worden war, als die PiS die Minderheitenrechte einzuschränken versuchte. Hinzu kam, dass Homosexuelle regelrecht zur Diskriminierung freigegeben wurden. Es folgte die Kampagne zur »Entkommunisierung Polens«, die das angebliche Kartell von organisierter Kriminalität, Geheimdiensten, Wirtschaft und Politik zerschlagen sollte.

Pressekontrolle

Kritiker des neuen Kurses waren ab sofort nicht mehr gern gesehen, wurden »unpolnischer Umtriebe« verdächtigt. Reihenweise versuchte man von Regierungsseite aus, Maulkörbe zu verhängen. Die neuen medialen »Sprachrohre« der Regierung waren schon vorher berühmt-berüchtigt und gehören allesamt zu Pater Tadeusz Rydzyks Medienimperium, das vor allem der LPR, der natio-

Katholisch ausgerichtet: Empfang über die Satellitenschüssel

nalistisch-katholischen Liga polnischer Familien, nahe steht und deren Kernstück *Radio Maryja* ist, flankiert vom Fernsehsender *Trwam* und der Zeitung *Nasz Dziennik*. (vgl. S. 121f.)

*Wollten dies die Wähler?*

Das Gerangel um eine endgültige Mehrheitsbeschaffung und das Geschacher um mögliche Posten ging noch sieben Monate weiter. Dann kam es am 5. Mai 2006 doch zu einer Koalitionsvereinbarung mit *Samoobronna* und LPR. Diese Regierung hatte nun aber niemand in Polen gewählt, versprochen war ja eine Koalition zwischen PO und PiS. Berücksichtigt man die schon traditionell niedrige Wahlbeteiligung in Polen und rechnet sie mit ein, hat gerade mal ein Zehntel aller Polen die PiS gewählt. Aber auch diese Wähler wollten mehrheitlich keine Koalition mit der Ultrarechten. Das gilt besonders wenn man bedenkt, dass Erziehungsminister Roman Giertych, der Chef der LPR, die Organisation »Allpolnische Jugend« offen unterstützt, welche ihre Kontakte zur Neonaziszene sorgsam pflegt, und dass Vizepremier Andrzej Lepper, der Chef der *Samoobronna*, mehrfach vorbestraft ist.

*Selbsternannte Saubermänner*

Wie auch immer, am 14. Juli 2006 wurde Jarosław Kaczyński nach dem Rücktritt von Marcinkiewics zum Ministerpräsidenten vereidigt. Zwar verfügte diese Regierung nun über eine satte Mehrheit im *Sejm,* doch ob diese Koalition Bestand haben würde, war von Anfang an fraglich. So kam es auch bald zu reichlich Theaterdonner, einem Rauswurf von Lepper und einer Wiedereinsetzung. Zudem passierte das, was man von den selbst ernannten Saubermännern zumindest nicht so rasch erwartet hatte: Die erste große Korruptionsaffäre ließ nicht lange auf sich warten. Nachdem die *Samoobronna* kurzzeitig aus der Koalition ausgeschieden war, versuchte PiS-Vizeparteichef Adam Lipinski im September

2006 die Abgeordnete Renata Beger von der Partei *Samoobronna* abzuwerben, wobei ihn der größte polnische Privatfernsehsender TVN heimlich gefilmt hat. War bisher die Opposition in Polen schwach wie nie und zersplittert, änderte diese Affäre das schlagartig.

Die Abstrafung der Regierung folgte – typisch für Polen – auf dem Fuße. Bei den Kommunalwahlen im November 2006 setzte es eine schallende politische Ohrfeige. Sogar der an sich nicht unbeliebte Ex-Premier und amtierende Warschauer Bürgermeister Marcinkiewicz wurde abgewählt, weil er »in der falschen Partei ist«. Mit 47 gegen 53 Prozent hatte er im zweiten Wahlgang gegen Hanna Gronkiewicz-Waltz von der PO verloren, wie die PiS fast alle Großstädte verloren hatte. Aus dem Stimmungstief heraus hatte die Opposition es also landesweit immerhin zu einem Patt mit leichten Vorteilen gebracht.

*Patt mit der Opposition – und Fortsetzung folgt.*

INFO

## Staatsaufbau und Verwaltung

Polen ist eine parlamentarische Demokratie mit einem Mehrparteiensystem. Das Parlament besteht aus zwei Kammern: dem *Sejm* mit 460 Abgeordneten und dem Senat mit 100 Abgeordneten. Die Abgeordneten werden in allgemeinen, geheimen und gleichen Wahlen für vier Jahre gewählt, dabei gilt das Verhältniswahlrecht. Staatsoberhaupt ist der für fünf Jahre gewählte Präsident, der einmal wieder gewählt werden kann. Der Ministerpräsident steht der Regierung vor, wird vom Präsidenten ernannt und vom *Sejm* bestätigt.

Nach der Verwaltungsreform von 1999 besteht Polen aus:

- 16 Woiwodschaften – *Województwo* (Länder, Provinzen)
- 315 Landkreisen – *Powiat*
- 2489 Samtgemeinden – *Gmina*

Auf allen drei regionalen Selbstverwaltungs-Ebenen gibt es vom Volk direkt gewählte Vertretungen. Auf Woiwodschaftsebene ist der *Woiwode* als Vertreter der polnischen Regierung verantwortlich für die Durchsetzung der Politik des Staates. Er wird vom Ministerrat in Warschau eingesetzt und überwacht die Tätigkeit der territorialen Selbstverwaltungsorgane.

Die Woiwodschaften haben keine Ministerpräsidenten wie die deutschen Bundesländer. Dem Woiwodschaftsparlament *(Sejmik)* steht der Woiwodschaftsmarschall *(Marszałek Województwa)* vor. Er wird vom *Sejmik* gewählt und bildet mit seinem Stellvertreter und drei weiteren gewählten Abgeordneten den Woiwodschaftsrat, der die Beschlüsse des *Sejmik* umsetzt. Dem Marschall untersteht das Marschallamt *(Urząd Marszałkowski)*.

Dem Landkreis *(Powiat)* steht der Kreisvorstand *(Zarząd Powiatu)* vor, an dessen Spitze der *Starosta* steht. Der Gemeindevorstand *(Zarząd Gminy)* wird unter den Gemeinderäten gewählt und besteht aus drei bis sieben Mitgliedern, unter denen auch der Bürgermeister ist.

# Wendebrüche – Gesellschaft, Wirtschaft und Soziales

## Neue Gräben – Gesellschaft im Wandel

*Demographische Veränderungen*

Zumindest in einem ist die polnische Gesellschaft bereits ganz im Westen angekommen und liegt hier voll im europäischen Trend: Der demographische Wandel hat auch Polen erreicht. Da richtet selbst die Kirche nichts mehr aus. Wie die Volkszählung von 2002 ergab, geht die Zahl der Geburten in Polen dramatisch zurück und beginnt, die Bevölkerungspyramide auf den Kopf zu stellen. Bis zur Wende 1989 erreichte Polen mit 19 Geburten pro 1000 Einwohner gegenüber 13 in Deutschland deutlich höhere Werte; heute sind es 10,2 Geburten, in Deutschland 9,6.

Da es in unserem Nachbarland keinen »Pillenknick« gegeben hat, ist Polen aber derzeit – verglichen mit Deutschland – eine noch immer junge Gesellschaft, in der 19 Prozent der Bevölkerung unter 15 Jahre alt ist, gegenüber 15 Prozent bei uns. Das bedeutet, dass nach wie vor geburtenstarke Jahrgänge auf den Arbeitsmarkt drängen und das Problem der Jugendarbeitslosigkeit weiter verschärfen. Andererseits wächst auch in Polen die Zahl der Rentner. Sind bei uns 15 Prozent der Einwohner im Rentenalter, sind es in Polen auch immerhin schon 12,8 Prozent.

*Stadt- und Landgefälle*

Die Polen waren in der Vorwendezeit durch Westverschiebung, damit verbundener Binnenwanderung und zunehmender Industrialisierung und Verstädterung eine der mobilsten Gesellschaften Europas. Im Schnitt wechselte bis dahin jeder Pole dreimal seinen Wohnort. Das hat sich heute weitgehend geändert.

Arbeit gibt es derzeit vorwiegend um die großen Ballungszentren herum. Der Arbeit nachzuziehen, ist aber für viele Polen aus strukturschwachen Regionen nur schwer möglich. Nach der Wende wurden die bis dahin in Gemeinschaftseigentum befindlichen Wohnungen privatisiert, was bedeutet, dass die weitaus

Eine junge Gesellschaft – jeder 5. Pole ist unter 15

meisten Polen heute Wohnungseigentümer sind. Aber wer wollte schon eine Wohnung irgendwo in der ländlichen Abgeschiedenheit oder in einer anderen Region mit hoher Arbeitslosigkeit erwerben? Und wer wollte die Wohnung auf dem Land einfach aufgeben und in der Stadt zu vergleichsweise hohen Preisen eine neue zu kaufen?

*Sinkende Mobilität*

Polen ist ein Land mit einer für mitteleuropäische Verhältnisse relativ geringen durchschnittlichen Bevölkerungsdichte von 122 Einwohnern pro Quadratkilometer gegenüber 230 in Deutschland. Aber das Bevölkerungsgefälle zwischen Stadt und Land ist sehr hoch. Den wenigen, dicht besiedelten Gebieten um Warschau und Łódż und in Oberschlesien mit an die 500 Einwohnern pro Quadratkilometer stehen dünn besiedelte Gebiete im Nordosten, Osten und Südosten mit 50 Einwohnern pro Quadratkilometer gegenüber. Eine gleichmäßige Entwicklung ganz Polens und die Erarbeitung von Bildungschancen und Arbeitsmarkt-Perspektiven für die Menschen auf dem Land sind genau deswegen so schwierig. Schon die Nachkriegsjahrzehnte hatten den Polen einen gewaltigen Sprung in die Moderne verordnet. Wobei sogar noch nach dem Ende des Zweiten Weltkrieges noch immer Entwicklungen nachgeholt werden mussten, die in der Teilung Polens bis 1918 begründet waren. So war Polen 1946 ein noch durch und durch agrarisch geprägtes Land, in dem nur 31,8 Prozent der Bevölkerung in Städten lebten. Fünf Jahrzehnte später hatte sich das Verhältnis umgedreht, nun lebten 62 Prozent der Polen in Städten.

*Wende-schock*

Nach der Wende argwöhnten viele Polen, ihre Heimat werde den Status eines Industrielandes übergehen und gleich in die Postmoderne springen. Da ist etwas dran, denn den Status eines prosperierenden Industrielandes mit Vollbeschäfti-

Trend zur Einkindfamilie, auch auf dem Land

INFO

## In Polen fehlt die bürgerliche Mitte

Im heutigen Polen existieren noch immer das gesellschaftliche Ideal des Landlebens der *Szlachta* (Landadel) und die Wertmaßstäbe des Landedelmanns, der niemandem untertan war. Die *Szlachta* war in Polen die staatstragende Schicht, wie es anderswo das Bürgertum war. Auch der städtische Bürger entstammte der *Szlachta*, war ein in die Stadt abgewanderter Adliger, ja sogar die polnische Intelligenz hatte ihre Wurzeln im Adel. Es entwickelte sich zwar ein Mittelstand, der jedoch fühlte sich ebenfalls den Wertmaßstäben des Landadels verpflichtet und nicht etwa denen des europäischen Bürgertums. In der Zeit, als sich im übrigen Europa das Bürgertum als staatstragende Schicht etablierte, war Polen als Staat nicht existent.
Daher gibt es hier heute keine breite bürgerliche Mitte wie bei uns und die sozialistische Vergangenheit ist auch nur zu einem geringen Teil dafür ursächlich. Ein entsprechendes bürgerliches Parteienspektrum entsteht ebenfalls nur langsam. Am ehesten lässt sich heute die Bürgerplattform PO in der bürgerlichen Mitte Polens verorten, nachdem sich die katholische Intelligenz der Professoren-Partei UW (Unia Wolnośći) von Tadeusz Mazowiecki dort nicht behaupten konnte. Da nimmt es denn auch nicht weiter Wunder, dass sich Polen schwer damit tut, ohne wirkliche Verbindung zu bürgerlichen Tugenden eine Bürgergesellschaft aufzubauen.

gung hat Polen nie erlebt und wird ihn auch nie erleben. Die verschleierte Arbeitslosigkeit des Planwirtschaftssystems mündete in den Sprung in die Perspektivlosigkeit vieler Arbeiter der polnischen Schwerindustrie und der ehemaligen staatlichen Landwirtschaft. Der Prozess der Automatisierung und Freisetzung von Arbeitskräften und der Zwang zur Umstrukturierung der Wirtschaft ganzer Regionen dauerte bei uns Jahrzehnte und war dabei schon schmerzhaft. Wie schmerzhaft musste er erst in Polen sein, einem Land, in dem ein großer Teil dieses Prozesses eben kein Prozess war, sondern von einem Tag auf den anderen passierte?

*Zukunftsängste*

So ist es kein Wunder, dass die Stimmung in Polen bald hin und her gerissen war zwischen Euphorie und Zukunftsangst. Die Zukunftsangst, die Furcht vor der Perspektivlosigkeit, ist einerseits der Grund für die derzeitigen Auswanderungswellen gut ausgebildeter und hoch qualifizierter junger Polen und andererseits für den Trend zur Einkindfamilie. Nach der Volkszählung von 2002 haben polnische Familien im Mittel heute noch 1,4 Kinder und es werden immer weniger Kinder geboren. Statistiker gehen davon aus, dass Polens Einwohnerzahl künftig alle zehn Jahre um eine Million schrumpft. Das in der Bevölkerung noch so tief verankerte Ideal der Großfamilie ist also längst nur noch nostalgischer Traum. Die durchschnittliche Haushaltsgröße liegt heute bei nur noch 2,8 Personen. Dabei wäre gerade die Familie die Institution, die wenigs-

Frische Beilage zu Omas Pfannkuchen

*Verlust des Rundum-Sorglos-Pakets*

tens zum Teil auffangen könnte, was an staatlichen Sozialleistungen weggebrochen ist.

Als unbezahlbar und somit ersatzlos gestrichen wurden inzwischen die kostenlose Kinderbetreuung, der mehrjährige bezahlte Erziehungsurlaub mit Wiedereinstellungsgarantie und vieles andere mehr. Das staatliche Rundum-Sorglos-Paket sozialistischer Zeiten gibt es nicht mehr und plötzlich sind Kinder für so manches polnische Paar zu teuer geworden.

Polnische Familien genossen vor der Wende ein hohes Maß an sozialer Sicherheit. Zwar gab es staatlicherseits Überwachung, Unfreiheit, Gängelei und ständige Mangelwirtschaft, Existenzangst aber kannte die Bevölkerung im sozialistischen System nicht. Für Ausbildung, Arbeit und Einkommen war gesorgt, die Heilfürsorge kostenlos, die Wohnung meist vom Arbeitgeber gestellt, inklusive der Nebenkosten zu einem eher symbolischen Mietsatz. Es gab hoch subventionierte Urlaubsreisen für Familien und Ferienlager für Kinder, auch ins sozialistische Ausland. Die Lebensmittel waren zwar fast immer rationiert und nach allem musste angestanden werden, die Preise waren aber ebenfalls hoch subventioniert und daher sehr niedrig. Obendrein konnten viele Polen das Essen für die Familie im Henkelmann aus der Kantine mit nach Hause nehmen. Alles das gab es nach der Wende nicht mehr, um alles musste man sich nun selbst kümmern, alles musste man selbst bezahlen. Das führte zu großer allgemeiner Verunsicherung und daher rührt auch die nostalgische Verklärung der Volksrepublik-Zeiten, die so manchen Polen bisweilen befällt.

*Generationskonflikte*

Die Gräben der Nachwendebrüche in Polens Gesellschaft verlaufen nicht nur eindimensional zwischen Stadt und Land und zwischen der hoch gebildeten, städtischen Elite und den gering qualifizierten Landbewohnern. Sie verlaufen auch zwischen den Generationen, die in verschiedenen Welten leben. Jeder junge Mensch liebt seine *Babcia,* die Oma auf dem Land in dem anheimelnden, nostalgisch windschiefen alten Holzhäuschen, und schwärmt vom einfachen Leben und von frisch gebackenen *naleśniki* (Eierpfannkuchen). Eine gemeinsame Sprache allerdings spricht man längst nicht mehr: Den Alten ist die neue Welt der Jungen fremd.

So ist Polen noch immer in der Transformation, noch immer ein Land im Umbruch und voller Widersprüche, wenn auch mit dem EU-Beitritt ein Meilenstein in der Entwicklung erreicht wurde. Polen ist sowohl rückständig mit verträumten, aus der Zeit gefallenen Landstrichen als auch hochmodern mit Glitzermetropolen und Hightechbetrieben und es ist alles, was es dazwischen gibt. Polens ländliche Regionen im Osten scheinen von jeglichem Fortschritt abgekoppelt zu sein, seine städtischen Zentren hingegen haben gleich ganze Entwicklungsschritte übersprungen. Ganz klar hat das Unternehmen Transformation Brüche vergrößert und neue gesellschaftliche Gräben aufgerissen, ein »Polen A« und »Polen B« geschaffen. Sie scheinen kaum mehr auf dem gleichen Planeten zu leben, die Menschen aus Polen A und B. Im »Polen A« sind die Yuppies und schicken Szenetypen in den gläsernen Bürotürmen und hippen Kneipen, die in allen gängigen Fremdsprachen und Metropolen zu Hause sind, die topp ausgebildet und topp verdienend das Bild vom Manhattan an der Weichsel transportieren. In den Plattenbauten der grauen Trabantenstädte dagegen und in den trostlosen, »abgewickelten« ländlichen Räumen von »Polen B« schlagen sich die Arbeitslosen mehr schlecht als recht durchs Leben. Es wird noch dauern, bis die Gräben langsam zugeschüttet sind und sich eine Bürgergesellschaft mit einer neuen Mitte gebildet hat.

*Gesellschaftliche Gräben*

## Anders sein in Polen – vom Umgang mit Minderheiten

»Bo jedzą inni chleb …« – »Weil sie anderes Brot essen …«
*Sokrat Janowicz, weißrussischer Dichter, zu der Frage, warum die Angehörigen der nationalen Minderheiten anders sind.*

Nein, ein Kreuzberg gibt es in Polen nicht. Es gibt überhaupt keine Multikultiviertel, keine vielsprachigen, multinationalen Straßenzüge und bunten Märk-

Leider auch in Polen: Vandalismus aus Trostlosigkeit

te. Polen ist ein ethnisch sehr homogenes Land; es gibt keine großen Minderheiten und kaum Einwanderer. Das multikulturelle Polen der Vorkriegszeit, in dem nur 69 Prozent der Einwohner ethnische Polen waren, ging im Inferno des Zweiten Weltkrieges unter. Polens Grenzen wurde nach Westen verschoben und es entstand neu als ethnisch und religiös weitgehend einheitlicher Staat. Die Gebiete im Osten mit nicht überwiegend polnischer Bevölkerung gehörten nicht mehr zu Polen; das Gros der Deutschen im Westen war vertrieben; es »störten« nur noch die Ukrainer. Die wurden teils in die sowjetische ukrainische Republik ausgesiedelt und zum überwiegenden Teil 1947 in die ehemals deutschen Gebiete, wo man sie möglichst zerstreut ansiedelte. Dort sollten auch die aus dem jetzt sowjetischen polnischen Osten stammenden Polen angesiedelt werden. Zunächst galt die Devise »was nicht polnisch ist, wird polnisch gemacht«. Nationale Minderheiten wurden negiert und galten als Polen. Verbliebene Deutsche waren nun Autochthone, Eingeborene: Assimilation um jeden Preis.

*Lange Zeit totgeschwiegen*

Nach dieser besonders Ukrainern und Deutschen gegenüber restriktiven Phase während des Stalinismus begann die Regierung nach 1956 mit der Anerkennung nationaler und ethnischer Minderheiten. Unter genauester Beobachtung durften die Minderheiten nun Gesellschaften gründen und ihre Kultur pflegen, soweit das dem System opportun erschien. Spötter meinten, in Polen sei es egal, in welcher Sprache man das System preise. Im Übrigen gab es keine Minderheitenstatistik. So wusste man tatsächlich nicht, wieviele Bürger sich einer Minderheit zugehörig fühlten. Von einem Minderheitenstatus oder einer Anerkennung als nationale Minderheit konnten die Deutschen im Lande nur träumen. Bis zur Wende gab es gemäß offizieller Sprachregelung keine Deutschen in Polen, schon gar keine deutsche Minderheit. Und weil das so war, durfte natürlich auch keine deutsche Gesellschaft gegründet, keine Gruppierung registriert werden.

*Plötzlich tauchen Deutsche auf.*

Das änderte sich nach 1989 sehr schnell, als auch die Deutschen Vereine gründen und registrieren lassen durften. Viele Polen rieben sich die Augen und waren sprachlos ob der sich schnell zeigenden tatsächlichen Verhältnisse, besonders im oberschlesischen Raum um Oppeln, in dem es plötzlich Dörfer gab, in denen die Deutschen die Bevölkerungsmehrheit stellten.

Oder auch in Masuren, wo es ja – wenn überhaupt – nur »zwangsgermanisierte« Polen gegeben hatte und fast alle Deutschen ausgesiedelt worden waren. Wenn dort in einer Kleinstadt mit 35 000 Einwohnern wie Ostróda binnen eines Monats über 1000 Menschen in die »deutsche Gesellschaft« eintraten und damit bekannten, Deutsche zu sein, war das selbst für die Nachbarn ein Schock, vor denen dieses »Deutschsein« bis dahin verborgen worden war. Eine der Grundpositionen des Systems, das Dogma von den urpolnischen »wiedergewonnenen Gebieten« begann nun sehr schnell als Lüge zu zerbröckeln.

*Binationale Abkommen*

Im »Vertrag über gute Nachbarschaft und freundschaftliche Zusammenarbeit« von 1991 wurden auch die Belange der deutschen Minderheit in Polen durch ein binationales Abkommen geregelt, wie es bereits für die anderen nationalen Minderheiten im Lande geschehen war. Ein Minderheitengesetz gab es zu dieser

Zeit in Polen nicht. Dennoch konnte man den Umgang der Polen mit ihren nationalen Minderheiten als vorbildlich betrachten, wenn auch die Diskussionen um das eingeforderte Minderheitengesetz lange andauerten.
Auch ohne ein spezielles Gesetz genossen die Minderheiten kulturelle Förderung, jeder *Woiwode* bekam genauso einen Minderheitenbeauftragten an die Seite gestellt wie der *Sejmik*-Marschall, der Landtagspräsident. Es gab erweiterten Sprachunterricht für die Kinder der Minderheiten und, wo die Zahl ausreichte, Unterricht in der Minderheitensprache. Das Wahlgesetz wurde verändert und die Wahllisten der Minderheiten wurden von der Fünfprozent-Sperrklausel befreit.

*Polen mit deutschem Pass*

Bei der Volkszählung von 2002 wurde erstmals auch nach der Nationalität und der im Haushalt gesprochenen Sprache gefragt. Dabei zeigte sich, wie tief das Misstrauen allen staatlichen Organen gegenüber noch sitzt, und wie groß die Angst vor Nachteilen noch immer ist, wenn man sich als Angehöriger einer nationalen oder ethnischen Minderheit offenbart, insbesondere als Deutscher. So machten denn 770 000 Personen überhaupt keine Angaben zu dieser Frage und nur 471 000 Einwohner rechneten sich einer Minderheit zu. Und nur so erklären sich Ergebnisse wie dieses: In Oberschlesien bekannten sich nur 107 000 polnische Bürger dazu Deutsche zu sein, während es aber allein dort 157 000 Inhaber eines deutschen Passes gibt, deren Doppelstaatsbürgerschaft ja eben auf dieser Zugehörigkeit zur deutschen Minderheit beruht. Der Zwiespalt gilt für ganz Polen, gibt es doch 288 000 polnische Bürger, die auch einen deutschen Pass besitzen, während sich nur 152 897 als Deutsche bezeichneten.

*Pole oder Schlesier?*

Eine schlesische Besonderheit gab es aber doch: Man hatte bei der Volksbefragung von 2002 das Recht, als eigene nationale Zugehörigkeit die Bezeichnung »schlesisch« einzutragen und davon machten 174 000 polnische Bürger Gebrauch, denen die Region vor der Nation kommt. Schlesier waren sie schließlich

Mini-Minderheit: Juden in Polen

INFO

## Homosexualität in Polen

Zwar steht Homosexualität in Polen schon seit 1932 nicht mehr unter Strafe, dennoch hatten es Homosexuelle in Polen schon immer schwerer als im Westen. Die katholische Sexualmoral ist ihnen gegenüber bekanntermaßen nicht eben offen. Der Vatikan bewertet praktizierte Homosexualität als sündhaft. Sie verstoße gegen das »natürliche Gesetz«, denn die »Weitergabe des Lebens bleibt ausgeschlossen« und eine homosexuelle Partnerschaft sei gar so etwas wie das »legalisierte Böse«. Nun garantiert hingegen das polnische Antidiskriminierungsgesetz von 2003 theoretisch die Gleichbehandlung von Homosexuellen und Heterosexuellen: Als die Kaczyński-Regierung ins Amt kam, wurde das jedoch Makulatur.

Bislang funktionierte die polnische Gesellschaft nach dem Prinzip: Du kannst tun was du willst, solange du in der Öffentlichkeit nicht darüber redest. Das galt auch für »Verstöße« gegen die kirchlichen Moralvorstellungen. Zwei gegenläufige Entwicklungstendenzen trafen aufeinander. Die Coming-Outs selbst deutscher Politiker wie Ole von Beust, Klaus Wowereit und Guido Westerwelle hatten Mut gemacht. Schwule und Lesben traten nun auch in Polen mehr und mehr aus dem Dunkel des Schweigens und begannen, ihre Homosexualität offen zu leben.

In diesen Trend platzte 2005 die neue Regierung mit ihren konservativ-katholischen Ansichten zur Homosexualität. Waren die religiös, beziehungsweise kirchlich geprägten Vorurteile Schwulen und Lesben gegenüber schon keinesfalls geringer als in anderen Ländern Europas, bekamen Diskriminierungen nun fast schlagartig eine andere Qualität: Sie wurden von der Staatsmacht gedeckt.

immer, die Staatsangehörigkeit hingegen wechselte über die Jahrhunderte öfter.

*Minderheitengesetz*

Im Januar 2005 kam Polens *Sejm* seinem Verfassungsauftrag nach und erfüllte die bereits 2003 unterzeichnete »Europäische Charta für Regional- und Minderheitensprachen«, indem er das Gesetz über nationale und ethnische Minderheiten und Regionalsprachen verabschiedete. Man erkannte demgemäß in Polen neun nationale Minderheiten an:

- 300 000 bis 400 000 Deutsche in Pommern, Danzig, Masuren und Schlesien,
- 250 000 bis 300 000 Weißrussen im Raum Białystok,
- 300 000 Ukrainer im ehemaligen Ostpreußen und im Südosten,
- 30 000 Litauer in der Gegend um Suwałki,
- 20 000 Russen,
- 15 000 Slowaken im Karpatenraum,
- 3000 Tschechen,
- 5000 Juden,
- 1500 Armenier.

Eilig durchgeführte Umfragen ergaben, dass nur die Hälfte aller Polen homosexuelle Lebensformen tolerieren und sogar neun von zehn Polen schon die Homosexualität an sich als unmoralisch ansehen. In diesem Klima war es nicht verwunderlich, dass es schnell zu Ausschreitungen gegen Homosexuelle kam: Steine wurden geworfen, Plakate mit Schlagzeilen wie »Schwule vergasen« geklebt. Immer wieder wurden Homosexuelle bedroht und attackiert – und die Polizei schaute weg. Damit weicht Polen nun erstmals klar vom europäischen Menschenrechtskonsens ab, bisher ohne Konsequenz.
Unangenehme Folgen hatte bisher nur Präsident Lech Kaczyński selbst zu tragen, als er sich bei seinem Auftritt in der Berliner Humboldt-Universität 2006 unversehens in eine Diskussion mit Demonstranten für die Rechte der polnischen Homosexuellen verwickelt sah, die man partout nicht des Saales verweisen wollte. Kaczyński, der bereits in seiner Zeit als Warschauer Bürgermeister mehrfach Demonstrationen von Homosexuellen verboten und gewaltsam hatte auflösen lassen, bekräftigte nun dort seine Haltung mit den Worten: »Es gibt keinerlei Grund dafür, dass homosexuelle Haltungen gefördert werden. Denn wenn sie Oberhand gewinnen würden in der Gesellschaft, dann müsste die Menschheit aussterben«. Das wiederum veranlasste den Regierenden Bürgermeister Klaus Wowereit zu selten deutlichen Widerworten: »Die Äußerungen von Präsident Kaczyński zeigen, dass es in Fragen der Gleichstellung von unterschiedlichen Lebensentwürfen noch erheblichen Diskussions- und Aufklärungsbedarf gibt«.
Vorsicht ist geboten! Homosexuellen Reisenden kann man daher derzeit nur raten, nicht händchenhaltend durch Polen zu laufen. Mit den Anhängern fundamentalistischer Saubermannmoral ist nicht zu spaßen, weshalb inzwischen viele homosexuelle Polen nach Berlin gezogen sind.

---

Dazu wurden vier ethnische Minderheiten anerkannt, die 50 000 Ruthenen/Lemken, 20 000 Roma, 2000 Tataren im äußersten Nordosten und 150 Karaimen sowie mit den 250 000 bis 300 000 Kaschuben im Danziger Hinterland eine Gruppe mit regionaler Sprache unter Schutz gestellt.

*Alte Ressentiments unter der Regierung Kaczyński*

So könnte also alles in bester Ordnung sein mit Polens Minderheitenschutz. Doch wie schnell der Wind sich drehen kann, wie schnell vor allem im regionalen Bereich aufgebautes Vertrauen zwischen Mehrheit und Minderheiten Schaden nehmen kann und alte Ressentiments auf der einen, sowie alte Ängste auf der anderen Seite wieder hochkommen, zeigte sich nach dem Amtsantritt der Regierung Kaczyński 2006. Die Liga Polnischer Familien LPR, Juniorpartner in der Regierungskoalition, wollte der Parteigruppierung der deutschen Minderheit die Befreiung von der Fünf-Prozent-Sperrklausel im Parlament nehmen. Diese Forderung wurde damit begründet, dass es im deutsch-polnischen Verhältnis eine Schieflage gäbe, denn die Polen in Deutschland genössen solche Rechte auch nicht. Premier Kaczyński meinte dazu, man habe ja nun einmal geltende Verträge mit Deutschland. Künftig werde man allerdings darauf achten, dass solche Verträge nicht mehr derart asymmetrisch seien. Eine Argumentation, die Tatsachen verdreht und an der Realität vorbeigeht, denn in Deutschland gibt es keine polnische Minderheit, sondern nur polnische Einwanderer, die aber keinen Minderheitenstatus erhalten können. Interessant am Rande: Das deutsche Minderheitenrecht für die dänische Minderheit in Schleswig-Holstein war seinerzeit das Muster für die innerpolnische Minderheiten-Lösung.

*Religiöse Minderheiten*

Auch in Polen gibt es religiöse Minderheiten, wie in jedem Land, wenn es auch im Vergleich zu anderen Ländern sehr homogen katholisch ist. Das war nicht immer so, vor dem Krieg waren nur zwei Drittel der Staatsbürger Polen und Katholiken. Entstanden ist die katholische Dominanz erst nach dem Zweiten Weltkrieg, als die mehrheitlich protestantischen Deutschen flohen oder vertrieben wurden, die Gebiete mit starken orthodoxen Bevölkerungsgruppen nicht mehr zum polnischen Staat gehörten und die Juden im Holocaust ermordet waren. Mit Polen vergleichbar, was die heutige Verteilung der Konfessionen betrifft, ist allenfalls das traditionell katholische Irland.

*polnisch gleich katholisch*

Doch längst gilt Polen als das katholischste Land in Europa – *polak to katolik,* polnisch gleich katholisch. Zu einer religiösen Minderheit gehört in Polen jeder, der nicht katholisch ist und das sind gerade einmal zehn Prozent im Land. Die größte Gruppe der Nichtkatholiken stellen die etwa 500 000 meist weißrussischen oder ukrainischen Orthodoxen, dazu kommen noch etwa 110 000 ukrainische Unierte, 100 000 Protestanten, etwa 5000 Juden und etwa genauso viele Muslime. Polens Muslime sind nicht wie bei uns Einwanderer sondern schon seit Jahrhunderten im Land. Sie leben meist im »polnischen Orient« im Osten Polens an der weißrussischen Grenze entlang der »Tatarenroute«. Ihre Vorfahren blieben als von König Jan III. Sobieski im 17. Jahrhundert angeworbene Soldaten im Land. Für ihre tapfere Unterstützung Polens im Kampf erhielten sie die Dörfer Kruszyniany und Bohonki zum Geschenk. Ihre Nachfahren leben dort noch heute.

## Zwischen Hightech und Massenarbeitslosigkeit

*Vom Armenhaus zum Tigerstaat des Ostens*

Es ist immer noch da westlich der Oder, dieses bitterböse Bild der »polnischen Wirtschaft« als Inbegriff von Rückständigkeit, Unorganisiertheit, Schlamperei und Chaos. Doch die Wahrheit sieht komplett anders aus. Im Gegensatz zu dem, was in Stammtischmichels Köpfen herumspukt, hat die polnische Wirtschaft seit Beginn der Transformation eine wirklich eindrucksvolle Entwicklung hingelegt, die binnen eines guten Jahrzehnts vom Armenhaus zum Tigerstaat des Ostens führte. Ein tiefgreifender Strukturwandel war nötig, um die Wirtschaftsleistung weg von der unrentablen Landwirtschaft und überdimensionierten, unproduktiven Industrie Richtung Dienstleistungssektor zu verlagern, der mittlerweile mehr als die Hälfte der Bruttowertschöpfung ausmacht.

Dazu war die Umstrukturierung von der staatlichen Planwirtschaft hin zur privat organisierten Marktwirtschaft nötig. Inzwischen werden gut drei Viertel der

Die Skepsis sitzt tief: Bergauf geht es nur langsam. Marktfrau in Kleparz

Wertschöpfung von der Privatwirtschaft erbracht, die auch mehr als drei Viertel aller Arbeitsplätze stellt. Des Weiteren war eine Reduzierung vor allem von Schwerindustrien erforderlich und eine Modernisierung von erhaltenswerten, weil potentiell konkurrenzfähigen Betriebseinheiten, deren Produktivität es auf längere Sicht zu verdoppeln galt. Für die Arbeitskräfte derjenigen Betriebe, die nicht zu retten waren, mussten neue Arbeitsplätze geschaffen werden.

*Schocktherapie*

Vor allem aber wurde das gebraucht, was im Lande kaum zu haben war und woran es jedem polnischen Unternehmer chronisch mangelte: Kapital. Um jedoch ausländische Investoren und ihr Kapital anzulocken, mussten günstige Rahmenbedingungen und Investitionsanreize geschaffen werden, brauchte es gut ausgebildete und produktive Mitarbeiter und die nötige Infrastruktur. Doch auch an der fehlte es in Polen. Vordringlichste Aufgabe war es, zunächst der fast 300-prozentigen Hyperinflation Herr zu werden sowie den Subventionsberg abzubauen. 1989 begann die Schocktherapie.

*Zum EU-Musterschüler mutiert*

Was Polen im ersten Jahrzehnt dieser Transformation erreicht hat, ist ein hausgemachter Erfolg: Nach dem Tal der Tränen der ersten Jahre schien es nun steil bergauf zu gehen. Auf die günstigen Rahmenbedingungen sowie die gesteigerte Produktivität und die zur Verfügung stehenden gut ausgebildeten Arbeitskräfte wurden um die Jahrtausendwende vermehrt ausländische Investoren aufmerksam. Im Jahr 2000 investierten sie erstmals mehr als 50 Milliarden Dollar in Polen. Zu danken war das auch der gewachsenen Rechtssicherheit im Land. Im Zuge der Vorbereitungen für den EU-Beitritt mutierte Polen vom Neuling zum EU-Musterschüler. Das Wirtschaftswachstum lag ein Jahrzehnt lang – verglichen mit Deutschland – bei Schwindel erregenden sechs Prozent und 2006 immer noch bei 3,5 bis 4 Prozent, die Inflationsrate bei zwei Prozent. Die Polen

INFO

## Polens Wirtschaft in Zahlen

- Bruttoinlandsprodukt BIP in Mrd EUR: 240,1
- BIP pro Kopf in EUR: 6290
- BIP nach Wirtschaftszweigen: Landwirtschaft: 2,9 %; Industrie: 31,3 %; Dienstleistung: 65,9 %
- Wachstumsrate in %: 3,2
- Inflationsrate in %: 2,1
- Arbeitslosenrate in %: 17,6
- Monatlicher Bruttolohn in Polen 2530,18 PLN (650 EUR)
  (Quelle: Statistisches Hauptamt GUS (Głowny Urząd Statystyczny), Warschau, Zahlen für 2004

zeigten sich als durchaus begabt für das freie Unternehmertum und gründeten inzwischen drei Millionen Firmen.

*Überproduktion und Beschäftigungsüberhang*

Natürlich wäre allein die Vorstellung völlig realitätsfern, eine solche Entwicklung könnte schön gleichmäßig die Lasten verteilend ohne Brüche und Wendeverlierer abgehen. Die großen Problembereiche waren zumindest ansatzweise von Anfang an bekannt: Der einstige Stolz der polnischen Ökonomen – der Bergbau und die Stahlindustrie – waren weit überdimensioniert und hatten ohne die Riesensubventionen auf dem Weltmarkt keine Chance. Ein weiterer Problembereich war die rückständige ebenfalls überdimensionierte und unproduktive Landwirtschaft. Das Problem Landwirtschaft wurde weit in die Zukunft vertagt, Bergbau und Schwerindustrie nur teilweise privatisiert. Überproduktion und Beschäftigungsüberhang – dieser Klotz am Bein wird bis heute mitgeschleppt und leert weiterhin die öffentlichen Kassen.

*Monostrukturen*

Dazu kommen riesige Zahlungsgausfälle, denn dem Staat gehen Jahr für Jahr allein Unsummen dadurch verloren, dass Großindustrien wirtschaftlich nicht in der Lage sind, die Sozialabgaben abzuführen. Immerhin will man nun versuchen mit Hilfe der Weltbank Bergbau und Stahlindustrie zu halbieren, den Rest zu modernisieren, um ihn dann eher privatisieren zu können. Die Krux am Bereich Bergbau und Schwerindustrie ist die räumliche Konzentration. Gebiete wie Oberschlesiens Kohlerevier haben derartige wirtschaftliche Monostrukturen, dass ein Schließen der Betriebe einen sozialen Kollaps nach sich ziehen würde. Schon heute haben die dort lebenden 20 Prozent Arbeitslosen kaum eine Chance auf einen neuen Arbeitsplatz. Andere Wirtschaftsfelder für diese Regionen müssen her, Arbeitskräfte zu Zehntausenden umgeschult, Sozialpläne entworfen werden.

*Lange Anfahrtswege*

Strukturprobleme trifft man auch im ländlichen Raum. Zwar hatte es in Polen keine Bodenkollektivierung gegeben, doch befanden sich vor allem in den ehemals deutschen Gebieten viele große Staatsgüter, denen oft auch Lebensmittel- oder Holzverarbeitungsbetriebe angeschlossen waren. Fast alle dieser Arbeitsplätze fielen von einem Tag auf den anderen weg. Vier von fünf Menschen wurden dadurch dauerarbeitslos. Mit schlechter Schul- und Berufsausbildung und oft ohne Abschluss wären sie auch dann nicht vermittelbar, wenn es denn Arbeitsplätze gäbe. Investoren werden sich für Betriebe in diesen dünn besiedelten und marktfernen Gebieten mit schlechter Infrastruktur nur schwerlich finden. Falls doch einmal für kurze Zeit ein schlecht bezahlter Aushilfsarbeitsplatz zur Verfügung stehen sollte, dann sind oft die Kosten für den langen Anfahrtsweg aus dem heimatlichen Dorf zur Arbeit so hoch, dass es kaum lohnt. So hat jede Idylle ihre Kehrseite, auch die der verträumten, abgelegenen Dörfer in intakter Natur, die der Reisende doch so sehr schätzt.

*Das Elend schön trinken*

Die meisten der von struktureller Arbeitslosigkeit betroffenen Menschen bekommen allenfalls noch *kuroniówka,* die polnische Variante der Sozialhilfe, viele schlicht gar nichts. So ist es kein Wunder, dass die Bilder von illegal Kohle abbauenden schlesischen »Spechten« um die Welt gingen. Zwar scheint das Schlimmste überwunden, aber noch immer gibt es in Polen um die 17 Prozent Arbeitslose. Doch das ist nur ein statistischer Mittelwert, der die Verhältnisse nicht wirklich wiedergibt. Im Großraum Warschau herrscht fast Vollbeschäftigung. In den dünn bevölkerten, ländlichen Gebieten gibt es ganze Landkreise mit immer noch an die 30 Prozent Arbeitslosigkeit und sogar Dörfer mit 80 Prozent Arbeitslosen. Sie werden sie auf Ihrer Reise leicht erkennen, die Orte in »Polen B«: trostlose heruntergekommene Plattenbausiedlungen, Menschen die teilnahmslos vor den Häusern sitzen oder am einzigen kleinen Kiosk im Dorf am Straßenrand hocken und sich das Elend schön trinken.

Geld vermehrt sich immer dort am besten, wo schon welches ist. Und so zieht Warschau, das Manhattan an der Weichsel, immer mehr Kapital, immer mehr

Idyll mit Kehrseite – Hochwassersommer 2005

Eine der polnischen Kernfragen: Wieviel Euro ist der Złoty wert?

*Jugendarbeitslosigkeit*

Investoren, immer mehr Glücksritter an. Auch auf andere städtische Zentren fällt noch ein satter Glanz des Wirtschaftsbooms, genau wie auf die wie aus dem Ei gepellt wirkenden touristischen Zentren. Der Rest des Landes aber wirkt wie abgekoppelt von der Entwicklung. Der Unterschied zwischen »Polen A« und »Polen B« wächst offenbar immer schneller. Alle geplanten Maßnahmen zur strukturellen Entwicklung ländlicher Räume scheinen unendlich viel langsamer zu greifen als das Wachstum der boomenden Citys von Polens Städten. Dazu kommt ein weiteres Problem, das die Gesamtstatistik nicht auf den ersten Blick offenbart: die hohe Jugendarbeitslosigkeit. Selbst unter jungen Akademikern wächst die Rate derjenigen, die keinen Job finden, noch immer an.

Die Brüsseler Gießkanne erreichte Polen in nennenswertem Umfang erst mit dem neuen Jahrtausend, dafür dann aber umso heftiger. Sie verursachte Modernisierungsschübe in vielen Bereichen bis hin zu Ansätzen einer modernen Verkehrsinfrastruktur. Ein nicht unbeträchtlicher Batzen aus den EU-Fördertöpfen konnte jedoch gar nicht abgerufen werden, weil Polens leere Kassen den nötigen Eigenanteil an der Finanzierung nicht aufbringen konnten. Womit wir beim nächsten Problem wären: dem chronisch leeren Staatssäckel.

*Chronisch leeres Staatssäckel*

Einige neue strukturelle Probleme auf Seiten der öffentlichen Haushalte entstanden erst weit nach der Wende im Zuge der von der EU geforderten Regionalisierung. Zwar delegierte die Warschauer Zentrale Kompetenzen auf die Woiwodschafts-, Landkreis- oder Gemeindeebene, nur haben die nun zuständigen regionalen Selbstverwaltungen keine ausreichenden Möglichkeiten eigener Steuereinnahmen wie in der Bundesrepublik Deutschland beispielsweise die Gemeinden durch die Gewerbesteuer. Die Ebbe in den regionalen Kassen ist noch chronischer als auf Zentralebene und so bleiben viele Aufgaben aus Finanznot unerledigt, wie etwa im Gesundheitswesen, im Straßenbau, im Schulwesen. Dazu kommt eine gigantische Last an Sozialausgaben, die für die öffentlichen

Haushalte kaum zu stemmen ist. Die ersten Nachwenderegierungen aus dem *Solidarność*-Lager hatten einen Wohlfahrtsstaat mit einem Heer rüstiger Frühpensionäre begründet, den sich auch reichere Länder nicht hätten leisten können. Sie werden also in Polen auf mehr putzmuntere und jugendlich anmutende »Frührentner« treffen als anderswo.

*Milliardenloch*

Außerdem sind da noch die verfehlte Gesundheitsreform und die erwähnten nicht abgeschlossene Schwerindustrieprivatisierung, die jährlich immer noch Unsummen an staatlicher Unterstützung verschlingen. Als die weltweite Konjunkturdelle einsetzte, kollabierte der polnische Haushalt fast gänzlich, war das Defizit auf 90 Milliarden Złoty angewachsen. Es wird noch Jahre dauern, bis die Subventionen auf ein gesundes Maß abgebaut sind.

*Hilfe von der EU*

Inzwischen hat die EU Polen als riesigen Markt entdeckt, so groß, wie alle übrigen Märkte der Beitrittsrunde von 2004 zusammen. Das immer noch dynamische Wachstum ließ da auch über einige Standortnachteile im Infrastrukturbereich hinwegsehen. Derzeit fließen 36 Prozent aller Direktinvestitionen in Mittel- und Osteuropa nach Polen. (Quelle: PAIZ; Polska Agencja Informacji i Inwestycji Zagranicznych, Polnische Agentur für Information und Auslandsinvestitionen) Die nackten Zahlen sprechen von Erfolgen, die nicht jeder Pole im Land auch so zu sehen bekommt, beruhen sie doch nicht in erster Linie auf der Binnenkonjunktur, sondern auf dem Export. Polnische Produkte erwiesen sich nämlich nach dem EU-Beitritt am 1. Mai 2004 als durchaus konkurrenzfähig in der Gemeinschaft. Wenn überhaupt von einer steigenden Binnennachfrage die Rede sein kann, dann wird sie fast ausschließlich vom neuen Mittelstand der *biznesmeni,* der neuen Geschäftsleute generiert.

*Zukunft im Ausland*

Ob – und wenn, ja wann – sich jedoch die Schere zwischen »Polen A« und »Polen B« wieder schließen wird, bleibt fraglich. So fraglich, dass jedes Jahr mehr gut ausgebildete und hoch qualifizierte junge Polen ihre Zukunft im Ausland suchen und auswandern. (vgl. S. 146)

## Angekommen? Polens Bauern und die EU

*Landwirtschaft als Nebenerwerb*

Noch immer leben 38 Prozent der Polen auf dem Land, aber nur für sechs Prozent der Polen ist die Landwirtschaft auch Haupterwerbsquelle. Das ist zwar immer noch fast doppelt so viel wie im EU-Mittel, aber doch weit weniger als in den vor dem EU-Beitritt Polens ausgemalten Horrorszenarien, in denen EU-Höfe mit polnischen Höfen verglichen wurden. In Polen gibt es 1,85 Millionen landwirtschaftliche Familienbetriebe. Dazu gerechnet wurden alle Höfe mit einer Fläche von einem Hektar und mehr, daher die derart hohe Zahl. In den EU-Statistiken hingegen werden nur solche Höfe mitgezählt, die den Bauern auch als Haupterwerbsquelle dienen. Etwa 80 Prozent der polnischern Höfe haben laut Landwirtschaftsstatistik eine Größe von weniger als zehn Hektar. Sie machen aber nur wenig mehr als ein Drittel der landwirtschaftlichen Nutzfläche Polens aus. Alle diese Höfe würden in einer EU-Statistik also gar nicht erst erscheinen, da sie ganz offenbar Nebenerwerbshöfe sind. Ihre Eigentümer beziehen ihr Haupteinkommen meist aus Sozialleistungen wie Renten.

*Unproduktiv weil zu klein*

Die Möglichkeit einen landwirtschaftlichen Betrieb registrieren zu lassen, der kaum größer als ein Garten ist, eröffnete den Landbewohnern die Chance, zu einer bezahlbaren Sozialversicherung mit allem Drumherum wie Renten- und Krankenversicherung zu kommen. Hauptgedanke bei der Deklaration des eigenen Bodens als Landwirtschaftsfläche war also die soziale Grundabsicherung und nicht etwa die Aufnahme einer Erwerbstätigkeit. Etwa 600 000 dieser Höfe sind gerade einmal ein bis drei Hektar groß, ihre Erträge pro Hektar erreichen nur knapp ein Drittel des EU-Niveaus, sie sind also denkbar unproduktiv. Auf den Markt kommen die Produkte dieser Höfe nicht, dienen sie doch in allererster Linie dem Eigenverbrauch. Auf Dauer wirtschaftlich überleben können allenfalls 500 000 der polnischen Bauernhöfe.

*In keiner Statistik*

Was den Sektor der staatlichen Landwirtschaft betrifft, existierten in Polen zu Beginn der Transformation rund 1500 Staatsgüter (PGR) mit 300 000 Beschäftigten. Diese Arbeitsplätze fielen mit der Privatisierung fast sämtlich ersatzlos weg. Die ehemaligen PGR-Arbeiter sind bis heute fast zu 100 Prozent dauerarbeitslos und leben seit Jahren von der Sozialhilfe. Wenn man die hohe Zahl der auf lange Sicht nicht konkurrenzfähigen Höfe betrachtet, zeigt sich das große Problem des ländlichen Raums in Polen: die hohe verdeckte Arbeitslosigkeit und der totale Mangel an Arbeitsplätzen außerhalb der Landwirtschaft. Ein großer Teil der heutigen Kleinstbauern hatte den PGR-Arbeitsplatz verloren und zog sich auf die eigene Landwirtschaft zurück, die immerhin die Ernährung der eigenen Familie sicherstellte. Diese soziale Katastrophe ist in keiner Statistik zu

Produkte für den Eigenverbrauch – Kartoffelernte

finden, gelten diese Arbeitslosen doch als »Bauern«. Lange Zeit blieb daher die Notwendigkeit eines tief greifenden Strukturwandels auf dem Land verdeckt, der ohnehin ansteht, ob mit oder ohne die EU. Benötigt werden in Polens Dörfern langfristig gut eine Million Arbeitsplätze außerhalb der Landwirtschaft.

*Ökologie und Agrotourismus*

So sollen in Zukunft zwei Pfeiler die ländliche Entwicklung tragen. Einmal ist es die aus der Not geborene ökologische Landwirtschaft, die längst zur unfreiwilligen Tugend ausgebaut ist. Es gibt Pläne, die den »Agrotourismus« weiter stärken, die polnische Variante des Urlaubs auf dem Bauernhof. Um die Ausrichtung auf ökologische Landwirtschaft und Urlaub in sauberer Landschaft durchgehend zu halten, sollen auf dem Land nur umweltverträgliche Gewerbe- und Industriebetriebe angesiedelt werden. Auch taktisch gesehen ist dieser Ansatz sehr geschickt gewählt, zielen doch die lukrativsten EU-Planungen mit den höchsten möglichen Fördermitteln genau in diese Richtung.

*Unkenrufe vor dem EU-Beitritt*

Vor dem EU-Beitritt waren die polnischen Bauern die entschiedensten Gegner der Mitgliedschaft. Zukunftsängste wegen der eigenen mangelnden Konkurrenzfähigkeit trieben sie um und machten es radikalen Politikern leicht, darauf ihr politisches Süppchen zu kochen. Sie entwarfen wahre Untergangsszenarien. Drei Viertel der polnischen Landwirte waren folglich stramm gegen die EU-Mitgliedschaft ihres Landes. Mit dem EU-Beitritt stürzte die Welt allen Unkenrufen zum Trotz jedoch nicht ein, weder auf dem Land in Polen, noch in den EU-Altmitgliedsländern. Es gab keine Migrantenwelle aus Polen dorthin und in Polen selbst brach die Landwirtschaft keineswegs augenblicklich zusammen. Weder wurde Polen von EU-Billigprodukten überschwemmt, noch gab es einen Ausverkauf an polnischem Boden. Selbst die schnell wieder rückläufigen Preissteigerungen blieben im Mittel im Bereich von zehn Prozent und damit deutlich niedriger als befürchtet. Dennoch, die Lebensmittelpreise, die ja die sensibelsten Preise Polens sind, drücken die Bevölkerung. Sie zahlte nämlich schon vor dem Beitritt 28 Prozent ihrer Haushaltseinkommen allein für Lebensmittel, woraus nach dem EU-Beitritt 33 Prozent wurden. Das sind gut zehn Prozent mehr, als die Deutschen für ihre Lebensmittel aufwenden. Bei diesem Vergleich spielt aber auch eine völlig andere Einstellung zum Essen mit. In Polen kommt die Qualität der Lebensmittel deutlich vor dem Schnäppchenpreis, Geiz ist eben nicht überall auf Erden geil.

*Run auf polnische Produkte*

Polens Bauern waren schon ein halbes Jahr nach dem EU-Beitritt in ihrer Meinung um 180 Grad umgeschwenkt und zu glühenden EU-Befürwortern geläutert. Hatte vorher besonders die ultrakonservative Bauernpartei *Samoobronna* Andrzej Leppers die Ängste der Landbevölkerung zu schüren gewusst und Endzeitstimmung verbreitet, keimten plötzlich überall kleine Hoffnungspflänzchen auf. Polens Bauern hatten nicht erwartet, dass ein Run auf polnische Produkte einsetzen würde. Schnell hatte sich besonders in Deutschland die hervorragende Qualität polnischer landwirtschaftlicher Produkte herumgesprochen. Selbst auf abgelegenen deutschen Wochenmärkten und in Dorfsupermärkten findet man nun polnischen Käse, polnische Würste und polnisches Geflügel – und natürlich die berühmten *krówki,* Karamellbonbons wie aus alten Zeiten, richtige vom Zahnarzt verpönte Plombenreißer, wie es sie hier bei uns gar nicht mehr gibt. Erstaunt nehmen immer mehr deutsche Verbraucher zur Kenntnis, dass aus Polen erstklassige Qualität kommt, die alle EU-Standards erfüllt. Die allerdings können in Polen wegen des Lohngefälles um 30 Prozent billiger produziert werden.

*Geldsegen aus Brüssel*

Die polnischen Landwirte hatten also schnell Abnehmer für ihre Produkte gefunden. Das erste sichere Zeichen für einen Stimmungsumschwung war die sprunghaft zunehmende Nachfrage nach landwirtschaftlicher Nutzfläche. Mehr Fläche nämlich bedeutet mehr Förderung aus Brüssel, und die Polen begannen, diesem System zu trauen. Das Geld kam pünktlich und einen solchen Geldsegen, der wider Erwarten auch noch alle traf, hatten polnische Bauern noch nicht erlebt. Die erste Zahlung von Direktbeihilfen im Oktober 2004 setzte einen kleinen Investitionsboom in Gang, denn plötzlich war Geld da für das Zupachten von Land, für Neubauten, neue Maschinen und die Verbesserung von Standards und Ausweitung agrotouristischer Angebote. Einer der größten Profiteure der ersten Auszahlungsrunde war übrigens Andrzej Lepper, Führer der radikalen Bauernpartei *Samoobronna* und einer der vehementesten EU-Gegner. Sein Anteil betrug 23 040 Euro. Die Polen begannen den großen Zahlen zu glauben, die in Brüssel genannt worden waren. Mittlerweile stellt jeder Betrieb seine Planungen darüber an, was denn mit dem eigenen Anteil der aus Brüssel fließenden Euromilliarden bewirkt werden kann.

## Erfolgsgeschichte EU-Mitgliedschaft?

Schlagartig hatten sich die Einkommen der polnischen Bauern um ein Drittel erhöht. Sogar die Einkommen der Kleinstbauern wuchsen durch die höheren Erzeugerpreise um ein Viertel. So liest sich die polnische EU-Mitgliedschaft zunächst auch auf dem Land als Erfolgsgeschichte. Die strukturelle Schwäche des ländlichen Raums in Polen ist damit aber noch nicht beseitigt. Tatsächlich ist erst einmal nur dafür gesorgt, dass potentiell überlebensfähige Höfe das nötige Kapital für Investitionen und Modernisierungen bekommen, um dauerhaft konkurrenzfähig zu bleiben. Der dafür nötige Modernisierungsschub hat gerade erst eingesetzt und wird mit effizienterem Wirtschaften mehr Arbeitsplätze in der Landwirtschaft kosten, als neue zu schaffen. Zusätzliche Arbeitsplätze außerhalb der Landwirtschaft sind bisher nicht entstanden.

Zwiespältige Gefühle, Straßenszene in Krakau

# Polnische Prägungen und Sichtweisen

## Einblick in die polnische Seele

»Nizza oder Tod! Das ist uns Europa schuldig…«, so klangen die markigen Forderungen aus Polen an die Adresse der EU. In der französischen Mittelmeerstadt wurde 2002 die Osterweiterung der Gemeinschaft verhandelt.

*Nizza oder Tod!*

Kaum war die EU-Mitgliedschaft Polens abgesegnet, hagelte es schon wieder Einlassungen aus Warschau, ob es nun um die EU-Verfassung ging oder um die Stimmengewichtung in den Gremien. Franzosen und Deutsche zeigten sich erst verblüfft, dann genervt. Dabei hatte der polnische Egotrip keineswegs erst unter der Regierung Kaczyński begonnen; so etwas kam auch unter der linken Regierung Miller vor. Manch ein Westeuropäer zeigte sich peinlich berührt, glaubte polnische Großmannssucht zu erkennen. EU-Politiker wie Günter Verheugen befanden die Polen gar für undankbar, verstanden die Warschauer Welt nicht mehr.

Szenenwechsel ins Polen 1939. Diese Bilder gingen seinerzeit um die Welt: Polnische Ulanen reiten nur mit Lanzen bewaffnet gegen moderne deutsche Panzer an. Todesmutig und doch gänzlich ohne Hoffnung auf Gelingen, versuchen sie ihr Vaterland zu retten.

»Alle Erinnerung ist Gegenwart«
*Novalis*

### Wer rettete das Abendland?

Für den nichtpolnischen Betrachter haben diese beiden Szenen zunächst nichts miteinander zu tun, für den Polnischen schon. Sie sind beide das Ergebnis von über Generationen gewachsenen kulturellen Prägungen, von Geschichtsbildern, die uns völlig fremd sind. Sie werden es selbst merken, wenn Sie mit Polen ausführliche Gespräche führen. Da wird Geschichte nicht etwa verbogen, wie es zu Volksrepublik-Zeiten oftmals geschah. Nein, Polen haben nur andere Blickweisen und sie gewichten manches anders als wir. Gängigstes Beispiel und immer gerne in diesem Zusammenhang zitiert ist das Jahr 1683; für Polen das Jahr, in dem ihr König Jan III. Sobieski zum Retter des Abendlandes wurde, als er die Türken am Kahlenberg vor Wien schlug. Nach polnischer Sicht war er es, der die christlichen Werte Europas gegen den Islam verteidigte, der Polen zum christlichen Bollwerk im Osten machte. Für uns dagegen hieß der Sieger Karl V. von Lothringen und als endgültiger Bezwinger der Türken gilt Prinz Eugen von Savoyen, der die türkische Hauptstreitmacht besiegte.

*Polen gewichten anders.*

Polen schmerzt unsere westliche Sichtweise dieser Dinge, ja sie empfinden sie mitunter sogar als »antipolnisch«. Sie halten den Europäern und hier vor allem uns Deutschen vor, dass wir die Rolle Polens in der Geschichte Europas gering schätzen und sind der Meinung, dass sich das ändern müsse. Polen habe so viel durch andere und auch für andere Völker gelitten, dass es allein schon deshalb einen Anspruch auf eine zentrale Rolle im neuen Europa habe.

## Märtyrertum und Messianismus

*Moralische Sieger*

Polen sind äußerst geschichtsbewusst. Die Erinnerung an die Leidenszeiten ihres Volkes ist sehr lebendig und identitätsstiftend. Sie haben allesamt die wesentlichen Daten ihrer Geschichte auf Abruf parat. Ebenso sind sie es gewohnt, aktuelle Geschehnisse aus dem Blickwinkel ihrer Geschichte und ihres ganz besonderen Geschichtsbildes zu bewerten. Das wird beinahe in jeder Diskussion mit ihnen deutlich. Auch den Warschauer Aufstand von 1944 zum Beispiel gewichtet man in Polen ganz anders. Aus polnischer Sicht waren es Polen, die als Erste gegen Nazideutschland kämpften. Als Dank dafür habe ganz Europa den furchtbaren Ereignissen einfach nur zugeschaut und die Polen im Stich gelassen. So hätten sie den Kampf zwar verloren, seien aber eigentlich die moralischen Sieger gewesen, ganz wie seinerzeit Jesus. Demnach sehen sich Polen als »Christus der Völker«, als Märtyrer Europas, als ewig unschuldige Opfer. So wie Christus unschuldig stellvertretend für die Menschheit litt, litt Polen stellvertretend für alle Völker, kämpften polnische Aufständische für die Freiheit ganz Europas.

*Mit Maria im Bunde*

Als »Messianismus« bezeichnen Historiker dieses Geschichtsverständnis, das historische Begebenheiten mit religiösen Heilsvorstellungen verknüpft, und aus dem die Polen ihre außerordentliche Rolle in der europäischen Geschichte ableiten. Nach einem weiteren Beispiel befragt, nennen Polen prompt den plötzlichen Rückzug der Schweden bei Tschenstochau 1655. Noch immer führen ihn viele darauf zurück, dass Maria ihnen damals zur Seite stand und sie daher ein ganz besonderes, ja ein erwähltes Volk seien. Messianismus prägt das Weltbild der meisten Polen also bis in unsere Tage. Auch Lech Wałęsa sah sich mit Maria im Bunde, der Gottesmutter und Königin Polens, die ihn leiten würde. Jedenfalls antwortete er das auf die Frage nach dem Sticker mit ihrem Bildnis an seiner Jacke. Aber nicht nur für ihn, sondern für viele seiner Landsleute gehört auch der Kampf der *Solidarność* gegen den Kommunismus in diese historische Reihe. Polen habe stellvertretend für die anderen Völker des sozialistischen Blocks gekämpft. Und besonders wir Deutsche seien zu Dank verpflichtet, hätten sie doch für uns die deutsche Einheit mit erkämpft, den Weg dahin geebnet.

»Wenn Vaterland das erste Wort der Polen ist, so ist Freiheit das zweite«.
*Heinrich Heine in seinen Reisebildern über Polen, 1822*

## Die Rolle der romantischen Literatur

*Dichterfürsten*

Getragen wird der Mythos vom Freiheitskampf durch Polens romantische Literatur. Das »lange 19. Jahrhundert« nannte man die Zeit zwischen 1795 und 1918. Diese Ära der staatlichen Nichtexistenz war die hohe Zeit der polnischen Romantik, die so anders war, als die literarische Epoche in Deutschland. Polens literarische Romantik wollte niemals nur Kunst um der Kunst willen sein. Zuerst wollte sie immer einen Beitrag zur Befreiung des Vaterlandes leisten, wollte den Patriotismus der Polen stärken und die nationale Identität und Sprache bewahren.

Es war vor allem Polens Dichterfürst Adam Mickiewicz (1798–1855), der den Sarmatismus (vgl. S. 35), den Herkunftsmythos des polnischen Adels, zum Messianismus fortentwickelte, indem er Polen mit dem Heiland verglich und der Nation den Auftrag erteilte, für die Freiheit Polens und damit stellvertretend für die Freiheit Europas zu kämpfen. Den Aufstand zu führen, ohne einen einzigen Gedanken an die Erfolgsaussichten zu verschwenden, machte er zur »heiligen Pflicht« aller Polen. Mickiewicz und sein Dichterkollege Juliusz Słowacki waren die führenden Vertreter der polnischen Romantik. Nach dem gescheiterten Novemberaufstand 1830 um die Unabhängigkeit Polens flüchteten beide und schrieben große Teile ihres Werkes in der Emigration. Słowacki und Mickiewicz erhoben das Versepos zu einer beliebten Gattung. »Pan Tadeusz« (»Herr Tadesuz«) ist das bekannteste Werk von Mickiewicz. Es ist das nach der Bibel bis heute meistgelesene Buch Polens, Pflichtlektüre an allen Schulen, polnisches Nationalepos.

*Wie ein Brennglas…*

Nicht minder wichtig für die Ausprägung des polnischen, romantischen Messianismus ist Mickiewiczs Tragödie »Dziady« (»Ahnenfeier«), deren Protagonist Konrad zur Blaupause für den tragischen polnischen Helden wurde. Gleichfalls bedeutend ist seine Verserzählung »Konrad Wallenrod«, in der es um einen Hochmeister des Deutschen Ordens im 14. Jahrhundert geht, der seine litauische Abstammung entdeckt und in ethische Konflikte gerät. Dieser Konrad Wallenrod, der mit der historischen Figur nicht viel gemein hat, wurde zum nach Freiheit strebenden polnischen Faust im Gegensatz zum deutschen Faust, der nach Wissen und Erkenntnis strebt.

*… in dem sich alles Polnische sammelt.*

Bei so viel Bekanntheit und Verehrung des Werkes wundert es nicht, dass auch der Dichter mit Ehrennamen überhäuft, als Goethe oder Shakespeare Polens bezeichnet und oft auch selbst besungen wurde. Sogar außerhalb Polens, wie das Gedicht »Mickiewicz« von Ludwig Uhland belegt. Karl Dedecius, der große Übersetzer und Förderer der polnischen Literatur und Mitbegründer des Deutschen Polen Instituts in Darmstadt sagte einmal, man sollte die Werke von Mickiewicz kennen, sie seien wie ein Brennglas, in dem sich alles Polnische sammle.

Adam Mickiewicz, Schöpfer des polnischen Nationalepos

INFO

## Pan Tadeusz

Das polnische Nationalepos erschien 1834 in Paris unter dem Titel »Pan Tadeusz czyli ostatni zajazd na Litwie« (»Herr Tadeusz oder der letzte Einritt in Litauen«, 1811). Es beginnt mit der Zeile »Litauen, mein Vaterland, Du bist wie die Gesundheit. Nur wer sie verlor, weiß das Verlorene zu schätzen.... «. *Pan Tadeusz* ist eine in der Literatur beispiellose Nationaldichtung, die auf die Tradition des historischen Romans und der Verserzählung zurückgreift und als letztes großes europäisches Versepos gilt. Das Werk beschreibt die Welt des polnisch-litauischen Kleinadels – also der *Szlachta* – am Vorabend der Ankunft der napoleonischen Armeen im Jahr 1811.

Ort der Handlung ist das Gut Soplicowo in Litauen. Die Handlung rankt sich um die Geschichte eines Streites der beiden verfeindeten Adelsgeschlechter Horeszko und der Soplica, um ein Schloss sowie um die Liebesgeschichte zwischen Tadeusz Soplica und Zosia. Beschrieben werden die Versöhnung einer zerstrittenen Gruppe von Adligen angesichts des gemeinsamen Feindes sowie die Hoffnung auf die Gewährung der nationalen Freiheit durch Napoleon. Natürlich hat besonders dieses Werk eine Funktion, nämlich die Menschen in der Heimat zu ermutigen und sie in ihrer Hoffnung auf zukünftige Freiheit zu bestärken.

Wie wichtig *Pan Tadeusz* für die Polen bis heute ist, zeigte das Jahr 1999. Regisseur Andrzej Wajda verfilmte den Stoff mit Daniel Olbrychski in der Hauptrolle. 15 Millionen Polen sahen den Film – weit mehr als *Titanic*. Regisseur Andrzej Wajda antwortete auf die Frage, warum er ein monumentales episches Gedicht in zwölf Kapiteln und durchgängig dreizehnsilbigem Versmaß verfilmte mit: »*Pan Tadeusz* ist ein Film, der die Seele jedes Polen berührt.« (vgl. S. 134ff.)

*Für uns befremdlich*

Tatsächlich ist sein Einfluss bis heute prägend. Ohne ihn und den Messianismus sind die zugleich romantische und rebellische »Polnische Seele« und das historische Bewusstsein der Polen nicht zu erklären. Seine Darstellung Polens als Märtyrer Europas ist in der Vorstellungswelt unserer Nachbarn noch immer präsent. Es kann Ihnen passieren, dass Sie auf Ihrer Polenreise in Gespräche verwickelt werden, die Ihnen im obigen Sinne befremdlich vorkommen. Versuchen Sie die polnische Geschichtsauffassung zu verstehen. »Sarmatischem Gehabe« begegnen Sie vor allem bei vielen Politikern, deren Streitgegenstände und divenhaftes Verhalten uns manchmal so unerklärlich erscheinen. In einer Geschichtstradition ohne Hierarchie mag eben auch im heutigen Parlament keiner in der zweiten Reihe sitzen. Denn seit *Szlachta*-Zeiten waren Polen Gleiche unter Gleichen. Außerdem wird einem Deutschen der Nachkriegsgeneration in Polen ein manchmal verblüffend erscheinendes Pathos begegnen. Wundern Sie sich also nicht, wenn Ihr Gastgeber zu fortgeschrittener Stunde seinen *Pan Tadeusz* deklamiert.

## Identität im Wandel – Weltbilder und Selbstbilder

### Neue Nachbarn, neue Wirklichkeiten

*Nichts mehr wie früher.*

Nichts ist mehr wie es war im Nachwendepolen. Nicht einmal die Nachbarn. Genau diese neuen alten Nachbarn begannen nämlich, kaum dass sie selbst unabhängig geworden waren, schwer am Selbstbild der Polen zu kratzen.

Niemand schien mehr die Sichtweise der Polen teilen zu wollen, die bis 1989 doch so einfach und leicht verdaulich war: Mit den östlichen Nachbarn lebte man in Frieden, denn man hatte ihnen ja nichts getan. Die »wiedergewonnenen Gebiete« waren urpolnisch, natürlich. Deutsche im Land gab es nicht. Die Vertreibung war eine legale und friedlich abgelaufene Umsiedlung. Die Westgrenze war von der Sowjetunion garantiert. Mit der DDR lebten die Polen in verordneter Freundschaft. Der Feind war klar benannt: die revanchistische Bundesrepublik als direkter Nachfolger des Nazireiches. Weder polnische Kollaboration während des Krieges hatte es gegeben, noch hatten sich jemals Polen als Täter die Hände schmutzig gemacht. Die Frage, ob nur Polen Opfer sein konnten oder auch Deutsche, stellte sich nicht.

*Litauer*

Aber die neuen Nachbarn sahen die Dinge ganz anders und das galt keineswegs nur für die deutschen Vertriebenen. Ein harter Schlag für das polnische Gemüt war besonders die litauische Sicht auf die Geschichte des gemeinsamen Reiches. Die Litauer nämlich sahen das polnisch-litauische Großreich keinesfalls als goldene Epoche des Glücks, sondern als Dauerdruck der polnischen Hegemonialmacht mit dem Zwang zur »freiwilligen« kulturellen Polonisierung.

*Tschechen*

Auch die Tschechen erwarteten eine polnische Entschuldigung, nicht nur für die Beteiligung an der Niederschlagung des Prager Frühlings 1968, sondern auch für die Rolle der Polen bei der Zerschlagung der Tschechoslowakei 1938, als Polen das Teschener Land annektierte. Beides war bei den Tschechen unvergessen.

*Minderheiten*

Die Ukrainer wiederum verlangten das Eingeständnis, dass die *Akcja Wisła* (Aktion Weichsel) des Jahres 1947 mit der Vertreibung der Ukrainer aus dem südöstlichen Polen ein Unrecht war. Mit ihnen meldeten sich auch andere ethnische Minderheiten zu Wort. Litauer und Weißrussen forderten genau wie die Ukrainer Minderheitenrechte und ein Ende der Diskriminierung. Erstaunt mussten die Polen zur Kenntnis nehmen, dass diese Menschen bereits seit Jahrhunderten in ihren jetzigen Siedlungsgebieten lebten oder, wie die Ukrainer, dorthin zwangsumgesiedelt worden waren.

*Polendeutsche*

Vollends aus den Fugen geriet das Bild vom homogenen Polen, als sie wie aus dem Nichts nach 1989 auch noch akzeptieren mussten, eine deutsche »Minderheit« im Land zu haben, die offenbar in die Hunderttausende ging. Da stellte so mancher erstaunt fest, dass der Nachbar Ukrainer war, die Schwägerin Deutsche, ohne dass man je etwas davon gewusst hatte. Regelrecht verblüfft waren viele Polen darüber, dass es in Oberschlesien noch immer Dörfer mit deutscher Bevölkerungsmehrheit gab. (vgl. S. 84ff.)

## Schatten auf dem eigenen Geschichtsbild

*Polnische Kriegsverbrechen*

Sehr schnell kam auch die Diskussion der Historiker in Gang und die meisten Polen erfuhren erst jetzt von der Art, mit der Deutsche ohne Frage nach ihrer individuellen Schuld 1945 behandelt worden waren. Außerdem gerieten nun polnische Verbrechen ins Blickfeld: Eine Ungeheuerlichkeit für viele Polen, denen unerwartet ein Stück identitätsstiftenden Bodens unter den Füßen weggezogen wurde. Plötzlich war da von Vorkommnissen gegen Deutsche in polnischen Internierungslagern die Rede. So in dem Prozess um den ehemaligen Kommandanten des Lagers Lambinowice (Lamsdorf) Czesław Gęborski, der selbst nicht nur Täter war, sondern zuvor auch Opfer von Nazideutschland. Ihm wurden Verbrechen gegen die Menschlichkeit vorgeworfen und er wurde angeklagt. Es kam allerdings zu keinem Urteil, denn der Angeklagte verstarb im Sommer 2006 – vor dem Ende des Verfahrens. Wie bald klar wurde, waren die Vorkommnisse in diesem Lager kein Einzelfall – es gab in Polen viele Lambinowices.

*Schmerzhafte Prozesse*

Innerhalb von nur eineinhalb Jahrzehnten hatten die Polen also schmerzhafte Prozesse mit gewaltigen Wenden in den Köpfen zu bewältigen und ihr altes Welt- und Geschichtsbild zu begraben. Die Narben dieser noch frischen Wunden sind noch immer in so manchem Gespräch zu spüren: wehmütiges Zurücksehnen nach der alten heilen Welt, Schmerz und auch Scham über die Schatten und Flecken auf dem eigenen Geschichtsbild, Verunsicherung und Verlorenheit, weil nichts geblieben ist, wie es war. Die alten Werte trugen nicht mehr, die alte soziale Sicherheit hatte sich in soziale Kälte verwandelt. Das schafft Beklemmungen, sogar bei Wendegewinnern. Das neue Bild vom eigenen Land ist noch nicht fertig und ein neues kollektives Gedächtnis zu entwickeln dauert – eine Nation ist auf der Suche.

*Die neuen Masuren*

Eine Art Aufbruchstimmung bei dieser Identitätssuche findet man in den »wiedergewonnenen Gebieten«. Zum Beispiel Masuren. Dort hat auch die Verwaltungsreform von 1999 das ihrige zum Entstehen einer neuen regionalen Identität beigesteuert. Die aus bis dahin in mehrere Woiwodschaften zersplitterte, historische Region Masuren wurde nun in einer Woiwodschaft Warmia i Mazury (Ermland und Masuren) vereint. Die deutsche Vergangenheit wird nicht länger verschwiegen oder umgedeutet. Sie ist nun integraler Bestandteil einer wachsenden, regionalen Identität der »neuen Masuren« geworden, der Menschen, die jetzt dort leben.

Es haben sich Kulturgemeinschaften gebildet, die zusammen mit wissenschaftlichen Instituten die Vergangenheit mit ihren deutschen und polnischen Spuren erforschen und die das Zusammenwachsen einer neuen Gesellschaft nach dem Bevölkerungsaustausch bei Kriegsende dokumentieren. Zur neuen kulturellen Identität gehören heute selbstverständlich auch die Vertreibungsgeschichte der dort lebender Ostpolen und Ukrainer sowie der litauischen und weißrussischen Minderheit.

INFO

## Die polnische Wahrnehmung ...

Bisher galt in Polen die Sicht, dass Deutsche die Juden umgebracht haben und Polen daran in keiner Weise beteiligt waren. Doch so einfach ist das nicht. Auch Opfer konnten zu Tätern werden. In einen kollektiven Schockzustand versetzte im Mai 2000 der polnisch-amerikanische Autor Jan Tomasz Gross das Land, als sein Buch »Sąsiedzi« (»Nachbarn«) erschien. Gross schildert darin, wie die polnische Bevölkerung der nordostpolnischen Kleinstadt Jedwabne nach dem Einmarsch der Wehrmacht im Sommer 1941 ihre jüdischen Nachbarn bei lebendigem Leibe verbrannte. Die sofort eingesetzte Untersuchungskommission des Instituts für Nationales Gedenken legte 2002 ihren Abschlussbericht vor. Demnach hat es allein im Raum Białystok in 24 Orten ähnliche Mordaktionen von Polen an jüdischen Mitbürgern gegeben.

Wohlgemerkt, den Völkermord trugen Deutsche nach Polen und überzogen das Land mit einer Flut aus Gewalt und Blut, wie sie keine Vision von apokalyptischen Reitern und Höllenqualen je schrecklicher hätte ausmalen können. Das Beispiel Jedwabne aber machte deutlich, wie schwer es war, als Opfer zu überleben, ohne selbst zum Täter zu werden. Denn die Täter von Jedwabne und all den anderen Orten waren ja selbst auch Opfer. Die Polen waren also nicht anders als andere okkupierte Völker auch. Es gab eine große Zahl von Helfern, die Juden schützten und versteckten, aber gleichzeitig auch Kollaboration und Täterschaft. Unvergessen jedoch ist, dass 40 000 Juden ihr Überleben polnischen Mitbürgern zu verdanken haben und dass Tausende von Polen ihr Leben bei von den Nazis entdeckten Hilfsaktionen hingaben. Seit 1963 verleiht eine israelische Kommission die Ehrenbezeichnung »Gerechter unter den Völkern« an Menschen, die während des Holocaust Juden retteten. Ein Drittel unter den bis heute Ausgezeichneten sind Polen, ihre Namen sind auf Steintafeln in der Gedenkstädte *Yad Vashem* in Jerusalem eingraviert.

Die Diskussion um Jedwabne und die polnische Schuld erschütterte das Land deshalb so tief, weil es eben nicht um einen Einzelfall ging, nicht darum, ob auch Polen schuldig werden konnten, auch nicht darum, wie viele es waren. Es ging um die polnische Wahrnehmung der jüngsten Geschichte insgesamt und besonders um die Wahrnehmung des Holocaust.

Bis zur Wende lebten Polen in dem Bewusstsein, dass kein Land, kein Volk so unter dem Nationalsozialismus gelitten hatte wie das ihre. Drei Millionen jüdische und drei Millionen christliche Opfer wurden zu sechs Millionen polnischen Opfern aufaddiert. Man machte keinen Unterschied zwischen dem Schicksal des polnischen Volkes und der Vernichtung der Juden. Das sozialistische System leistete keine Aufklärungsarbeit und die tatsächlichen Kenntnisse über den Holocaust blieben in Polen vergleichsweise gering. Daher war es im Gedächtnis der meisten Polen auch nicht verankert, dass 90 Prozent der Opfer in Auschwitz-Birkenau Juden aus 28 europäischen Ländern waren.

INFO

## ... des Holocaust

In Polen ging man davon aus, dass Auschwitz die Leidensstätte des polnischen Volks war. So ist auch der Streit um die 300 Kreuze in der dortigen Gedenkstätte zu erklären, die von Polen 1998 aufgestellt worden waren. Als Begründung dafür wurde angeführt, dass Auschwitz zuvorderst Stätte polnischen Leids und polnischen nationalen Gedenkens sei – eine Fehleinschätzung. Jüdische Opferverbände fühlten sich getroffen, da Auschwitz der größte jüdische Friedhof

Gleichgültig gegenüber dem Leid der Juden?

auf Erden ist. Erst diese Auseinandersetzung löste eine Art kollektiven Schocks aus, wie Ex-Außenministier Bartoszewski es nannte, der selbst Auschwitz-Überlebender ist.

So mussten Wissenslücken geschlossen und die Gleichgültigkeit eines großen Teils der polnischen Gesellschaft gegenüber der Vernichtung der Juden aufgearbeitet werden. Und es musste vielen älteren Polen die Angst genommen werden, dass ihr Leid als Opfer des Nationalsozialismus hinter der Erinnerung an den Holocaust verschwinden könnte oder womöglich gar gegen deutsche Opfer aufgerechnet würde. Diese Ängste stehen bis heute Pate bei so mancher in Deutschland schwer verständlichen Reaktion.

## Polen, Europa und die Welt

Der Bogen der Veränderungen in Polen betraf nicht nur das Selbstbild und das Entstehen neuer regionaler Identitäten. Die Polen sind auch auf der Suche nach ihrem Platz in Europa und der Welt. Wie wenig man dort über Polen wusste und wie wenig man manche Entwicklungen und Reaktionen vorhersehen oder einschätzen konnte, zeigt das Lehrstück Irak-Krieg.

*Lehrstück Irak-Krieg*

Europa war verblüfft, als sich Polen zu Beginn des Irak-Krieges ohne Zögern auf die Seite der Amerikaner stellte. Plötzlich war Polen also Siegermacht oder wollte zumindest dazu gehören. Verbitterung hielt damals Einzug in Berlin und Brüssel, als die Solidaritätserklärung der acht europäischen Staaten – unter ihnen Großbritannien, Spanien und Polen – mit den USA bekannt wurde. Ausgerechnet Polen! Wo war da die erwartete besondere Loyalität bei so viel Entgegenkommen von Frankreich und Deutschland bei dem letzten EU-Gipfel? Fühlte Warschau gegenüber der EU keine Verantwortung, gegenüber den USA aber gar Bündnisverpflichtungen? Entsprechend angesäuert war die Reaktion von Romano Prodi, seinerzeit EU-Kommissionspräsident, der meinte, man könne seine Brieftaschen nicht in Europa haben und die Sicherheit aus den USA holen.

*Aufs richtige Pferd gesetzt?*

Deutschland und Frankreich waren kalt erwischt worden, denn niemand aus Warschau hatte Berlin und Paris informiert. Dabei waren die Polen noch im Januar des Jahres zu drei Vierteln gegen diesen Krieg gewesen. Was man in Europa aber übersehen hatte, ist Polens besonderes Verhältnis zu den USA. Unterschied sich die Meinung des polnischen Volkes in der Ablehnung des Krieges anfangs kaum von der des restlichen Europas, bestand jedoch in einem ein nationaler Konsens zwischen Kriegsbefürwortern und Kriegsgegnern: Polen wollte nichts sehnlicher, als der wichtigste Verbündete der USA in Europa sein.

Eine neue Identität muss erst heranwachsen, Drei-Länder-Grenzstein in Kremenaros: Polen, Ukraine, Slowakei

Genau das hatten Washingtoner Diplomaten erkannt und Polen entsprechend hofiert. Dass Bush seine Freunde nicht umkommen lässt, bewies der Jahrhundertvertrag um die 48 F-16 Militärjets für 3,5 Milliarden US-Dollar, wobei die USA sich gleichzeitig verpflichteten ihrerseits 6 Milliarden US-Dollar in Polen zu investieren, obendrein war der zinsgünstige Kredit acht Jahre tilgungsfrei. Schnell begann sich die Stimmung im Lande zu wandeln: Keiner kümmerte sich plötzlich mehr um den Standpunkt des Papstes, dessen Meinung sonst so viel galt in Polen. Es taten sich seltsame Koalitionen auf: Die nationalkatholische Rechte gab die Friedenstaube, der Papst engagierte sich vehement gegen den Krieg, dafür sprachen die regierende sozialdemokratische SLD und ein großer Teil der Medien.

*Seltsame Koalitionen*

Auch große Gruppen der polnischen Intelligenz übten sich in nach unserem Gefühl unkritischem Hurra-Patriotismus, allen voran die größte polnische Tageszeitung *Gazeta Wyborcza* und ihr Chef, der ehemalige Dissident Adam Michnik. Von den USA seien die Polen nie enttäuscht worden, meinte Michnik, mit den europäischen Nachbarn habe man da schlechtere Erfahrungen gemacht, und bemühte die Geschichte. So erinnerte er daran, wie Polen zwischen Deutschen und Russen aufgerieben worden sei und Frankreich von Napoleon bis 1939 ebenfalls keine Glanzrolle abgegeben habe. Auch das gestörte Verhältnis der polnischen Dissidenten zur Vorwende-Ostpolitik der SPD wurde in seinen Ausführungen wieder sichtbar. Reagans seinerzeitig große Gesten und martialischen Worte wären ihm noch heute lieber als die zähe Kleinarbeit der europäischen Realpolitik vor der Wende, so Michnik. Ersteres sprach zwar mehr das polnische Geschichtsverständnis an, aber dass Reagans Druck auf Moskau praktisch allein für die Wende 1989 verantwortlich war, hätte so nicht einmal Helmut Kohl behauptet.

*Seltsame Äußerungen*

Auch der neue deutsche Pazifismus wirkt an der Weichsel suspekt. Der polnischen Intelligenz zumindest erscheinen nun wir als diejenigen die vergessen hätten, dass die Amerikaner uns die Freiheit brachten, während der europäische Pazifismus 1939 erst möglich gemacht habe. Die Sicherheit Polens sehen viele konsequenterweise allein durch die USA gewährt. Im Kampf gegen den Terror müsse Polen nun seinerseits seinen Bündnisverpflichtungen gegenüber den USA nachkommen.

Außerdem war man in Polen stolz darauf, mit einem eigenen Sektor im Irak betraut zu werden und vermeidet peinlich das Wort Besatzungsmacht. Auch eine neue Erfahrung für Polens Öffentlichkeit, die es offenbar als völlig legitim betrachtet, das eigene Wohl im Auge zu haben. Da waren selbst Provinzzeitungen voll mit Artikeln über jubelnde Unternehmer, die gewaltige wirtschaftliche Chancen für ihr Land beim Wiederaufbau des Irak sehen. Von diesem Kuchen wollte man etwas abhaben in Polen, betrachtete das ganz ungeniert als legitime Entlohnung für die Kriegsteilnahme. Weiterhin war zu hören, im Irak kenne man sich ja aus: Bis Anfang der 1990er Jahre arbeiteten dort bis zu 100 000 polnische Spezialisten; 20 000 Iraker haben in Polen studiert; ein nicht geringer Teil der technischen Elite Iraks spricht Polnisch.

*Vom Kuchen etwas abhaben*

Verlust der politischen Unschuld? Junge Polin auf einem Fest

Nur einen Mahner gab es in der Schar der polnischen Kriegsbefürworter. Tadeusz Mazowiecki, der erste Ministerpräsident des freien Polen beklagte, dass es überhaupt keine Diskussion über ein Mandat für den Krieg und über dessen Ziele gegeben hätte: Einen Automatismus dürfe die Dankbarkeit Amerika gegenüber nicht haben. Und leider kam es anders als erwartet. Der Irak-Krieg dauerte auch 2007 noch an. Ein Ende ist nicht in Sicht, Polens Hilfe beim Wiederaufbau in weiter Ferne. Falschen Hoffnungen ist Ernüchterung gewichen. Doch eines blieb: Mindestens auf gleicher Augenhöhe mit den Großen des alten Europa sehen sich die Polen seitdem. Der Preis war hoch: Nicht nur ein gespaltenes Europa mit gestörten transatlantischen Beziehungen blieb zurück. Am meisten zahlte die junge Demokratie Polens: Sie hatte ihre politische Unschuld verloren.

## Das Deutsche Syndrom – Deutschlandbilder in Polen

*»Erika wer?«*

Stellt man in Deutschland die Frage nach Erika Steinbach, hat man gute Aussichten auf eine Antwort wie »Erika wer?« Auch nach der Erläuterung, dass Erika Steinbach Vorsitzende des Bundes der Vertriebenen ist und für die Errichtung eines »Zentrums gegen Vertreibungen« in Berlin eintritt, würde man bei vielen Deutschen ein achselzuckendes »Na und?« hören. In Polen dagegen ist das ganz anders. Dort kennt den Namen Erika Steinbach jedes Kind.

Verfolgt man die polnischen Medien, so stellt sich zuweilen der Eindruck ein, dass der Bund der Vertriebenen die Politik und den gesellschaftlichen Diskurs in der Bundesrepublik bestimme und Erika Steinbach die starke Frau im Lande sei, nicht etwa Angela Merkel. Als würden sich die Deutschen derzeit hauptsächlich mit den Themen Flucht und Vertreibung sowie einer gewissen Geschichtsrevision befassen, bei der die deutsche Schuld fortan geringer ausfallen würde.

*Woher kommt die Verstimmung*

Kein Zweifel, das verblüfft uns als Deutsche, denn es entspricht in keiner Weise den Tatsachen und auch nicht der Stimmung in unserem Land. Die Themenkomplexe, die in Polen für so viel Aufregung sorgen, stehen in Deutschland nicht eben weit oben auf der politischen Tagesordnung. Wenn sie bei uns überhaupt wahrgenommen werden, dann erst durch die Berichterstattung über Schlagzeilen in Polen. Wie etwa bei der Ausstellung »Erzwungene Wege« des

Bundes der Vertriebenen geschehen. Dass Deutsche im gleichen Sommer die Fußballweltmeisterschaft 2006 bei sich zu Hause hatten und friedlich und fröhlich miteinander feierten, schien zumindest in das offizielle Polen kaum durchzudringen. Wie kommt ein solch schiefes Bild zustande? Wie konnte aus dem scheinbar so weit gediehenen Versöhnungs- und Normalisierungsprozess eine solche Verstimmung werden?

## Die große Angst vor Revanchismus

*Angstkomplexe…*

Bis 1989 war der polnische Blick auf die Deutschen geprägt vom »Deutschen Syndrom«, wie der polnische Publizist Janusz Tycner die aufsummierte leidvolle Erfahrung der Polen mit der preußisch-deutschen Teilungsmacht, der politischen, wirtschaftlichen und militärischen Potenz des großen Nachbarn sowie mit den von Deutschland verursachten Katastrophen des Zweiten Weltkrieges und des Holocausts nannte. Sie haben zu einem Angst- und Minderwertigkeitskomplex geführt, der in eine ausgesprochene Deutschfeindlichkeit hineingewachsen ist.

Während der Zeit der Volksrepublik wurde die »Deutsche Gefahr« von Seiten der Mächtigen immer wieder beschworen und als Bedrohungsszenario an Polens Himmel gemalt. So konnte die Deutschfeindlichkeit einerseits zur identitätsstiftenden Kraft werden, die das Volk auf der Basis des von Deutschen erlittenen Leids einte. Andererseits war die Angst vor den Deutschen verantwortlich für eine vergleichsweise widerspruchslose Integration in den sozialistischen Block. Die Hegemonialmacht Sowjetunion garantierte die eigene Westgrenze. Ein dezenter Hinweis aus Moskau auf eben diese von Bonn nicht anerkannte Oder-Neiße-Grenze genügte, um die Linientreue im Lande zu bewahren.

*… geschürt von der UdSSR*

Die Bundesrepublik wurde zum Hort alles Bösen, bevölkert von blutrünstigen Ostlandrittern, die nur auf eine günstige Gelegenheit warteten, wieder über Polen herzufallen. Film und Fernsehen wurden zu idealen Medien zur Verbreitung solcher Klischees. TV-Sendungen wie »Czterej pancerni i pies« (»Vier Panzersoldaten und ein Hund«) wurden zu Straßenfegern, ein Film wie »Krzyżacy« (»Die Kreuzritter«, nach dem gleichnamigen Roman von Henryk Siękiewicz) war mit 20 Millionen Zuschauern der absolute Renner in den Kinos der Volksrepublik. Grausamkeit und ein Hang zum Massenmord war nach dem gängigen Bild eine genetische Programmierung der Deutschen. Sie hatten etwas Faustisches für die Polen durch ihren »Teufelspakt mit Hitler«.

*Hitleristen*

»Szwaby« (Schwaben) nannte man die Deutschen, oder gleich »Hitlerowcy« (Hitleristen), beides waren ausgesprochene Schimpfwörter. Aus dem »Niemiec«, wie das polnische Wort für »Deutscher« heißt, wurde der offiziell nur noch klein geschriebene »niemiec«. Die stereotype Betrachtung Deutschlands durch die Brille des »Deutschen Syndroms« ließ eine differenzierte Sicht nicht zu. Über die Forderungen deutscher Vertriebenenverbände wurde in Polen akribisch berichtet – »Seht her: die gefährlichen Revanchisten der Bonner Republik!«

Reste dieser Ängste vor deutschem Revanchismus, also einer Grenzkorrektur mit friedlichen oder kriegerischen Mitteln, sind bis heute in Polen verbreitet. Dieses Stereotyp der deutschen Revanchismus-Bedrohung ist noch immer in so vielen polnischen Köpfen tief verankert, dass es rasch wieder hervorgeholt werden kann, wenn Erika Steinbach Laut gibt.

*Annäherung ab 1970*

Die pauschale Verurteilung aller Deutschen begann ab 1970 rasch zu bröckeln, nach dem Gewaltverzicht des Warschauer Vertrages und dem Kniefall Willy Brandts am Warschauer Ghetto-Ehrenmal. Dieser Kniefall eines persönlich unbelasteten Deutschen, der selbst Emigrant gewesen war und dennoch als Deutscher Verantwortung übernahm, war von großer Bedeutung für die deutsch-polnische Annäherung. (vgl. S. 61)

Der nun mögliche Tourismus und die relative Reisefreiheit der Polen ab Mitte der 1970er Jahre und die vermehrten persönlichen Begegnungen zwischen Deutschen und Polen begannen das Bild des Deutschen zu ändern. Ein Übriges taten die großen Paketaktionen 1981, die den Polen mit über die Hungerwinter half. Die Polen waren erstaunt über das Ausmaß der Hilfsbereitschaft, denn die Westdeutschen leisteten mehr Hilfe für die Polen als alle anderen Westeuropäer zusammen. Ein solches Maß an Mitgefühl hatte man Deutschen bisher nicht zugetraut. Es entstand langsam etwas ganz anderes in Polen, nämlich ein Deutschlandbild, das als Muster für eine angestrebte Erneuerung Polens dienen konnte. Die gesellschaftlichen Kontakte hatten die Politik längst überholt, das offizielle Bild der Deutschen begann sich immer mehr von dem zu unterscheiden, was der berühmte kleine Mann auf der Straße sah und fühlte.

*Versöhnungsgeste 1989*

Die politische Wende 1989 in Polen sah also ein bereits differenziertes Deutschlandbild. Die umarmende Versöhnungsgeste zwischen Bundeskanzler Kohl und Polens Premier Mazowiecki holte letztlich nach, was an der Basis längst geschehen war. Dort war man schon weit fortgeschritten auf dem Weg der Normalisierung und Versöhnung. Dennoch machte die einsetzende Diskussion um die Aufarbeitung der Geschichte für die Polen eine große Wende in den Köpfen nötig. Aber man war nun in der Lage, sich vorbehaltlos alles sagen zu können, den Schmerz des Anderen auszuhalten, und man war daran gegangen, auf dem Leid der Vergangenheit eine Brücke in die Zukunft zu bauen. Deutschland war nun wieder sehr groß, aber darüber witzelten Polen mehr, als dass es sie wirklich ängstigte: Deutsche wurden nun »Hel-

Angst vor den Deutschen? Diese Polin setzt auf Versöhnung.

muty« genannt, nach Bundeskanzler Helmut Kohl, denn dessen Äußeres schien so sehr zu dem großen Deutschland zu passen.

## Eine neue deutsch-polnische Eiszeit?

*Happy End?*

Es gab immer mal wieder kleinere Aufregungen, zeigten sich Empfindlichkeiten, aber im Großen und Ganzen schien der Versöhnungsprozess weit gediehen und Normalität hergestellt, als Polen am 1. Mai 2004 der EU beitrat. Mit dem EU-Beitritt schien vielen Deutschen die Bringschuld Polen gegenüber erfüllt, es hatte ein Happy End für die Interessen- und Schicksalsgemeinschaft gegeben. Die Aufmerksamkeit ließ nach. In Deutschland glaubte man nun, sich mit Polen mehr über die Zukunft als über die Vergangenheit unterhalten zu können.

*Gaspipeline durch die Ostsee*

Die ersten Kratzer erhielt das neue, geläuterte Deutschlandbild zum Ende der Ära Schröder durch eine politische Rücksichtslosigkeit – manche nannten es gar Dummheit – des damaligen Bundeskanzlers. Das Abkommen zwischen der Bundesrepublik und Russland über den Bau einer Gaspipeline durch die Ostsee hatte in Polen die Emotionen aufwallen lassen, besonders nachdem bekannt wurde, dass Gerhard Schröder im Aufsichtsrat der deutsch-russischen Pipeline-Gesellschaft die Interessen der beteiligten Energieversorger vertreten würde. Polen und die baltischen Staaten blieben draußen vor der Tür. Die Aufregung war so groß in Warschau, dass man dort gar eine Art Neuauflage des Hitler-Stalin-Paktes vermutete.

*Neues Misstrauen*

Da half es auch nicht mehr viel, dass Bundeskanzlerin Angela Merkel Polen bei ihrem Antrittsbesuch eine Anbindung an die Gaspipeline in Aussicht stellte. Die Polen hielten sich durch diese direkte Pipeline zwischen Russland und Deutschland für energiepolitisch von Russland erpressbar. Außerdem stand der Verlust von Transitgebühren für die eigenen Leitungen zu befürchten. Dazu kamen noch die Differenzen ob der unterschiedlichen Haltung den Irak-Krieg betreffend. Alles zusammen läutete eine neue deutsch-polnische Eiszeit ein, ohne dass man das in Berlin wirklich wahrnahm. Und noch etwas hat man bei uns nie verstanden: das tiefgehende Misstrauen der polnischen Politik gegenüber unseren großen deutschen Volksparteien. Der CDU steht man skeptisch gegenüber wegen ihrer andauernden Rücksichtnahme auf die Vertriebenen und ihrer Nähe zu den Vertriebenenverbänden – Erika Steinbach ist Bundestagsabgeordnete der CDU – und der SPD hat man ihr Unverständnis für die demokratische Opposition und die *Solidarność* nicht vergessen. Das sollten Sie im Hinterkopf behalten, wenn Sie mit Polen über Politik diskutieren.

*Das Bild des hässlichen Deutschen lebt auf.*

Als im Herbst 2005 die Zwillinge Kaczyński die mächtigen Männer in Warschau wurden und das Land mit der ultrakatholischen Rechten regierten, schien in der polnischen Öffentlichkeit plötzlich wieder das Bild des »hässlichen Deutschen« aufzuleben. Den in der Bundesrepublik politisch unbedeutenden Vertriebenenverband und Erika Steinbach hatte die polnische Presse schon vorher zum Sündenbock empor geschrieben. Nicht nur das Stereotyp des deutschen Ostlandritters ist langlebig, auch das polnische Gedächtnis. In Polen hat niemand vergessen, dass es der Bund der Vertriebenen war, der im Zuge der Verhandlungen des Nachbarschaftsvertrages bis zuletzt versucht hatte, eine endgültige Anerkennung der polnischen Westgrenze zu verhindern. Mit etwas Sensibilität hätte man bereits beizeiten einen Wandel in der Berichterstattung über Deutsch-Polnisches in Polens Medien erkennen können. Angefangen hatte das Politmagazin *Wprost* mit dem reißerischen Titelfoto von Erika Steinbach in SS-Uniform auf Bundeskanzler Gerhard Schröder reitend. Von da an waren Vergleiche mit der NS-Zeit wieder hoffähig geworden und gang und gebe.

*Satiren heizen die Stimmung an.*

So gesehen nimmt es auch nicht Wunder, wenn die polnische Außenministerin Anna Fotyga die Berliner Tageszeitung *taz* mit dem nationalsozialistischen Hetzblatt *Stürmer* verglich. Es begann mit einem satirischen Artikel der *taz* in dem Lech Kaczyński als Kartoffel bezeichnet wurde und in dem auch über seinen Bruder Jarosław gewitzelt wurde, der ohne Trauschein mit seiner Mutter lebe. »Er hat übrigens auch noch eine Katze«, machte sich ein polnischer Freund über die Affäre lustig, »die kam aber in dem Artikel nicht vor, dabei ist sie doch Polens *first cat.*«. Wegen dieses Artikels verlangte Anna Fotyga eine Entschuldigung der Bundesregierung für diesen »beispiellosen Angriff auf ein Staatsoberhaupt« und die Warschauer Staatsanwaltschaft nahm gar Ermittlungen auf. Was bei uns wie eine Posse wirkte und als »Kartoffelkrieg« in die Annalen einging, steigerte die Warschauer Verstimmung derart, dass Präsident Lech Kaczyński das Treffen des Weimarer Dreiecks im Sommer 2006 wegen einer »Verdauungsstörung« platzen ließ, was ihm einen gemeinsamen offenen Brief aller Nachwende-Außenminister Polens einbrachte, die ihm vorwarfen den Interessen Polens zu schaden.

*Die Treuhand-Klage in Straßburg*

Die folgenden deutsch-polnischen Verstimmungen hatten allesamt mit der Vergangenheit zu tun. Im Zusammenhang mit der Ausstellung des Vertriebenenverbandes »Erzwungene Wege« sahen sich die polnischen Leihgeber dem Druck aus Warschau ausgesetzt, ihre Exponate zurückzufordern. Störrischen polnischen Leihgebern drohte man sogar unverblümt mit dem Entzug der finanziellen Förderung. Zuweilen sind die polnischen Reaktionen schwerlich nachzuvollziehen. Man kann Beunruhigungen verstehen, wenn ein privatrechtlicher Verein wie die »Preußische Treuhand« vor dem Europäischen Gerichtshof für Menschenrechte Entschädigungen vom polnischen Staat für 22 Vertreibungsopfer einklagen will. Man kann auch Wut und Zorn über ein paar Ewiggestrige verstehen, die alles Erreichte torpedieren. Doch eine derartige Verstimmung mit dem Infragestellen der Minoritätenrechte für die deutsche Minderheit in Polen zu verbinden, wird der Lage einfach nicht gerecht. Denn die überwältigende Mehrheit der Deutschen – auch der Vertriebenenverband und seine Vorsitzende Erika Steinbach – lehnen das Tun der Preußischen Treuhand ab. Die deutsche Bundesregierung hat sich ebenfalls in aller Deutlichkeit distanziert und sieht die Klagen als gegenstandslos an. Es gibt in einem Rechtsstaat aber nun einmal keine Möglichkeit, eine solche Klage zu verhindern.

Nur an der Causa Grass biss man sich in Warschau die Zähne aus und fand keine Mittel, Druck auszuüben und auch keine rechte Medienunterstützung dafür. Zu deutlich gaben die Polen ihrer Meinung Ausdruck und zu nahe waren die Kommunalwahlen. Die Danziger entschieden sich mit deutlicher Mehrheit und Gelassenheit in Umfragen dafür, dass ihr »großer Sohn«, der Literaturnobelpreisträger Günter Grass seine Ehrenbürgerschaft behalten solle, auch wenn er als 17jähriger Mitglied der Waffen-SS gewesen war und das bis dato verschwiegen hatte.

*Causa Grass*

## Warum die Kaczyńskis?

Es fällt nicht ganz leicht, in einem Klima wachsenden Vertrauens bei den Menschen an der Basis, bei mehr als 600 deutsch-polnischen Städtepartnerschaften – so viele wie nirgends sonst in Europa – und bei den unzähligen prima funktionierenden Kooperationsprojekten Erklärungen für diese neue Eiszeit »von oben« zu finden. Wo sind die Zeiten geblieben, in denen polnische Zeitungen ausführlich auch über das Leid der Deutschen ab 1945 berichteten? Als es Fernsehdiskussionen *en masse* nach dem Erscheinen des Buches »Im Krebsgang« gab, in dem Günter Grass vom Untergang der Wilhelm Gustloff erzählt? Als deutsche und polnische Historiker das Thema gemeinsam aufarbeiteten und in Polen eine vierbändige Quellenedition zum Thema Vertreibung herauskam?

*Die Menschen an der Basis …*

Vielleicht, weil Menschen westwärts der Oder die riesigen Veränderungen in Polen kaum mitbekommen hatten und weiterhin »onkelhaft-hochnäsig« und »Schulter klopfend« mit den Polen umgingen. Davon hatten die Polen genug – alle Polen, nicht nur die neue Regierung. Ansonsten ist das Verhältnis von Deutschen und Polen untereinander, dort wo sie sich treffen und zusammen arbeiten, fast als herzlich zu bezeichnen. Dort sieht man die deutsche Offenheit und weiß, dass man auf eine ganz andere deutsche Generation trifft. Andererseits verabschieden sich auch mehr und mehr Polen von ihrem Selbstbild des ewigen Opfers. An der Basis, dort wo auch ein Tourist mit den Polen in Kontakt kommt, wird die Selbstbeweihräucherung und das Hochhalten vom Mythos polnischer Unschuld auf Regierungsseite eher bespöttelt.

*… denken anders als die Regierenden.*

Nun könnte man meinen, die Polen haben ja die Kaczyńskis schließlich gewählt, also wollten sie doch genau diese Politik und teilen deren Weltbild. Diese Wahl hatte aber andere Gründe. Es ging darum, dass sich die bisherige Politelite des Landes ziemlich komplett verbraucht hatte. Egal von welcher Partei, ob von der regierenden oder den vorigen Koalitionsparteien, allesamt hatten die Politiker es verstanden, sich selbst zu bereichern. Alle steckten sie tief in Polens Korruptionssumpf und das Wahlvolk war angewidert. Aus diesem Grund blieben noch mehr Polen den Urnen fern als bei sonstigen Wahlen, nämlich alle diejenigen, die keine wählbare Alternative mehr fanden. Höchstens zehn bis zwanzig Prozent der wahlberechtigten Polen, die auch radikaleren Aufräumern eine Chance zu geben bereit waren, stimmten für die ab 2005 Regierenden. Die

*Sie wählten erst gar nicht.*

anderen Wähler gaben den Parolen für eine moralische Erneuerung des Landes ihre Stimme, für ein Ende der Korruption und ein Aufräumen mit den alten Seilschaften, nicht aber der Fremdenfeindlichkeit, der Intoleranz und den markigen Sprüchen von einem starken Polen. Kaum einer von ihnen hat vermutlich auf die Deutsch- und Europafeindlichkeit der Kaczyńskis geguckt.

*Fazit*

Nun sollte man in Deutschland nicht den Fehler machen, die Kaczyńskis für tumbe Hinterwäldler zu halten. Das sind sie keineswegs. Sie gehören zu jener Gruppe von Polen, die noch völlig im alten Selbstbild des katholischen, reinen Opferlandes Polen gefangen sind. Ihre Eltern kämpften beide in der *Armia Krajowa* und beide Brüder waren lupenreine Dissidenten in der Bürgerbewegung. Vor allem repräsentieren sie den Volkszorn auf Staat und Politikelite, wie der Publizist Adam Krzemiński es einmal formulierte. Obendrein verfügten sie bei Amtsantritt über geringe bis gar keine außenpolitische Erfahrung, über keine internationalen Kontakte. Von der EU und wie sie funktioniert, wussten sie als erklärte EU-Gegner nichts. In ihrem Weltbild ist Deutschland *die* Hegemonialmacht in der EU, die Polen zu bevormunden trachtet. Dazu ist Deutschland das Land, das Hitler hatte, vor dem man sich hüten muss, das unter Revisionismus- und Revanchismus-Generalverdacht steht. Die Zeit wird zeigen, wie viel von diesem Weltbild veränderbar ist und durch Vertrauen ersetzt werden kann.
Eines sollte man nicht vergessen, wenn man das deutsch-polnische Verhältnis und das Deutschlandbild der Polen unter die Lupe nimmt. Das Bild, das unsere Medien von Polen zeichnen, entspricht auch nicht immer der Realität. Es zeigt auch nicht unbedingt das, was die Menschen dort wirklich bewegt. Was schlagzeilenträchtig ist, womit politische Gruppierungen versuchen Stimmung zu machen, ist keinesfalls automatisch auch öffentlicher Konsens. Die Problematik betrifft also beide Nachbarn und könnte zu der heilsamen Erkenntnis führen,

Medien geben nicht wieder, was das Land wirklich bewegt.

Die Kirche hält ihre Schäfchen zusammen. Polens Jugend ist tiefgläubig.

dass Medien – und seien sie noch so seriös – immer nur einen Teil der Realität zeigen können. Um das ganze Bild zu kennen, hilft nur eins: Hinfahren, nachgucken und mit den Menschen reden.

## Zwischen Papst und Radio Maryja – Kirche und Glaube

*Seelenpein ohne Beichte*

Wie tief der katholische Glaube bis heute im polnischen Alltag verwurzelt ist, zeigt folgende Szene. Eine kleine Gruppe besichtigt Warschau. Die junge Lehrerin, eine gebürtige Warschauerin, bemerkt, dass ihre Schülerinnen, die sich doch so auf die Hauptstadt gefreut hatten, nicht mehr ganz bei der Sache sind. Ob sie müde werden? Sie sind ja alle schon mitten in der Nacht aus der nordpolnischen Kleinstadt mit dem ersten Zug abgefahren, um möglichst viel Zeit in Warschau zu haben. Denn morgen schon folgt das große Abenteuer, der erste Flug. Nach Brüssel werden sie fliegen, denn sie haben bei einem EU-Schülerwettbewerb den dritten Platz gemacht. Auf ihre Frage, was denn nun los sei, platzt eines der Mädchen heraus: »Frau Lehrerin, Frau Lehrerin, wir werden doch morgen früh nach Brüssel fliegen, und beim Fliegen kann doch etwas passieren, nicht?« Aha, denkt die Lehrerin, Flugangst und antwortet:»Ach wisst ihr, kann schon sein, aber die Möglichkeit, dass ihr daheim auf dem Schulweg von einem Auto angefahren werdet, ist bald 100 Mal so hoch, ganz bestimmt wird uns nichts passieren. Außerdem fliegen wir doch auch mit einer sicheren Fluglinie, die ihre Flugzeuge gut wartet und die Piloten sind auch gut ausgebildet«, versucht sie zu beruhigen. »Ja, Frau Lehrerin, aber es könnte eben doch etwas passieren und deshalb müssen wir unbedingt beichten gehen«, erwidert eine der Schülerinnen. Die Lehrerin ist selbst eine gläubige Katholikin und vergisst au-

Eine Wallfahrt nach Tschenstochau unternimmt fast jeder Pole. Tor zum Basilikagelände auf dem Jasna Góra

genblicklich alle Besichtigungspläne. Nun ist auch in Warschau nicht in jeder Kirche ständig ein Priester anwesend und bereit die Beichte abzunehmen. Dafür gibt es die auf dem Plan vorgesehenen Stunden. Die Lehrerin macht sich also auf die Suche und läuft mit ihren Schülerinnen so lange kreuz und quer durch Warschau bis eine Kirche gefunden ist, in der ein Priester die Beichte abnimmt und bei dem die Mädchen ihre Seelenpein ablegen konnten. Wie man hörte, haben sie die drei Tage in Brüssel sehr genossen. Von Warschau haben sie allerdings nichts mehr gesehen.

## Die polnische Variante des Marienglaubens

*»Maria Königin Polens«*

Wie kommt es, dass es der polnischen katholischen Kirche gelungen ist, ihre Schäfchen so sehr bei der Stange zu halten? Kirchensteuer gibt es in Polen nicht. Aber das ist nicht der Grund für die Popularität der Kirche. Die ruht auf anderen Säulen. Eine dieser Säulen ist die polnische Variante des Marienglaubens, die – wie sollte es in Polen anders sein – natürlich auch etwas mit der Geschichte zu tun hat. Die »Schwarze Madonna« in der barocken Basilika auf dem Hellen Berg Jasna Góra in Tschenstochau (Częstochowa) ist der eigentliche Quell des polnischen Marienglaubens. Eben dieser »Schwarzen Madonna« soll es 1655 zu verdanken gewesen sein, dass die Mönche des dortigen Paulinerklosters 40 Tage lang der schwedischen Belagerung standgehalten haben und damit die Wende im Kriegsglück bewirkten. Kurz vorher hatte König Jan Kazimierz Maria zur Königin Polens *(Maria Regina Polska)* proklamiert. Seitdem glaubt eine ganze Nation an das Wunder der Errettung als auserwähltes Volk.
In der direkten Folge sah man die Wahl eines Polen zum Papst als Werk Marias und auch Lech Wałęsa verstand sich als mit Maria im Bunde. Die erste Pilger-

reise von Krakau nach Tschenstochau ist bereits für 1683 belegt. Seitdem ist der Wallfahrerstrom nicht mehr abgerissen. Nicht einmal dem kommunistischen Regime war es gelungen, die Zuwege zum Hellen Berg zu blockieren. In der Vorwendezeit wurden Wallfahrten zu machtvollen Demonstrationen gegen das Regime. Die heutigen Pilgerzahlen sind gewaltig: Etwa 3,5 Millionen Gläubige besuchen Jahr für Jahr den Hellen Berg. Eine Viertelmillion davon kommt alljährlich zu Fuß! Eine Wallfahrt nach Tschenstochau ist so etwas wie der polnische Jakobsweg. Bis zu drei Wochen sind die gemischten Gruppen unterwegs, um pünktlich am 15. August (Mariä Himmelfahrt) in Tschenstochau zu sein. In den beiden ersten Augustwochen ist also überall in Polen mit größeren Pilgergruppen auf den Straßen zu rechnen. Doch Tschenstochau ist nicht der einzige Wallfahrtsort in Polen, davon gibt es rund 500 im Lande, die von gut sieben Millionen Polen jährlich besucht werden.

*Wallfahrten*

## Nation gleich Konfession

Eine weitere Säule auf der die polnische Gläubigkeit ruht, ist die Tatsache, dass die Geschichte Polens von Anfang an eng mit der katholischen Kirche verbunden war, als mit der Taufe von Mieszko I. Polen 966 in die europäische Geschichte eintrat. Spätestens seit den polnischen Teilungen galt in unserem Nachbarland *polak to katolik* (polnisch=katholisch), womit Nation und Konfession gleichgesetzt wurden. Und bis heute sieht man in jeder kleinen Pfarrkirche nationale und religiöse Symbole vermischt, weht das Gelb-Weiß der Kirche neben dem Rot-Weiß des Staates. Durch die besondere Rolle der katholischen Kirche in der Geschichte Polens ist die Konfession ein Teil der nationalen Identität geworden,

*Auf der Seite des Volkes*

Die Kirche als Gegenmacht im Staat. Pilgerstrom zu Ostern

Frömmigkeit ist Patriotismus und Patriotismus Frömmigkeit. In den schweren Zeiten der Fremdherrschaft nach den Teilungen war die Kirche in Polen niemals Unterdrückungsinstrument der Mächtigen wie in anderen Ländern. Sie entfernte sich zu keinem Zeitpunkt vom Volk und trug als Hort von Sprache und Kultur entscheidend zum Zusammenhalt der Nation und zur Bewahrung der kulturellen Identität bei.

*Priester im politischen Widerstand*

Auch in Polens dunkelsten Jahren während der Zeit des Naziterrors stand die katholische Kirche fest an der Seite des bedrängten Volks und ein großer Teil des Klerus nahm aktiv am Widerstand teil. Der Preis den Polens Priesterschaft dafür zahlte war hoch, mehr als 2000 polnische Priester wurden ermordet. Pater Maximilian Kolbe, der sich als katholischer Priester opferte, damit ein Familienvater am Leben blieb, ist bis heute ein unvergessenes Beispiel geblieben für die Kombination von glühendem Patriotismus mit tiefem Glauben und gilt als ein Symbol für die Bindung zwischen Kirche und Volk.

*Schutzraum für Oppositionelle*

Dieses Band konnte auch das sozialistische System nach dem Zweiten Weltkrieg nicht zerschlagen. Folglich gelang es den Regierenden auch nicht, die identitätsstiftende Komponente dieser Bindung zu zerstören und einen neuen, sozialistischen Menschen zu schaffen, dessen Heil im Diesseits lag. Das war einer der Gründe, warum die Volksrepublik scheiterte. Schon Gomułka gab den Kampf gegen die Kirche 1956 auf und Edward Gierek akzeptierte 1970 gar die starke Stellung der Kirche in der gesellschaftlichen Realität. Immer mehr bot die Kirche einen Schutzraum für Oppositionelle. Je schlechter die Lage in Polen war, desto voller wurden die Kirchen. Themengottesdienste und Gebetsaktionen weiteten sich zu machtvollen Demonstrationen gegen das System aus. Die Kirche hatte sich zur Gegenmacht im Staate entwickelt.

*Das Wunder der Papstwahl*

Und dann kam 1978 der Tag, an dem alles gut zu werden schien für Polen, der Tag an dem es aussah, als ob die messianische Verheißung wahr werden sollte, der Tag an dem das Kardinalskonklave in Rom den Krakauer Bischof Karol Wojtyła zum Papst Johannes Paul II. wählte. Dieses Wunder stürzte Polen in einen kollektiven Freudentaumel und als der polnische Papst seine Heimat ein Jahr später besuchte, war klar, hinter wem die Polen standen. Zehn Millionen Polen jubelten ihrem Papst zu und zum ersten Mal konnte die Welt bei diesen Bildern sehen, wie weit der Verfall des sozialistischen Systems bereits gediehen war.

*Tragende Rolle bei der Wende*

Nicht nur als Patin der *Solidarność,* auch während des Kriegsrechts und der Zeit danach zeigt sich die tragende Rolle der Kirche bei der Überwindung des Sozialismus und der Demokratisierung des Landes. Vor allem hatte die Kirche Lehren aus den vielen tragisch endenden Aufständen gezogen. Man setzte auf den Faktor Zeit und wirkte mäßigend auf seine Schäfchen ein. Die Kirche hatte die Mittel, einen langen Kampf durchzustehen und war längst der einzige verlässliche Ordnungsfaktor im zivilen Leben Polens der 1980er Jahre. Das System hatte zwar das Gewaltmonopol, hatte Waffen, aber das machte die Polen nicht satt. Die Kirche war gerüstet und hatte Lebensmittellager, vor allem aus den Pa-

Denkmal des polnischen Papstes vor der Kathedrale in Tarnow

ketaktionen des Westens. Wenn ich das, was ich dort in dieser Zeit selbst gesehen habe, landesweit hochrechne, hätten diese Lager für Wochen, wenn nicht gar für Monate ausgereicht. So war es letztlich die Kirche, die ein Blutbad verhinderte, besonders bei Ausrufung des Kriegsrechts.

## Ihre Rolle nach der Wende

*Klerikaler Mitherrschaftsanspruch*

Diese Rolle versuchte die Kirche nach der Wende in einen klerikalen Mitherrschaftsanspruch umzusetzen. Viele Forderungen wie das Verbot der bis dahin erlaubten Abtreibung wurden durchgesetzt. Doch hatte die Kirche zunehmend Probleme damit, ein neues Selbstverständnis in einer freien Gesellschaft zu finden. Einen Kirchenstaat nämlich wollten die Polen genauso wenig wie einen großen kirchlichen Einfluss auf Politik und Gesellschaft. Die Kirche ihrerseits hat Mühe mit der Verwestlichung der polnischen Gesellschaft und ihrer Säkularisierung. Polens Kirche war die Bipolarität gewöhnt zwischen Volk/Kirche und Kommunismus. Sie tut sich nun schwer mit der pluralistischen Gesellschaft und der offenen Demokratie, sie versteht die von Globalisierung beeinflusste Marktwirtschaft nicht. Sie sucht selbst nach adäquaten Antworten auf die Fragen der Zeit wie Massenarbeitslosigkeit, gesellschaftliche Eiszeiten mit wachsendem Egoismus und einem Primat des Materiellen.

*Päpstlicher Rückhalt*

Bei allem Wechsel und bei allen Umbrüchen der Nachwendezeit war der Papst ein großer Rückhalt für die Polen. Er war die Autorität in allen Belangen des Lebens. In einem Land, in dem sich die Politikerkaste ständig selbst desavouierte, gab er Orientierung, war er der Mann, auf den die Polen bauen konnten. Nicht nur ist sein Name für sie untrennbar mit der friedlichen Überwindung des

Sozialismus verbunden, Johannes Paul II. wurde in Polen auch völlig anders wahrgenommen als im Westen.

Weder das Festhalten am Zölibat noch das Verweigern der Priesterweihe für Frauen oder das von Deutschland aus so empfundene, starrsinnige Festhalten an den kirchlichen Standpunkten zu Sexualität und Familie sind die großen Themen in Polen. Besonders das Verhältnis des Papstes zur Jugend ließ den Westen immer wieder staunen. Junge Polen liefen ihm zu Millionen nach und bewunderten den charismatischen Johannes Paul II. wegen eben dieser bei uns als Starrsinn qualifizierten Standhaftigkeit, mit der er für seine Überzeugung eintrat und wegen seiner Authentizität. Verehrt wurde der polnische Papst beim ganzen Volk obendrein wegen seines Einstehens für Frieden, Freiheit und Gerechtigkeit auf der Welt.

*Geglaubt wird selektiv…*

In einem Land, in dem noch immer zwei Drittel aller Polen sonntags in die Kirche gehen, in dem drei Viertel an das Paradies und zwei Drittel an die Auferstehung glauben, werden Glaubensfragen anders gewichtet als bei uns. Man sollte als Reisegast in Polen diese Unterschiedlichkeit einfach akzeptieren und sich lockere Sprüche oder Witzeleien genauso verkneifen wie auch endlose, zu nichts führende belehrende Diskussionen. Allerdings ist der Glaube auch für die Polen ein Angebot, das selektiv genutzt wird. So glaubt nur noch ein Drittel aller Polen an Hölle und Fegefeuer.

*… und pragmatisch.*

Besonders pragmatisch halten sie es mit der Familienplanung und scheren sich nicht viel um kirchliche Dogmen. Die Geburtenzahlen sind rückläufig und in etwa auf unserem Niveau angekommen. Drei Viertel aller Polen sind gegen das Verbot des vorehelichen Geschlechtsverkehrs. Nur jeder fünfte Pole hält sich an die kirchlichen Vorgaben zu Familienplanung und Schwangerschaftsverhütung. »Ach weißt du, so funktioniert doch unsere Gesellschaft. Was nicht öffentlich gemacht wird, ist auch nicht. Und außerdem muss ich ja etwas zum Beichten

**INFO**

## Kirche in Zahlen

- 95,8 Prozent der Polen sind katholisch getauft.
- 59 Prozent der Polen sind praktizierende Katholiken und gehen sonntags zur Kirche.
- Es gibt in Polen über 10 000 Pfarreien in mehr als 10 000 Kirchen und Klöstern.
- Polen hat 45 Diözesen und 133 Bischöfe.
- Im Bildungssektor gibt es 69 katholische Hochschulen mit 100 000 Studenten, dazu 1200 katholischen Grundschulen und 400 weiterführende katholische Schulen.

(Quelle: Konferencja Episkopatu Polski, Polnische Bischofskonferenz, Warschau, Pressebüro)

Noch im hintersten Wald: Hinweis auf die selig machende Frequenz

haben«, erklärt ein polnischer Freund das Phänomen. Die Kirche steht dem Phänomen der Glaubensverflachung in ihrer Hochburg Polen relativ hilflos gegenüber, denn auch der Katholizismus der Polen läuft langsam aber sicher auf ein bloßes Praktizieren von Ritualen wie Taufe, Hochzeit und Beerdigung hinaus. Ein Weg in Richtung Modernisierung sind die kirchlichen Begegnungsveranstaltungen für junge Menschen. Dort nämlich gelingt es offen die brennenden Alltagsprobleme anzusprechen, ohne den moralischen Zeigefinger und in der Atmosphäre einer solidarischen Gemeinschaft. Hier werden auch die spirituellen Bedürfnisse der jungen Polen befriedigt, jenseits der Großereignisse mit Eventcharakter.

Den neuen deutschen Papst Benedikt XVI. haben die Polen kurzerhand adoptiert. Er war ein enger Freund ihres Papstes und hat sehr schnell den Prozess der Seligsprechung seines Vorgängers eingeleitet. Auch ihn begrüßten bei seinem ersten Besuch im Mai 2006 zehn Millionen begeisterte Polen: »Benedetko« nennen sie ihn und »unseren Papst«.

## Droht die Gefahr einer Kirchenspaltung?

*Kirche im Umbruch*

Die polnische Kirche steckt im Umbruch. Ihr mächtiger Mann Kardinal Józef Glemp hat die Altersgrenze erreicht und sein Nachfolger als Vorsitzender der Bischofskonferenz Józef Michalik kann sich nun mit der Dauerzerreißprobe um *Radio Maryja* herumplagen. Es gilt die Gefahr einer Kirchenspaltung abzuwehren. Diese Gefahr ist nicht ganz von der Hand zu weisen. Denn nicht einmal Papst Johannes Paul II. ist es wirklich gelungen, den Redemptoristenpater Tadeusz Rydzyk zu disziplinieren, der in Toruń rund um seinen Radiosender

*Radio Maryja* – dem viertgrößten des Landes – ein wahres Medienimperium aufbaut, das sich der Kontrolle des polnischen Episkopats entzieht.

*Radio Maryja*

»Hier ist *Radio Maryja,* die katholische Stimme in ihrem Heim!«, so heißt es für sechs Millionen Radiohörer in Polen täglich. Neben Erbaulichem und Gebeten werden die Hörer mit nationalistischen Parolen zugeschüttet, mit fremdenfeindlichen und ausgesprochen antisemitischen Tönen auf den »rechten« Weg gebracht. Zur Abrundung der fundamentalistischen Berieselung wird die EU als Lasterhöhle und Hort des Bösen dargestellt. Zwar ist der polnische Episkopat offiziell auf Konfrontationskurs gegangen, aber unter den Auslagen der Traktate und Plakate in den Pfarrkirchen findet sich fast immer auch ein Plakat oder ein Stapel Spendentüten für *Radio Maryja.* Die Meinung von Vatikan und Bischofskonferenz ist nämlich die eine Seite, die einer großen konservativen Gruppe des Klerus eine andere. Vor allem seit die »Liga Polnischer Familien« Polen mitregiert, beginnt *Radio Maryja* salonfähig zu werden und übernimmt teilweise sogar eine Sprachrohrfunktion für die Regierung. In den Händen von Pater Rydzyk ist eine gewaltige mediale Macht konzentriert. Denn zu seinem Imperium gehören noch die Tageszeitung *Nasz Dziennik* und der Fernsehsender *Trwam,* dessen Name »Ich beharre« Programm ist. Diese über alle drei Sparten Druck, Radio und TV gebündelte Medienpräsenz eines Anbieters ist einmalig in Polen. Der hinter Pater Rydzyk stehende nationalkonservative Flügel der polnischen katholischen Kirche gerät zunehmend in Konflikt mit dem liberal-intellektuellen Flügel um die angesehene Wochenzeitung *Tygodnik Powszechny,* die sich nie gescheut hat, auch heikle Themen vorurteilsfrei zu behandeln.

*Ein Spitzel im Erzbischofsamt?*

Doch auch am Mythos der Kirche, die in Polen nie auf der Seite der Mächtigen stand, kratzt die Regierung Kaczyński im Zuge ihrer »Abrechnung mit der Kommune«, wie die Aufarbeitung der kommunistischen Vergangenheit genannt wird. Stanisław Wielgus sollte Erzbischof von Warschau und damit Glemp-Nachfolger im höchsten Kirchenamt Polens werden. Er trat jedoch im Januar 2007 nach nur zwei Tagen im Amt zurück und der Papst nahm diesen Rücktritt an. Wielgus steht unter dem Verdacht, in den 1970er Jahren informeller Mitarbeiter des polnischen Geheimdienstes SB *(Służba Bezpieczeństwa)* gewesen zu sein. Dafür soll man ihm ein Auslandsstudium ermöglicht haben. Er ist nicht der einzige Kleriker, dem solches vorgeworfen wird, aber bei weitem der hochrangigste, der seine Kontakte auch gestand. Die Beweislast war zu erdrückend.

*Den Schäfchen hinterher fliegen*

Noch gilt eines aber allen Querelen zum Trotz: Zwischen die Polen und ihre Kirche passt kein Blatt Papier – wo Polen sind, da ist Kirche. Und wenn Polen um der Arbeit willen zu Migranten werden, dann begleitet sie die Kirche. Nicht nur, damit Gottes Wort sie auch in der Fremde tröstet, sondern auch, damit nicht in ein paar Jahren lauter verwestlichte, glaubensferne Fastheiden heimkehren werden. Polens Priester werden so zu Jet-Settern. Längst fliegen etliche von ihnen mindestens einmal im Monat ihren Schäfchen nach London, Dublin oder Stockholm hinterher, den Billigfliegern sei Dank. Sage niemand, die Kirche in Polen ginge nicht mit der Zeit.

# Kulturlandschaft jenseits der Oder

Polens Kultur ist im westlichen Ausland weitgehend unbekannt geblieben. Aber sie ist es wert, entdeckt zu werden, denn jenseits der Oder beginnt weder geistiges, noch kulturelles Ödland. Ein Beweis dafür ist unter anderem die Tatsache, dass im vergangenen Jahrhundert vier polnische Namen die Liste der Literaturnobelpreisträger zierten. Das sind genauso viele, wie aus Deutschland kamen.

*Unbekannt im Westen,...*

Woher kommt es, dass die polnische Kultur für uns so fremd ist? Einerseits wurde vieles missverstanden und als etwas sehr Östliches fehlinterpretiert, während sie sich selbst immer als integralen Bestandteil Europas, ja Mitteleuropas sah. Weitere Gründe, weshalb sie im Westen weniger Beachtung fand, sind in der langen staatlichen Nichtexistenz des Landes zu suchen bzw. in der spezifisch polnischen Themenwahl ihrer Künstler. Was die polnische Kultur von der übrigen mitteleuropäischen Kultur abgrenzt, ist die kulturelle Prägung durch die Ideale der *Szlachta* und des Sarmatismus sowie die polnische Romantik und der Messianismus.

Architektonische Modernismen, Brunnen in Kołobrzeg (Kolberg)

*… politisiert im eigenen Land.*

Kulturschaffende in Polen wollten ihren Beitrag zum Überleben der Nation leisten, denn die Kultur hatte den Anspruch, Bewahrerin von Sprache und Nation sowie Identitätsstifterin zu sein. Sie war somit in hohem Maße politisiert. Immer wieder wählten Künstler folglich Ereignisse aus Politik und Geschichte zu Sujets, die bei ausländischen Betrachtern eher Schulterzucken verursachen. Egal ob es um Literatur, Musik oder bildende Kunst geht, die polnische Kultur wird erst zugänglich, wenn man sie in diesem Zusammenhang sieht.

## Alles fürs Vaterland – Worte als Waffe des Geistes

Die polnische Literatur war selten Kunst um der Kunst willen, sondern meist ein Mittel des Kampfes und ein Instrument zur Stärkung des polnischen Nationalbewusstseins. Worte erwiesen sich als die bei weitem wirksamste Waffe des Geistes.

*Klagelieder und heroische Epik*

Mit Jan Kochanowski (1530–1584) trat Polen in die Reihe der großen europäischen Literaturnationen ein. Er gilt als Schöpfer der polnischen Literatursprache. Seine Klagelieder »Treny« (1586) beeinflussten die gesamte spätere polnische Dichtkunst, und seine Lyrik sollte bis hinein in die Gegenwart eine große Stärke der polnischen Literatur bleiben. So kennt bis heute jedes Kind in Polen Kochanowskis Verse, von denen viele zu geflügelten Worten wurden.

INFO

### Brücke zum Nachbarn

Kultur kann immer auch eine Brücke zum Nachbarn sein. Polnische Gedichte, Novellen und Romane zum Beispiel können neben dem reinen Lesevergnügen eine Menge von der Denkweise unserer Nachbarn vermitteln: Man kann ihrem Alltag, ihren Sorgen und Freuden näher kommen. Man kann sich Polen erlesen. Gerade in Deutschland gibt es seit Jahrzehnten hervorragende Übersetzungen polnischer Literatur. Übrigens galt das sowohl für die ehemalige DDR als auch für die Bundesrepublik, in der fast so viele polnische Titel wie in der DDR herauskamen. Dies war hauptsächlich Verdienst des Übersetzers und Gründers des Deutschen Polen-Institutes Karl Dedecius. Er allein hat mehr als 100 polnische Bücher ins Deutsche übertragen. Allerdings sind die Auflagen polnischer Literatur im deutschsprachigen Raum relativ klein geblieben und es gab nur zwei große, polnische Bucherfolge auf dem deutschen Markt: Andrzej Szczypiorskis »Die schöne Frau Seidenmann« und vor allem die »Unfrisierten Gedanken« von Stanisław Jerzy Lec. Der Aphorismenband (1957 erstmals auch auf Deutsch erschienen) wurde ein Bestseller und erreichte 30 Auflagen bei 300 000 verkauften Exemplaren. Lec gelang es damit sogar, eine in Deutschland fast totgesagte literarische Gattung wieder zu hohem Ansehen zu befördern.

Bereits die Literatur des folgenden Jahrhunderts wurde vom Sarmatismus stark beeinflusst und von heroischer Epik bestimmt, die von nun an die polnische Literatur bis fast in die Gegenwart dominierte.
Den polnischen Roman begründete 1776 der Dichter-Bischof Ignacy Krasicki (1735–1801) im ermländischen Heilsberg (Lidzbark Warmiński) mit seinem Werk »Die Fälle des Mikołaj Doświadczyński« (»Mikołaj Doświadczyńskiego przypadki«).

## Die polnische Romantik

*Land der Lyrik*

Fast ein Vierteljahrhundert später als ins übrige Europa fand die Romantik ihren Weg nach Polen. Das Durcheinander der Teilungszeit hatte auch den Kulturbetrieb zeitweilig lahm gelegt. Sie sollte die fruchtbarste Epoche polnischer Dichtung werden, diese späte Romantik mit der so anderen Ausprägung. Sie brachte Polen endgültig den Ruf ein, das Land der Lyrik zu sein. Gedichte nämlich eignen sich in Zeiten der Unterdrückung, Verfolgung und Zensur gut zur Verbreitung. Menschen lernten sie auswendig und trugen sie bis in die abgelegensten Winkel des Landes – Gehirne kann man nicht zensieren. Anders als im restlichen Europa wirken die Einflüsse der polnischen Romantik bis in die Gegenwart nach. Wie sehr, drückte der Schriftsteller Andrzej Szczypiorski so aus: »Das polnische Volk hat im 19. Jahrhundert seine Bundeslade in der Literatur gesehen«.

*Asche oder Diamant*

Die Dichter und Schriftsteller der polnischen Romantik verstanden sich als Bewahrer des Polentums und Hüter der Nation. Egal ob in der Heimat oder im Exil, sie stellten ihr Schaffen in den Dienst der Unsterblichkeit Polens und des messianischen Traums seiner Auferstehung. Die Macht ihrer Worte war gewaltig. So hatten sie doch ganz allein mittels ihrer heroischen Texte den Aufstand von 1863 anfachen können. (vgl. S. 43) Cyprian Kamil Norwid war nicht der bekannteste der polnischen Romantiker, aber seine Frage, ob Polen ewig Asche bleibt, oder ob daraus ein strahlender Diamant hervorgehen würde, bewegt seit diesen Zeilen aus dem Drama »Za Kulisami« (»Hinter den Kulissen«) das ganze polnische Kulturschaffen immer wieder.

*Romantisches Dreigestirn*

Die bedeutendsten Literaten der polnischen Romantik war das sich keineswegs immer ganz grüne Dreigestirn Adam Mickiewicz (1798–1855), Juliusz Słowacki (1809–1849) und Zygmunt Krasiński (1812–1859). Adam Mickiewicz, der 1822 mit seinem Gedichtband »Balladen und Romanzen« (»Balady i Romanse«) die polnische Romantik begründete, war der polnische Goethe. Es gelang Mickiewicz am klarsten und eindrucksvollsten, die Gefühle der Nation literarisch umzusetzen. Sein poetisches Drama »Totenfeier« (»Dziady«) von 1823 begründet den polnischen Messianismus. Mickiewicz stellt darin erstmals Polen als »den Christus unter den Völkern« dar. Sein bekanntestes Werk aber war das 1834 in Paris erschienene Nationalepos »Pan Tadeusz« (Vorlage auch für Wajdas schon erwähnten Film). Hierin singt Mickiewicz das Hohe Lied des polnisch-litauischen Landadels. (vgl. S. 99ff.)

Juliusz Słowacki war bereits ein Vorläufer der Moderne und übte besonders auf die spätere literarische Bewegung des »Jungen Polen« *(Młoda Polska)* einen starken Einfluss aus. Er war ein Meister des Dramas, was sich besonders in »Kordian« (1834) zeigt. Symbolhaft ist seine epische Dichtung »Anhelli«, in der sich die Zentralfigur zur Erlösung seines Volkes auserkoren fühlt. Zygmunt Krasińskis Meisterwerk ist die »Ungöttliche Komödie« (»Nieboska Komedia«), ein Drama über die polnische Intelligenz.

## Die literarische Moderne

*Zwei Literaturnobelpreise*

Die romantischen Ideale der polnischen Literatur waren mit dem Aufstand von 1863 gescheitert. Neues Denken brachte der Positivismus in die Literatur des ausgehenden 19. Jahrhunderts. In dieser Epoche dominierten die großen polnischen Romanciers. Folgerichtig erhielt ihr bedeutendster Vertreter Henryk Sienkiewicz (1846–1916) für seinen Roman »Quo Vadis« 1905 als erster polnischer Schriftsteller den Literaturnobelpreis. Zwar war Sienkiewicz ein Meister des historischen Romans, mit den historischen Fakten seiner sehr polnischen Themen wie »Die Kreuzritter« (»Krzyżacy«) oder »Mit Feuer und Schwert« (»Ogien i Mreczem«) nahm er es allerdings nicht so genau. Zweiter polnischer Literaturnobelpreisträger wurde 1924 Władysław Reymont (1867–1925), der letzte große Realist Polens. Er erhielt die Auszeichnung für sein naturalistisches Epos »Die Bauern« (»Chłopy«).

*»Junges Polen«*

Die literarische Moderne begann nach Reymont mit der Bewegung »Junges Polen«. Beeinflusst vom europäischen Symbolismus verband *Młoda Polska* Ideen des Positivismus und der Romantik. Universalgenie des »Jungen Polen« war

Unbekanntes Talent in Danzig

Stanisław Wyspiański (1869–1907). Er gilt als Vater des modernen polnischen Theaters und war richtungsweisend auch als Maler, Dichter und Dramatiker. In seinem Meisterwerk »Die Hochzeit« (»Wesele«) von 1901, einem humorvollen, poetischen Drama, geht es parabelhaft um Polens Zukunft und Vergangenheit.

*Gruppe »Skamander«*

Mit der relativen thematischen Einheitlichkeit der polnischen Literatur war es nach Polens Wiedererstehen 1918 vorbei. Erstmals konnten sich die verschiedensten Stilrichtungen herausbilden, konnte die Kunst kurzfristig einmal Kunst um der Kunst willen sein. Genau dieser Forderung gaben Stefan Żeromski und seine nach einer Literaturzeitschrift so genannte Gruppe »Skamander« Ausdruck: Literatur nicht länger als Kampfmittel zur Errettung der Nation. Im Gegensatz zu früher ging es nun um Gefühle von ganz normalen Menschen aus einer Alltagswelt, die nichts mehr mit den heroisierten Gestalten vorangegangener Epochen zu tun hatte.

*Gruppe »Awangarda«*

Als Antagonisten galten die Schriftsteller der Gruppe »Awangarda« in Krakau. Ihre bekanntesten Vertreter waren Stanisław Ignacy Witkiewicz (1885–1939), Bruno Schulz (1892–1942) und Witold Gombrowicz (1904–1969). Witkiewicz, auch Witkacy genannt, war ein ähnliches Universalgenie wie vor ihm Wyspiański. Seine aberwitzigen, absurden Bühnenwerke machten ihn zum Wegbereiter für Beckett und Ionesco. Doch er war auch ein großartiger Romancier, was seine beiden Romane »Abschied vom Herbst« (»Pożegnanie z Jesień«) und »Die Unersättlichen« (»Nienasycenie«) unter Beweis stellen.

*Holocaust*

Die Zeit des frischen Windes in der polnischen Literatur endete abrupt mit dem deutschen Überfall auf Polen 1939. Wytkacy brachte sich aus Verzweiflung über den Beginn dieses Krieges und die neuerliche Besetzung Polens um. Bruno Schulz war Jude und wurde von Deutschen auf offener Straße im Ghetto erschossen. Mit ihm und Millionen von Juden starb die Welt des jüdischen Schtetl, der er in dem Erzählband »Zimtläden« (»Sklepy Cynamonowe«) ein bezauberndes, literarisches Denkmal setzt, wortgewandt und voll jüdischem Esprit, aber auch voller Metaphern. Literaturwissenschaftler bezeichnen ihn gern als den polnischen Kafka. Wiederum zog sich Polens Kulturschaffen in den Untergrund zurück.

## Nachkriegsliteratur bis heute

*Überlebte Apoklaypse*

Das Trauma von Niederlage, Besatzung und Holocaust, die wundersam überlebte Apokalypse wirkten nach in Polens Literatur. Nur eine kurze Phase relativ freien Schaffens war der polnischen Literatur gewährt. Jerzy Andrzejewskis(1909–1983) »Asche und Diamant« (»Popiół i Diamant«) gilt als das Meisterwerk dieser frühen Nachkriegszeit. Der Roman sieht kommende Entwicklungen voraus und handelt von Menschen im Konflikt zwischen den Idealen der Kriegszeit und den Regeln des neuen Regimes.

*Sozialistischer Realismus*

Ab 1949 jedoch war Schluss mit kleinen Freiräumen, als der Polnische Schriftstellerverband die Einführung des sozialistischen Realismus sowjetischer Prägung als allein gültige Literaturrichtung beschloss. Gefragt waren nun nur noch Themen, die sozialistische Helden propagierten: Kollektivbauern und Fabrikarbeiter, die glücklich das Land aufbauten, Bestarbeiter, die begeistert die Normen übererfüllten. Es folgten Jahrzehnte der Zensur und ständiger Auseinandersetzungen mit der Partei.

Querdenker

Mit dem Beginn der Tauwetterperiode und der Ära Gomułka wehte ab 1956 erneut ein zartes Lüftchen von Gedankenfreiheit durch Polen, das umgehend genutzt wurde. Inzwischen war eine neue Autorengeneration herangewachsen, die sich den Mund nicht mehr so ohne weiteres verbieten ließ, die noch nicht resigniert hatte. Für ein Land hinter dem Eisernen Vorhang ging die literarische Freiheit erstaunlich weit. Selbst ein solcher Querdenker wie der Lyriker und Aphoristiker Stanisław Jerzy Lec (1909–1966) wurde toleriert, seine Werke gedruckt. Seine »Unfrisierten Gedanken« (»Myśli Nieuczesane«) bescherten ihm einen Welterfolg.

Newcomer

Es war eine Zeit angebrochen, die zu einer wahren Renaissance der polnischen Lyrik führte. Bedeutende Newcomer in Polens Literaturszene jener Jahre waren Zbigniew Herbert, Polens bester Nachkriegslyriker, der Essayist Leszek Kołakowski mit seinen philosophischen Betrachtungen, der weltweit bekannte Science-Fiction-Autor Stanisław Lem, oder die Dramatiker Tadeusz Różewicz und Sławomir Mrożek, die schnell auch westeuropäische Bühnen eroberten. Doch die Tauwetterperiode dauerte nicht lange, in der »Kleinen Stabilisierung« bis 1968 wurden die kleinen Freiheiten schnell immer kleiner und die Zensur dafür mächtiger. Das brachte Stagnation in die Literatur, die sich nun mit dem Alltag im real existierenden Sozialismus Polens befasste, ohne Heroismus, ohne Perspektive.

Generation 70

Die folgende Epoche der auch »Generation 70« genannten »Neuen Welle« war geprägt von den blutigen Danziger Arbeiterdemonstrationen von 1970 und reflektierte die politischen Ereignisse. Bekannteste Vertreter dieser Richtung war die Gruppe »Jetzt« (»Teraz«) um Adam Zagajewski und Julian Kornhauser. Genauso bedeutend für diese Zeit war die Lyrik Zbigniew Herberts und Wisława Szymborskas (*1923), die sehr viel später, 1996, den Literaturnobelpreis erhielt. Die wichtigsten Werke polnischer Lyrik dieser Epoche sind Herberts »Bericht aus einer belagerten Stadt« (»Raport z Oblężonego Miasta«, 1983) und Szymborskas »Die Leute auf der Brücke« (»Ludzie na Moście«, 1986).

Exil – und Untergrund-literatur

Doch polnische Literatur wurde nicht nur im Land, sondern auch im Exil geschaffen, letztere mit großem Einfluss auf das Mutterland. Das galt in der Vorwendezeit besonders für die Romane des Exilautors Czesław Miłosz (1911–2004). Er lebte in New York und erhielt 1980 den Literaturnobelpreis, was die polnischen Machthaber nach dem Sommer der *Solidarność* besonders schmerzte.

In diesen letzten Jahren des sozialistischen Regimes wurde die Verbreitung von Exilliteratur und unzensierten Texten von in Polen lebenden Schriftstellern in illegalen Literaturzeitschriften und als Untergrundausgaben immer wichtiger. Bücher wie Andrzej Szczypiorskis »Die schöne Frau Seidenmann« (»Początek«)

Es muss nicht immer ein Konzertsaal sein, Dominsel Breslau

oder die Werke von Czesław Miłosz, die in Polen nicht verlegt werden durften, kamen durch den »Drugi Bieg«, den zweiten Umlauf, an die Leser.

*Wendeliteratur und neue Freiheit*

Die politische Wende veränderte alles in Polen, auch die Literatur, und das so gründlich, wie kein historisches Ereignis zuvor. Literatur kam nun völlig unzensiert auf den Markt. Polens Schriftsteller konnten schreiben, wie immer sie wollten, was immer sie wollten. Aller politische Ballast war abgeworfen: Keine Kampftexte für die Rettung der Nation, kein Heroismus und kein moralischer Zeigefinger mehr! Der Umgang mit der neuen Freiheit erwies sich jedoch als gar nicht so einfach. Den älteren Autoren war die äußere Bedrohung als schriftstellerischer Ansporn abhanden gekommen. Sie hatten den Zwang, Hintergründiges zwischen den Zeilen zu platzieren, zu allerhöchster Meisterschaft entwickelt und verinnerlicht. Genau dieser spezifische Stil hatte die Größe eines Zbigniew Herbert zum Beispiel ausgemacht. Doch die Kunst, Sprache so zu gestalten, dass Gedachtes ungesagt und dennoch für jedermann erkennbar wird, war plötzlich nicht mehr gefragt. Es brauchte seine Zeit, eine neue Sprache zu finden, eine neue Ästhetik und eine neue Herangehensweise an die Themen. Schriftsteller wie Andrzejewski oder Herbert hatten immer von einem festen Standpunkt aus geschrieben, dem Standpunkt des Systemkritikers. Sie hatten damit in ihrer Parteilichkeit Aufbruch und Wende mitbewirkt. Doch auch diese Parteilichkeit hatte sich nun überlebt.

*Gegenwartsliteratur*

Die gegenwärtige Schriftstellergeneration misst der Ästhetik der Sprache, also der Literatur als Kunstform, dem Alltag und dem Privaten großes Gewicht bei. Zu ihr gehören Autoren wie Olga Tokarczuk, Andrzej Stasiuk, Pawel Huelle, Stefan Chwin oder Magdalene Tulli. Aber auch die Vergangenheit behält in der polnischen Gegenwartsliteratur ihren Raum. Stefan Chwins »Tod in Danzig« (»Hanemann«) oder Pawel Huelles »Weiser Dawidek« thematisieren sogar die deutsche Vergangenheit einiger Teile Polens.

## Chopin und mehr – charismatische Musiker

In den Ländern von Beethoven, Bach und Mozart ist von einer polnischen Musik nicht viel bekannt. Dabei ist doch einer der ganz Großen ein gebürtiger Pole: Chopin. Ihn immerhin kennt die Welt. Frédéric Chopin (Fryderyk Franciszek Szopen, 1810–1849), war der Sohn eines französischen Hauslehrers und einer polnischen Adligen, geboren 1810 in der Nähe von Warschau.

*»Revolutionsetüde«*

Chopin wurde im Pariser Exil ganz im Sinne der polnischen Romantik als glühender Verfechter der Befreiung seines Landes rasch zum Botschafter Polens. Besonders seine Nocturnes und Walzer zeugen von seiner patriotischen Haltung. Seine »Revolutionsetüde«, die er eigentlich zu Ehren Frankreichs, des Heimatlandes seines Vaters komponiert hatte, verstanden seine polnischen Landsleute als flammenden Aufruf zum Aufstand und als Aufschrei gegen die drückende, verhasste Fremdherrschaft. Im Zweiten Weltkrieg waren die ersten Takte der Revolutionsetüde die Erkennungsmelodie für die Untergrundkämpfer der polnischen Heimatarmee. Chopin fand eine polnische, musikalische Handschrift und führte mit den Mazurkas Elemente polnischer Volksmusik ein, die er damit hoffähig machte.

*Nationaloper*

Zwar war Chopin ein Komponist von Weltrang, aber die so lange erhoffte polnische Nationaloper schrieb er nicht. Das blieb Stanisław Moniuszko (1819–1872) vorbehalten, dem polnischen Smetana. Er verwendete noch konsequenter als Chopin Motive aus der polnischen Volksmusik. Seine außerhalb Polens nahezu unbekannte Oper »Halka« handelt von einem verführten Bauernmädchen, das sich am Ende das Leben nimmt. Noch heute gehört diese Oper zum klassischen Repertoire aller polnischen Opernsänger.

*Politiker und Pianist*

Politiker und Musiker zugleich war der Komponist und Pianist Jan Ignacy Paderewski (1860–1941), der während seiner Gastspiele in den USA den amerikanischen Präsidenten Woodrow Wilson stark beeindruckte. Die Souveränität Polens wurde ein zentrales Anliegen in dessen 14-Punkte-Friedensplan zur Beendigung des Ersten Weltkrieges (vgl. S. 45).

Der einflussreiche Paderewski wurde 1919 Ministerpräsident seines Landes und vertrat es bei der Pariser Friedenskonferenz. Nach der Besetzung Polens wurde er 1940 Präsident des Exilparlaments in London. Dem Komponisten Paderewski allerdings tat der Wechsel in die Politik nicht gut. Er erreichte seitdem nie wieder solch meisterliche Schaffenshöhe wie zu Beginn des Jahrhunderts. Paderewski galt als eine der charismatischsten Persönlichkeiten der polnischen Kulturszene und als bester Pianist seit Franz Liszt. Die Oper »Manru « (1901) ist sein bekanntestes Werk und blieb bis heute die einzige polnische Oper, die jemals an der New Yorker Metropolitan Opera aufgeführt wurde.

*Der große Erneuerer*

Karol Szymanowski (1882–1937) wurde zum großen Erneuerer der polnischen Musik. Zwar war sein Ansatz nicht minder von politischen Beweggründen geprägt, dennoch fand er einen durchaus eigenen, vom Impressionismus Strawinskys inspirierten Stil. Seine Oper »König Roger« (»Król Roger«, 1926) ist

INFO

## Polnische Jazzer – Europas Spitzenklasse

So stark Polens Musikmoderne auch ist, noch bekannter wurden Polens Jazzer. Sie gelten zusammen mit den Skandinaviern seit nunmehr fünf Jahrzehnten als Europas Spitzenklasse. Die Anfänge lagen fast konspirativ in versteckten Kellern, in denen schon in den 1950er Jahren gegen das Regime anmusiziert wurde. Immer wieder brachte der polnische Jazz die Kommunisten in Erklärungsnöte: Sollten sie ihn verdammen oder ihm Beifall zollen – als einerseits zum Klassenfeind USA gehörige Musikgattung oder andererseits Musik der unterdrückten schwarzen Sklaven Amerikas? Die polnischen Jazzer nutzen die Nische, richteten sich in ihr ein und verstanden es, sich gewisse Freiräume zu schaffen. Bereits 1956 wurde in Sopot (Zoppot) mit dem »Jazz Jamboree« eine Veranstaltung begründet, die heute als das älteste Jazzfestival Europas gilt. Dort spielten alle bekannten Jazzgrößen Europas, ebenso wie auf den »»Warsaw Jazz Days« und der »Poznan Jazz Fair«.
Unbestrittene Führungsfigur des polnischen Dixie ist der Trompeter und Komponist Henryk Majewski (*1936). Urszula Dudziak ist mit ihrem Volumen von sagenhaften fünf Oktaven die absolute Stimme des polnischen Jazz. Kultstatus hat der bereits 1969 verstorbene Pianist Krzysztof Komeda Trzcinski. Bei ihm spielten fast alle späteren Leader bekannter Bands sämtlicher stilistischer Richtungen des polnischen Jazz. Weit über Polens Grenzen hinaus bekannt wurden seine Filmmusiken, so schrieb er die Musik zu Polanskis »Rosemaries Baby«.
Polens derzeit bekanntester Jazzer ist der Trompeter Tomasz Stanko (*1942), ein Vertreter des *Modern Jazz,* der im Dezember 2002 den Europäischen Jazzpreis erhielt.

genau wie seine Symphonien fest im Repertoire sämtlicher polnischer Opernhäuser und Konzertsäle verankert.

*Musikmoderne*

Nach dem Zweiten Weltkrieg war die Musik wie die gesamte Kultur Polens thematisch lange von den Traumata der Besatzung und des Holocaust beherrscht. Krzysztof Penderecki (*1933) läutete Polens Musikmoderne ein und gilt als ihr bekanntester Vertreter. Bereits in den 1950er Jahren prägte sich sein modernes Musikverständnis aus, das jenseits der klassischen Harmonielehre musikalisches Neuland betrat. Seine durchaus auch religiös inspirierten Kompositionen sind Meisterwerke der musikalischen Moderne. Außerhalb Polens kamen vor allem seine Werke »Polnisches Requiem«, die »Mahnung von Auschwitz und Hiroshima« sowie das »Oratorium« und »Dies Irae« immer wieder zur Aufführung. Der »Warschauer Herbst« (»Warszawska Jesień«) machte Penderecki international bekannt und entwickelte sich ab 1957 zum immer wieder Aufsehen erregenden und weltweit bedeutenden Festival moderner Kunst. Zu Polens musikalischer Moderne zählt auch Witold Lutoslawski (1913-1995) mit seiner Vorliebe für

Motive aus der polnischen Volksmusik, die er in seinem Hauptwerk »Musique Funèbre« (»Musyka żałobna«) mit Elementen der westeuropäischen Avantgarde vermischte. Henryk Mikołaj Górecki (*1933) schaffte sogar das Kunststück, mit seiner 3. Symphonie (»Symphonie der Klagelieder«) die Pop Charts zu erobern und wurde zur Kultfigur in Polen.

## Polens Malerei

*Who's who der Kunstgeschichte*

Die polnischen Herrscher vergangener Zeiten schienen keine besonders hohe Meinung von ihren einheimischen Künstlern zu haben, scheuten sie doch weder Mühe noch Kosten jeden, der in der europäischen Malerei und Bildhauerei Rang und Namen hatte, in ihr Land zu holen. Von dem Deutschen Veit Stoß bis zum Italiener Canaletto reicht die Liste, ein wahres Who's who der Kunstgeschichte.

*Epigonentum und Anpassung*

Polnische Künstler durften nur als Helfer mitarbeiten, waren Schüler und Bewunderer. In der ersten Reihe standen sie nie. Erschwerend kam Polens Lage an der kulturellen Grenze zur Orthodoxie hinzu, deren Kunstregeln sehr starr waren. Alle neuen Strömungen und Kunstrichtungen erreichten das Land sehr spät. Eigene Stilrichtungen, eine eigene Malschule gar konnte sich da kaum herausbilden. Epigonentum und die Anpassung an die gängigen europäischen Malschulen waren über Jahrhunderte vorherrschend. So ist es eigentlich nicht weiter verwunderlich, dass Polen keinen eigenen Rembrandt hervorgebracht hat.

*Historiengemälde*

Das änderte sich erst, nachdem Polen 1795 von der europäischen Landkarte verschwunden war. Von der literarischen Romantik beeinflusst, wollte auch die Malerei zur Rettung des Vaterlands beitragen und war von da an von Nationalismus

Kunst für Normalverbraucher, Marktplatz in Breslau

INFO

## Polnische Plakatkunst

Im Gegensatz zur polnischen Malerei fand das polnische Plakat schnell eine eigene Sprache und wurde in Polen zu einer Kunstgattung von hohem Niveau. Anders als im Westen konnte sich das polnische Plakat zum Kunstwerk entwickeln, weil es kein Mittel der Verkaufsförderung war, das reißerische Werbetexte lediglich ansprechend verpacken sollte. Seit den 1950er Jahren bildete sich so eine originäre polnische Plakatkunst heraus. Die bekanntesten Plakatkünstler sind Tomasz Trepkowski, Jan Lenica, Józef Mroszczak und Henryk Tomaszewski. In Auftrag gegeben wurden Plakate meist zur Ankündigung von Veranstaltungen. Generell konnte das Thema dabei sehr frei umgesetzt werden und brauchte auf keinen Markt Rücksicht zu nehmen. Es entstand so eine fast zensurfreie Insel im polnischen Kulturbetrieb, und das, was da so an polnischen Mauern, Zäunen und Plakatwänden prankte, war erstaunlich. Es wurden Ausdrucksformen und Bildsprachen gefunden, die in großer Subtilität versteckte Inhalte deutlich machten. Es waren die Plakate und nicht die Gemälde, die mit der hohen Meisterschaft der Literatur im »zwischen den Zeilen lesen« künstlerisch Schritt hielten, und die in der Lage waren, komplizierte Inhalte grafisch umzusetzen. Diese Subtilität ging ähnlich wie bei der Literatur und beim Film auch bei der Plakatkunst mit der Wende verloren, weil sie nicht mehr nötig war. Anders als Literatur und Film kämpft das Plakat als Kunstgattung heute in kleinen Galerien ums Überleben. Die Kunstplakate von früher kann man aber noch besichtigen: etwa im Polnischen Plakatmuseum, das sich im Reitstall des Palais Wilanów bei Warschau befindet.

und Heroismus geprägt. So wurde der erste Vertreter der romantisch inspirierten polnischen Malerei auch zum berühmtesten polnischen Maler überhaupt. Jan Matejkos (1838–1895) Arbeiten waren überwiegend riesige Historiengemälde, die zur Erbauung der Volksseele meist Momente aus der Geschichte festhielten, in denen Polen siegreich war. Wie monumental Matejkos Gemälde waren, zeigt sein bekanntestes Werk, die »Schlacht bei Grunwałd«, die den Tod des Ordenshochmeisters Ulrich von Jungingen in der Tannenbergschlacht 1410 auf fünf Metern Höhe und zehn Metern Breite festhält. Kein anderes Bild hat Polens Geschichtsbild so sehr mitgeprägt; eine Kopie hängt bis heute in vielen polnischen Wohnzimmern. Was Matejkos malerische Qualitäten betrifft, bewertet man heute seinen Vorgänger Piotr Michałowski (1801–1858) deutlich höher, nennt ihn gar den polnischen Delacroix. Dem Trend zu Monumentalgemälden entzog sich kaum ein polnischer Maler. Wojciech Kossak (1857–1942) schuf mit einem 114 Meter langen Rundgemälde, das die »Schlacht von Racławice« darstellt, das gewaltigste dieser Gemälde der romantisch inspirierten polnischen Malerei.

*Avantgarde*

Der Allroundkünstler Stanisław Witkiewicz ging auch in der Malerei eigene Wege. Er war Mitglied der »Formisten«, der ersten avantgardistischen Künst-

Theater- und Filmplakatierung im Straßenbild

lergruppe in Polen und zeitlebens auf der Suche nach der »Reinen Form«. Bis heute ist der Exzentriker, dessen Werke oft apokalyptische Rauschgiftvisionen waren, eine Kultfigur der polnischen Kunstszene. Unter Polens modernen Malern der bekannteste war Jan Cybis (1897–1972), der stark vom französischen Impressionismus beeinflusst war und mit dem Kolorismus einen eigenen Stil fand. Mit dem sozialistischen Realismus konnte er gar nichts anfangen und geriet seinerzeit zunehmend in Konflikt mit dem Regime.

## Das polnische Hollywood: Polański, Wajda und Co.

*Filmhochschule Łódż*

*Hitlerjunge Salomon, Tanz der Vampire, Rosemaries Baby, Chinatown, Der Pianist,* alle Welt kennt diese Filme, allesamt sind sie Klassiker oder auf dem Weg dazu: Produkte polnischer Regiekunst. Polens Filmemacher gehören zu den Weltbesten ihres Faches. Namen wie Andrzej Wajda, Krzysztof Zanussi, Agnieszka Holland, Krzysztof Kieślowski und Roman Polański bürgen für Qualität, garantieren Welterfolge und volle Kinos. Mitverdienst daran gebührt zweifellos der Filmhochschule Łódż, dem polnischen Hollywood, das bis auf Agnieszka Holland alle oben genannten Regisseure ausgebildet hat.

*Die sozialistische Filmkunst …*

Die Wahl zur Gründung einer solchen Ausbildungsstätte nach dem Zweiten Weltkrieg fiel eher zufällig auf Łódż. Es war weniger kriegszerstört als andere polnische Städte und besaß obendrein einige noch intakte Filmstudios. So entstand dort bereits 1948 eine staatlich geförderte Filmhochschule. Das kommunistische Regime war getreu einer Maxime Lenins der Überzeugung, die Filmkunst sei die wichtigste der Künste und am besten als Medium zur Massenbeeinflussung geeignet. Die Filmschaffenden sollten künftig die Elite der Künstler bilden und entsprechend gefördert werden. Auf Grund dieser Einschätzung war die Filmhochschule finanziell immer relativ gut ausgestattet.

*… wird unterlaufen.*

Doch die Idee der Vermittlung einer durchgehend – im sozialistischen Sinne – politisch korrekten Themenauswahl und Herangehensweise an Filmproduktionen wurde schnell durch die Kreativität der Studenten unterlaufen. Die Łódżer Filmhochschule ließ den Sozialistischen Realismus rasch hinter sich und entwickelte eine ganz eigene *Polnische Filmschule,* die allen heroisierenden Geschichtsbetrachtungen abschwor. Immer mehr wendeten sich ihre Vertreter den sozialen Problemen der urbanen Massengesellschaft zu und der Auseinandersetzung mit der sozialistischen Gesellschaftsordnung. Auch der polnische Film entwickelte eine Sprache, die es meisterlich verstand, die eigentlichen Botschaften und Inhalte so zu verpacken, dass jeder verstehen musste, worum es eigentlich ging, ohne dass irgend etwas direkt angesprochen wurde. So blieben etliche Filme für die Zensur nur schwer angreifbar.

*Orientierung am Westen*

Polens Filmemacher wurden trotz der für fast alle gleichen Ausbildungsstätte keinesfalls uniform, was ihre thematische und stilistische Handschrift betrifft. Betrachtet man Andrzej Wajda und Roman Polański, erkennt man große Unterschiede. Roman Polański (*1933), der ab 1954 in Łódż Regie studierte, entfernte sich – vor allem was seine Sujets betraf – am weitesten von seinen Kollegen. Er verzichtete völlig auf polnische Stoffe und wandte sich lange Zeit ganz dem westlichen Publikumsgeschmack zu.

*»Der Pianist«*

Zurück nach Polen führte ihn – auch thematisch – erst im Alter sein Film »Der Pianist«. Er erzählt darin die authentische Geschichte des polnisch-jüdischen Pianisten Władysław Szpilman, berichtet von dessen Überleben im Warschauer Ghetto und im Untergrund. Der Film ist eine ergreifende und Atem abschnürende Abhandlung des Holocaust, vielleicht die dichteste ihrer Art. Polański ist bei diesem Film seiner eigenen Biographie sehr nahe gekommen, so nahe, wie er es eben aushalten konnte. Die Verfilmung von »Schindlers Liste« hatte er zuvor mit der Begründung abgelehnt, als Überlebender des Krakauer Ghettos die Nähe der Thematik zu seinem eigenen Schicksal nicht ertragen zu können.

*Meister des Psychothrillers*

Polański, der seinen ersten Erfolg 1958 mit »Zwei Männer und ein Schrank« in Polen landete, drehte 1962 seinen ersten Psychoschocker »Das Messer im Wasser«, zu dem der Jazzer Krzysztof Komeda die Filmmusik beisteuerte. Trotz dieser Erfolge resignierte Polański und emigrierte. Er war die Dauerfehde mit der Zensur und die wachsenden antisemitischen Ausgrenzungen und Anfeindungen besonders allen jüdischen Kulturschaffenden gegenüber leid. In den USA erlebte er einen märchenhaften Aufstieg zu Hollywoods Meister des Horrorfilms und Psychothrillers.

*Literaturverfilmungen*

Andrzej Wajda hingegen wählte einen anderen Weg. Seine Filme drehen sich durchweg um polnische Themen. Wie er von sich selbst sagte, ist er ein »verhinderter Maler«, der am liebsten Bilder der polnischen Geschichte mit filmischen Mitteln »malt«. Obendrein war er immer wieder in der Lage, große polnische Literatur kongenial umzusetzen, wie »Die Hochzeit« (»Wesele«) nach der Romanvorlage von Stanisław Wyspiański oder »Das Gelobte Land« (»Ziemia Obiecana«) nach dem Łódż-Epos von Władysław Reymont.

*Regimekritik*

Doch Wajdas Zeitgeschichtsbilder waren immer auch regimekritisch. Da Wajda außerdem im Ausland rasch berühmt wurde, konnte er erstaunliche Filme in die polnischen Kinos bringen. Zwei dieser Filme hatten großen Einfluss auf die Geschehnisse des polnischen Sommers 1980 und die folgenden Jahre bis zur Wende. »Der Mann aus Marmor« (»Człowiek z Marmury«, 1976) erzählt die Geschichte des Bestarbeiters Birkut und seinen Weg der Systemabkehr bis hin zu seinem angedeuteten Tod bei den Danziger Unruhen 1970.

*Reflexion*

»Der Mann aus Eisen« (»Człowiek z Żelaza«; 1981) ist die Fortsetzung und handelt vom Sohn Birkuts und von den Geschehnissen um die *Solidarność* 1980. Dieser Film wurde zum Hohen Lied der Aufbruchsstimmung jenes Sommers. Er ruft Arbeiter und Intellektuelle Polens und ganz Osteuropas zur Einigkeit und zum gemeinsamen Kampf auf. Dennoch hat der Streifen nichts von der polnischen Romantik und ihrem Ruf nach Aufstand um jeden Preis. Wajdas Film wägt ab, zeigt Möglichkeiten des friedlichen Wandels, indem er der Bewegung – deren Teil Wajda ja selbst ist – rät, sich zunächst auf die Gründung freier Gewerkschaften zu beschränken.

*Emigration*

Zur Uraufführung, zufällig am 13. Dezember 1981, dem Tag der Ausrufung des Kriegsrechts, war der Film zwar von den politischen Realitäten überholt worden, doch wirkte er in unzähligen Untergrundkopien weiter. Dieser Tag der Verhängung des Kriegsrechts veränderte das polnische Kino gründlich und brachte einen Bruch im Filmschaffen mit sich. Nun gingen auch Andrzej Wajda, Agnieszka Holland und Krzysztof Zanussi ins Exil. Die Zensur war übermächtig geworden, die persönliche Gefahr verhaftet zu werden für alle drei groß.

*Wendezeiten*

Nach der Wende 1989 musste auch der polnische Film eine völlig neue Sprache finden. Die leisen, geistreichen Zwischentöne, die feine Ironie, die ganze Kunst, die wirklichen Inhalte zwischen den Gesten und Sätzen anzudeuten, hatte sich überholt. Auch die Themenwahl änderte sich, speziell Polnisches trat zunächst in den Hintergrund. Die große Ausnahme bleiben Filme wie Wajdas »Karwoche« 1995, der die Haltung der Polen während des Holocaust gegenüber ihren jüdischen Nachbarn zum Thema hatte.

Was man bisher erstaunlicherweise kaum unter polnischen Filmen findet, sind Streifen, die sich mit den Wende-Umbrüchen und der Nachwendezeit auseinandersetzen. Polnische Filmemacher besannen sich im Gegenteil bald wieder auf das, wonach sich das polnische Publikum sehnte. Und das waren polnische Themen, polnische Literatur, polnische Geschichte. Solche Sujets machten Filme in Polen zum Kassenschlager – Pollywood entstand. Dieser thematische Rückschritt erfolgte qualitativ durchaus auf hohem Niveau.

*Kassenschlager*

Ein Beispiel dafür ist Wajdas bereits erwähnter »Pan Tadeusz«, die filmische Umsetzung des polnischen Nationalepos, das von fünfzehn Millionen Polen gesehen wurde. Die Verfilmung von Henryk Sienkieweiczs Roman »Mit Feuer und Schwert« (»Ogien i Mreczem»), die den Chmielnicki-Aufstand von 1648 (Kosaken mit Tataren gegen Polen-Litauen) zum Thema hatte, wurde mit Produktionskosten von 8,5 Millionen US-Dollar zur teuersten polnischen Filmproduktion aller Zeiten. Mehr als zehn Millionen Zuschauer machten das opulente, filmische Schlachtengemälde von Regisseur Jerzy Hoffmann jedoch zu einem kommerziellen Erfolg, sodass der Film die Kosten wieder einspielte.

Plattenbau–Tristesse, Ruciane-Nida, Masuren

# Bilder aus dem polnischen Alltag

## Wohnen – beengte Verhältnisse

*Qualvolle Enge*

Vieles hat sich geändert im polnischen Alltag nach 1989. Das beginnt schon mit der Wohnung. Zwölf Millionen Polen leben im Plattenbau, dem *blok,* nicht nur in den Städten, auch auf dem Land. Denn selbst die Landarbeiter auf den Staatsgütern sollten »modernen« Wohnkomfort genießen. Zweifellos waren die Plattenbauten ein Fortschritt, boten Sie doch jeder Familie ein eigenes WC und Bad. Elf Quadratmeter Wohnfläche planten die Architekten pro Person ein, was die durchschnittlichen Wohnungsgrößen auf etwa 45 Quadratmeter beschränkte: Für die besonders auf dem Land damals häufig kinderreichen Familien hieß das qualvolle Enge.

**INFO**

### Ameisenhäuser

Die Idee zu den in Polen »Ameisenhäuser« *(mrówkowcy)* oder schlicht *blok* genannten Plattenbauten hatte der große französisch-schweizerische Architekt Le Corbusier. Einen Raum wollte er schaffen, in dem die Einwohner ein Kollektiv bilden und zusammenleben wie in einem kleinen Dorf. Die vom System der Volksrepublik geplante rasche Verstädterung konnte bei dem herrschenden Wohnungsmangel mit der herkömmlichen Bauweise nicht bewältigt werden. Die Einführung der Großplattentechnologie versprach Abhilfe. Ab etwa Ende der 1960er Jahre kam es zu einem wahren Boom des Plattenbaus. Die bekannteste Le Corbusier-Adaptation Polens steht in Warschau im Viertel »Hinter dem Eisernen Tor«.

Das erste der 19 Häuser wurde 1969 fertiggestellt. 1500 Menschen lebten dort in 15 Etagen pro Haus in Wohnungen von maximal 40 Quadratmetern Größe. Es wurde nichts aus dem Traum vom autarken Dorf mit Schwimmbad, Kino und Einkaufszentrum. Mehr als ein Kiosk pro Haus wurde nicht realisiert, dessen Verkäufer gleichzeitig eine Art *Concierge* nach französischem Muster war: Nichts entging ihm von dem, was sich im *blok* zutrug. Auch sonst scheiterte der Architektentraum an der banalen Alltagswirklichkeit: zu viele Menschen in zu hellhörigen Wohnungen in sozialer Anonymität zusammengepfercht.

Nach 1989 änderte sich das Leben radikal. Meist konnten die Mieter ihre Wohnungen günstig in Eigentum umwandeln und sogleich begann eine soziale »Entmischung«. Wohnten früher Angehörige aller Berufe im *blok,* zogen die Besserverdienenden nun in größere Wohnungen mit besserem Standard, oder gleich ins Eigenheim am Stadtrand. Vor allem die großen *blok*-Siedlungen verwandelten sich zunehmend in Sozialghettos. Es gibt Bemühungen sie menschlicher zu gestalten. Einige sind von Grund auf saniert. Ein wenig Farbe hier und da dazu schafft wenigstens eine hübsche Fassade. Noch immer lebt die Hälfte der städtischen Bevölkerung Polens im *blok.*

Ein eigenes Auto: Wunschtraum jedes Polen.

Nach wie vor herrscht Wohnraummangel in Polen, vor allem Mangel an bezahlbarem Wohnraum. Das trifft insbesondere junge Paare und junge Familien. Die Elterngeneration wohnt überwiegend in Eigentum, denn ihre Plattenbauwohnungen haben sie nach der Wende durchweg relativ günstig erwerben können. Inzwischen hat, wer es sich irgendwie leisten konnte, renoviert und investiert. Noch heute aber sind polnische Wohnungen im Durchschnitt um einiges kleiner als das bei uns der Fall ist. Derzeit stehen einem Polen durchschnittlich etwa 20 Quadratmeter zur Verfügung, dem Deutschen 40. Das bedeutet, dass die polnische Durchschnittsfamilie mit 3,4 Personen eine statistische Durchschnittswohnung von 59,4 Quadratmetern Größe bewohnt. Polnische Familien haben also weit weniger Platz als deutsche Familien. Daher haben viele Polen bis heute kein Schlafzimmer – es wäre verschwendeter Raum. Meist schlafen die Eltern im Wohnzimmer auf einem *tapczan,* der polnischen Variante des Schlafsofas. Weil man also im Wohnzimmer auch schlafen muss, hat sich aus dieser Not die Tugend entwickelt, dass in den wenigsten polnischen Wohnungen geraucht wird. Dazu begeben sich Raucher auf den meist sehr kleinen Balkon oder stellen sich in der Küche ans offene Fenster.

*Schlafsofa im Wohnzimmer*

Es wird gebaut in Polen: An jeder Ecke sieht man Baukräne und überall entstehen mehrgeschossige Wohnhäuser. Noch heute werden viele Neubauwohnungen nur zum Kauf angeboten. Das macht es jungen Familien oft unmöglich, ohne finanzielle Starthilfe der Eltern zu einer eigenen Wohnung zu kommen. Vor allem in den Kleinstädten und auf dem Land finden sich daher viele Anbauten. Die typischen Einfamilienhäuser der Vorwendezeit eignen sich gut dafür: Quadratisch, praktisch gut. Ohne Schnörkel und mit Flachdach können Geschickte

*An jeder Ecke Baukräne*

sogar in Eigenregie relativ leicht und kostengünstig anbauen oder ein Dachgeschoss aufsetzen.

*Verdrängungswettbewerb*

Die gute alte Platte in den um die Städte herum angeordneten Trabentensiedlungen bietet oft den einzig bezahlbaren Wohnraum. In den polnischen Großstädten Warschau, Krakau und Breslau kostet ein Quadratmeter Wohneigentum umgerechnet um die 1500 Euro. Für eine Mietwohnung zahlt man in Randlagen zwischen fünf und zehn Euro, im Zentrum zehn bis siebzehn Euro pro Quadratmeter. Es findet also, was Wohnlagen in den Städten betrifft, auch in Polen ein knallharter Verdrängungswettbewerb statt. Die Sicherheit, die das Wohneigentum bringen sollte, kann aber auch zum Hemmschuh werden. Denn nicht renoviertes, unverkäufliches Eigentum vor allem im ländlichen Raum behindert die Mobilität.

## Konsumfreuden und Geldsorgen

*Konsumrausch*

Inzwischen haben die Polen durchschnittlich einen Lebensstandard wie die Spanier erreicht. So sind auch in polnischen Wohnungen TV, Video und Musikanlagen Standard und der Computer hat ebenfalls längst Einzug gehalten. Dazu kommen Waschmaschinen, Kühl-Gefrierkombi und Mikrowelle. Auch die Autodichte ist in Polen mit etwa 400 Pkw pro 1000 Einwohner beachtlich, wenn man bedenkt, dass sie in Deutschland 588 pro 1000 Einwohner beträgt.

*Kreditrausch*

So viel Konsum kostet Geld, viel Geld, das manche polnische Haushalte nicht haben. Die schöne neue Kreditwelt versprach, dass alles ganz leicht wäre und dann kam plötzlich die Arbeitslosigkeit. Das führte dazu, dass in Polen jeder fünfte private Kredit nicht getilgt werden kann und immer mehr polnische Haushalte in die Zwangsvollstreckung geraten, um anschließend die Armee der Sozialhilfeempfänger vergrößern.

*Wenig Geld*

Man kann noch so viel erzählen über die Einkommenssituation polnischer Haushalte und wird dem Alltagsleben dort doch nicht gerecht werden. Denn alle Zahlen zeigen immer nur Mittelwerte, zeigen den durchschnittlichen Jan Kowalski, den es so immer weniger gibt. Zum Beispiel der Durchschnittslohn in Polen: Er beträgt umgerechnet etwa 650 Euro (2500 PLN). Nun gibt es in den meisten Familien zwei Verdiener. Arbeitet die Frau also mit, kommen noch einmal etwa 260 Euro (1000 PLN) dazu. Der statistisch gemittelte polnische Haushalt verfügt dann über 910 Euro. Tatsächlich ist das Lohngefälle aber sehr hoch. Beispielsweise kommt eine Krankenschwester nirgendwo in Polen auf mehr als 900 PLN. Oft liegt das Gehalt noch weit darunter. Ähnliches gilt für Lehrer. Aber wer Arbeit hat, klagt nicht in Polen. Kein Wunder bei immer noch gut 17 Prozent Arbeitslosen. Allerdings bezeichnet nur ein knappes Drittel der polnischen Familien ihre Einkommenssituation als gut.

*Neue Armut*

Die neue Armut ist in Polen deutlicher wahrnehmbar als in Deutschland. Fast die Hälfte der Polen leben mit dem Sozialminimum oder noch weniger, fünf Prozent erreichen nicht einmal das Existenzminimum. Ihnen ist allenfalls die

INFO

## Złoty

Der Złoty (von *złoty* = Gold) ist die Währung der Republik Polen. Im Laufe der 1980er Jahre erlebte der Złoty einen beängstigend raschen und stetigen Wertverfall. Die Inflationsraten stiegen dramatisch an. Zu einer stabilen Währung wurde er erst mit der Einführung marktwirtschaftlicher Reformen und der Abwertung vom 1. Januar 1995. Dabei wurde die polnische Währung auch der internationalen Normierung angepasst. Der *neue Złoty* erhielt den ISO-Code PLN, während der alte das Kürzel PLZ behielt. 10 000 PLZ sind demnach 1 PLN. Die alten PLZ (Noten und Münzen) waren noch bis Ende 1997 gültig. Bei der Währungsumstellung wurden neue Münzen und Scheine eingeführt. Es existieren Banknoten zu 10, 20, 50, 100 und 200 Złoty. Nach dem Beitritt Polens zur EU 2004 erlebte der Złoty eine rapide Wertsteigerung. Die Verhältnisse kehrten sich um. Stand früher der starken DM ein weicher Złoty gegenüber, legte der Złoty in den ersten zehn Monaten gegenüber dem Euro um 20 Prozent und gegenüber dem Dollar um 25 Prozent an Wert zu. Der Euro wurde noch nicht eingeführt, da Polen die Maastrichter Konvergenzkriterien hinsichtlich der Staatsschulden und des Budgetdefizits nicht erfüllt. Die Polen plagt das gleiche Problem wie die Deutschen: Die Nettoneuverschuldung ist zu hoch. So rechnen Experten mit der Euro-Einführung in Polen nicht vor 2010. Ein konkretes Datum existiert noch nicht.

Deckung der Basisbedürfnisse wie Wohnen und Essen möglich und dafür geben sie mindestens zwei Drittel ihres Haushaltseinkommens aus. Von Armut am stärksten betroffen sind kinderreiche Familien, Menschen auf dem Land, Menschen, die ihr Einkommen aus der Landwirtschaft beziehen. Der wichtigste Punkt aber ist die Bildung: 90 Prozent der Armen in Polen haben keinen Schulabschluss und damit auch keine Berufsausbildung. Aber auch das besagt die Statistik: Im Kontrast zu dieser Armut suchen 500 000 polnische Familien Dienstpersonal für den Haushalt. Es zeigt sich also eine große Bandbreite von Einkommenssituationen in Polen. Ein wirklicher Mittelstand muss erst noch entstehen.

*Arbeitslosengeld*

Warum die Angst vor Arbeitslosigkeit die größte Sorge der Polen ist, zeigt ein Blick auf das Sozialsystem. Meist wird die Arbeitslosenunterstützung nur sechs Monate gezahlt und beträgt selten einmal mehr als umgerechnet 150 bis 200 Euro. Die Kriterien sind in den letzten Jahren knallhart verschärft worden, so dass besonders auf dem Land mehr als 80 Prozent der Langzeitarbeitslosen gar keine staatliche Unterstützung bekommen.

*Rente*

Das neue Rentensystem Polens stützt sich auf drei Säulen: den Beitrag für den Beschäftigten an die Sozialversicherungsanstalt ZUS (Zakład Ubiezpieczeń Społecznych), offene Pensionsfonds, denen jeder nach 1969 geborene Versicherungspflichtige beitreten muss und drittens die zusätzliche private Absicherung.

Diese neue Rente beurteilen die Polen weit besser als das gesamte Sozialsystem, nur 40 Prozent haben kein Vertrauen in die Rente.

*Gesundheitswesen*

Einen regelrechten Horror haben die Polen vor ihrem eigenen Gesundheitswesen. Aufgebaut werden sollte das System nach deutschem Muster mit einkommensabhängigen Beiträgen, Versicherungspflicht und staatlicher Finanzgarantie. Die Reform, die auch noch von der Verwaltungsreform beeinflusst wurde, ging daneben. Die nun für Krankenhäuser und Rettungsdienste zuständigen regionalen Verwaltungen sind obendrein chronisch klamm. Streikendes, unterbezahltes Krankenhauspersonal zwingt die Verwaltungen ein ums andere Mal in die Knie. Denn heute hat das Personal eine Alternative: die Auswanderung. Nicht nur Ärzte, auch die 250 000 Krankenschwestern Polens mit ihren 600 bis 900 PLN Monatsgehalt sind auf dem Sprung. Es ist schon gelungen, das komplette Personal einer Krankenhausstation abzuwerben und so im Ausland sofort einzusetzen.

*Ein Päckchen Kaffee für die Schwester*

In den Krankenhäusern mangelt es oft an Ausrüstung und die Arbeitsbedingungen sind schlecht. Als Patient wird man dann einigermaßen behandelt oder gepflegt, wenn man Angehörige hat, die »sich kümmern« und dieses »Sich kümmern« bedeutet im Klartext nichts anderes als Bestechung. Für jede Schwester ein Päckchen Kaffee, damit die Mutter gewaschen und gefüttert wird. An der richtigen Stelle einen Geldschein dazulegen, sorgt für wirksame Medikamente. Ein durchschnittliches Monatsgehalt für den zuständigen Arzt verhilft dem Vater mit dem Oberschenkelhalsbruch zu einer erstklassigen Hüftoperation. »Wer niemanden hat und nichts geben kann, wird nicht alt!«, heißt der resignierende Kommentar der Polen.

Von Armut am stärksten betroffen sind kinderreiche Familien.

INFO

## Shoppinghochburgen und Basare

Wer die Zeit erübrigen kann, sollte einmal nach Warschau zum Shoppen fahren. Wenn man die Zahl und Größe der Warschauer Shopping-Malls betrachtet, muss man neidlos feststellen: Es gibt in Deutschlands nichts Vergleichbares, da wird selbst alles was am Potsdamer Platz in Berlin entsteht um ein Vielfaches übertroffen. Von Elektrogeräten bis zu allen Modelabels, die angesagt sind, man findet alles. Nur billiger als in Deutschland. Die interessantesten Warschauer Malls sind das *Arkadia, Blue City* und die *Galeria Mokotów*.
Meist gibt es in Polens Städten entweder irgendwo am Stadtrand, oder – soweit der Ort ein Touristenzentrum oder eine Grenzstadt ist – auch im Zentrum einen *Basar*. Dort kaufen die Ärmsten der Armen oder deutsche Besucher die ausgelegte türkische, russische oder chinesische Ware. Der Durchschnittspole mag keinen Ramsch mehr und kauft lieber im vollklimatisierten Supermarkt, der einem deutschen Supermarkt in nichts nachsteht. Im Gegenteil, oft ist er besser sortiert.

## Tagesabläufe

*Gefrühstückt wird herzhaft.*

Der Alltagsablauf der Polen sieht ein wenig anders aus als bei uns. Er beginnt meist sehr viel früher. Lebensmittelläden öffnen spätestens um sechs Uhr morgens, damit frische Brötchen auf den Frühstückstisch kommen. Generell legen Polen mehr Wert auf gutes Essen als Deutsche. Der Durchschnittspole gibt fast 30 Prozent seines Haushaltseinkommens für Lebensmittel aus. Die haben dann aber in der Regel auch eine bessere Qualität als in Deutschland. Gefrühstückt wird herzhaft, wenig Marmelade, dafür mehr geräucherte Wurstwaren.

*Die Arbeit beginnt früh.*

Die meisten Polen fangen um sieben Uhr an zu arbeiten. Außer natürlich, sie haben Arbeitsplätze im Kundenverkehr. Verkaufspersonal beginnt meistens um neun oder zehn Uhr. Eine richtige Mittagspause gibt es nicht, man isst nur schnell eine Stulle und arbeitet bis fünfzehn Uhr weiter. Der durchschnittliche Schultag endet dann auch. Erst danach wird daheim zu Mittag gegessen. Geputzt und gewaschen werden muss nun, und Einkäufe hat man auch zu erledigen. Frisches wird oft auf dem Markt gekauft, der in jeder Stadt zu finden ist. Brot und Milch haben die meisten bereits frühmorgens in dem kleinen Laden an der Ecke besorgt, wie es ihn überall im Lande gibt. Ähnlich wie die Franzosen kaufen auch die Polen ihr Brot täglich frisch. Der Rest wird in einem Supermarkt besorgt, wo man auch in Polen längst mit Plastikgeld bezahlt und ganz selbstverständlich seine Kreditkarte hinlegt. In vielem hat Polen eine Entwicklungsstufe übersprungen. Gab es vor der Wende in kaum einer Wohnung ein Telefon, klingeln heute überall Handys und an jeder Ecke steht ein *Bankomat* genannter Geldautomat – das ist natürlich sehr konsumfördernd. Man hat ja auch lange Zeit, sein Geld auszugeben. Kaufhäuser schließen nicht vor 22 Uhr

Einkaufsbummel in der Hauptstadt

und manche Betriebe sind 24 Stunden geöffnet. Abends wird dann meistens kalt gegessen in Polen, Brot mit Wurst, Tomaten und Käse, dazu Tee. Und den Abend beschließt der Durchschnittspole wie der Deutsche vor dem Fernseher.

## Schwieriger Start – Darek und Katarzyna

*Das Brautkleid gemietet*

Eine Hochzeit wird gefeiert, zwei Tage lang, wie es sich gehört in Polen und nicht nur hier in der nordpolnischen Kleinstadt. An der Garderobe – die Miete für das Brautkleid allein kostete 1000 PLN – und vor allem am Aufwand kann man erkennen, dass die Eltern der Brautleute nicht eben zu den Wendeverlierern Polens gehören. Katarzyna, die Braut ist 25 Jahre alt und das, was man landläufig eine Schönheit nennt. Schaut man sie in ihrem Hochzeitskleid an, weiß man woher das Klischee von der schönen Polin kommt. Sie hat es geschafft, hat ihren Magister in der Tasche, schließt im Frühjahr ein Aufbaustudium ab und hat ihren Job schon sicher. Oberflächlich ein Lebenslauf für die Werbekampagne »Bleibt bei uns!« des Politmagazins *Polityka,* die junge polnische Akademiker dazu bewegen soll, im Land zu bleiben, was bei 33 Prozent Jugendarbeitslosigkeit nicht einfach ist.

*Bekanntschaft und Braindrain*

Doch ganz so leicht war der Weg bis hierhin nicht und Katarzyna hat bei allem noch viel Glück gehabt. Vor allem hatte ihre Familie »Bekanntschaft«, die das mit dem Job in der Woiwodschaftshauptstadt in der sie auch studierte, »erledigen« konnte. Wie das im Detail geht, werden wir später noch sehen. Ohne diese Form von – sagen wir vorerst einmal Günstlingswirtschaft – hätte sie das mit dem Job vergessen können. Selbst junge Akademiker wie sie sind nämlich von der Jugendarbeitslosigkeit betroffen. Mehr als jeder vierte Jungakademiker findet keinen Job in Polen, besonders hier in der Provinz. Obwohl das durch den »Braindrain« langsam besser werde, meint Katarzyna sarkastisch. »Wir sind zu viele«, sagt sie lakonisch und meint die hohen Studentenzahlen in Polen. Mit 1,5 Millionen Studenten hat Polen fast genauso viele wie die Bundesrepublik mit ihren 1,7 Millionen, bei doppelt so vielen Einwohnern. »Studieren in Deutschland 19 Prozent eines Jahrgangs, sind es in Polen fast doppelt so viele«, erklärt sie, denn sie ist vom Fach. »Zwar braucht man uns in Polen, denn wir haben noch immer Nachholbedarf an qualifizierten Fachkräften«, schiebt sie nach, »aber kein Geld, entsprechende Arbeitsplätze zu schaffen.«

*Studieren in Polen*

Ihr Abitur hat Katarzyna noch nach dem alten Schulsystem gemacht. Die Schulreform ist inzwischen durchgezogen und ab Sommer 2007 wird dann nur noch nach dem neuen Modell beschult. Das Abitur – polnisch die *Matura* – zu haben, bedeutet in Polen aber nicht automatisch auch die Zulassung zum Hochschulstudium. Je nach Hochschule und Studienfach muss dafür noch eine Eignungsprüfung abgelegt werden, oder es findet ein Zeugniswettbewerb statt, der im Endeffekt unserem Numerus Clausus ähnlich ist. Katarzyna ist glatt durch den Zeugniswettbewerb gekommen und konnte sofort anfangen zu studieren. Ihr Mann Darek hatte nicht so viel Glück. So gut war sein Abitur nicht, die Bewerberzahl für ein Studium der Informationstechnologie dafür aber riesig. Er bekam keine Zulassung, wie gut die Hälfte der polnischen Abiturienten. Hinter dem System steckt die Idee, die Jahrgangsbesten und Begabtesten möglichst rasch und mit wenig Kosten studieren zu lassen. Darek musste also in den sauren Apfel beißen und entweder sein Studium an einer privaten Hochschule absolvieren oder als kostengünstigere Variante ein Fernstudium wählen, für das

Eine Hochzeit wie es sich gehört!

es keine Zugangsbeschränkungen gibt, was er dann tat. Auch dieses *studium zaoczne* ist nicht gebührenfrei, es kostet meist 800-2000 PLN pro Semester, während ein Privathochschulstudium ein kleines Vermögen kosten kann. Das Fernstudium von Darek dauert zwar länger als das Studium von Katarzyna. Aber dafür hat er nebenbei einen Job in der IT-Abteilung einer Wurstfabrik und verdient Geld.

*Kondome – ein Fremdwort*

Und das war plötzlich enorm wichtig geworden, denn Katarzyna wurde bald nach dem die beiden sich kennengelernt hatten mit knapp 21 Jahren schwanger. Die Not war groß für die junge Frau. Beratungsstellen gab es nicht, das Wissen um den eigenen Körper, um Empfängnisverhütung war gering. Noch immer gilt das »Aufpassen«, der Koitus Interruptus, als das Mittel der Wahl, sind Kondome ein Fremdwort, ganz zu schweigen von Pille oder Spirale. Ein Zusammenleben ohne Trauschein aber mit Kind ist in der polnischen Provinz noch immer nahezu ein Ding der Unmöglichkeit. Und so wurde fast umgehend standesamtlich geheiratet. Dass die beiden erst Jahre später kirchlich heirateten, war nach Meinung der Familie nur vernünftig. Zwar kennt das polnische Zivilrecht die Scheidung, nicht aber die Kirche. Man sollte sich also ziemlich sicher

INFO

## Jobs im Ausland – Exodus der Eliten

Vor allem junge Leute fühlen sich angezogen von der neuen Verheißung, der Aussicht auf einen obendrein hoch dotierten Arbeitsplatz. Welcher junge Anästhesist würde bleiben, wenn er in Großbritannien 6100 Euro im Monat verdient, und in Polen nur 300? Zwei Millionen Polen haben seit dem EU-Beitritt 2004 ihr Heimatland verlassen. Fast eine Million Polen ist allein nach Großbritannien ausgewandert, 97 Prozent von ihnen haben dort sofort einen Job gefunden. Den größten Teil machen noch die Handwerker aus. Doch die Zahl der Mediziner und anderer Akademiker steigt rasant an. 5000 Ärzte und tausende von Krankenschwestern zog es auf die Insel. Hunderte Rechtsanwälte und Jungakademiker mit Wirtschaftsabschluss halten den Londoner Finanzdistrikt am Laufen. Längst führen Supermärkte polnische Spezialitäten, Banken locken polnische Kunden mit speziellen Angeboten, und selbst polnisches Bier gibt es in vielen Pubs. Das hilft nicht nur den Polen, sondern auch den Briten. Denn die Polen lassen die Kaufkraft einer Stadt wie Liverpool im Land, das sind sechs Milliarden Euro. Auch für die Billigflieger sind die Polen zur lieb gewonnenen Klientel geworden. Jede Woche fliegen 250 Maschinen von Polen nach Großbritannien. Doch nicht nur Großbritannien, das zum »zweiten Amerika« der Polen zu mutieren scheint, ist Ziel der polnischen Migranten. Weitere 300 000 gingen nach Irland, 120 000 nach Norwegen. Und es wird so weiter gehen. In Großbritannien hat man bis 2010 einen Bedarf von weiteren 300 000 polnischen Bauarbeitern angemeldet, die Olympiade in London 2012 noch gar nicht eingerechnet.

Techniker in einem Telekommunikationsbetrieb, Warschau

sein. So warteten Darek und Katarzyna, bis sie sich sicher waren, und ihre kleine Tochter streute Blumen.

*Das Häuschen geerbt*

Mit dem Geburtstermin hatte Katarzyna Glück, denn er lag so, dass sie die Semesterabschlussprüfungen noch vor der Geburt ablegen konnte und ihr Professor zeigte Verständnis für ihre Lage. In Polen ist das Studium sehr schulisch ausgerichtet mit viel Frontalunterricht. Das straff durchorganisierte Regelstudium dauert fünf Jahre bis zum Magister, es wird gepaukt und nicht geforscht. Hätte sie den Semesterabschluss nicht geschafft, hätte sie zumindest ein ganzes Jahr verloren. Noch einmal Glück hatten die beiden, als Katarzyna von ihrer Großmutter das kleine Häuschen am Stadtrand der Universitätsstadt erbte. Seit die damalige Regierung Miller den Kündigungsschutz für junge Leute gelockert hatte, bekommt so gut wie kein Jungakademiker mehr einen unbefristeten Job. Nur noch einen Einjahresvertrag, der dann vielleicht wiederum um ein Jahr verlängert wird und so weiter. Das hat eine fatale Nebenwirkung. Wenn junge Leute nun eine Wohnung brauchen, bekommen sie mit »nur« einem Jahresvertrag von keiner Bank der Welt einen Kredit. Den brauchten Darek und Katarzyna glücklicherweise ebenfalls nicht. Für die Renovierung des Häuschens kamen ihre Eltern auf.

*Kinderbetreuung*

Die Kinderbetreuung werden die beiden privat regeln, wenn Katarzyna ihren Job antritt. So ist es auch bisher schon gelaufen. Eine Tante kam, wenn Katarzyna in der Uni war, oder die Kleine wurde zu Dareks Familie gebracht. Gut, wenn man Familie am Ort hat. Früher war die Kinderbetreuung vom Staat garantiert: Heute hat Glück, wer bei dem reduzierten Hort-Angebot für eine Dreijährige einen Platz bekommt und sich den dann auch noch leisten kann. Das hat Auswirkungen auf den Bildungserfolg. Spielte es früher keine große Rolle, aus was für einem Elternhaus ein Kind stammt, wird heute für den Bildungserfolg die soziale Herkunft immer entscheidender. Wer aus einem Elternhaus auf dem Land kommt, in dem die Eltern selbst keinen Schulabschluss haben, wird nie eine Kindertagesstätte oder Vorschule von innen sehen. Sie können es nicht bezahlen. Der Vorsprung von Kindern aus Familien wie der von Darek und Katarzyna ist dann schon zum Zeitpunkt der Einschulung nicht mehr aufzuholen.

*Trauriger Kreislauf*

Sie werden diese Kinder und Jugendlichen jeden Tag sehen in ihrem eingemeindeten Dorf am Stadtrand: diese Kinder, deren Eltern Arbeiter auf dem Pleite gegangenen Staatsgut waren und die arbeitslos sind, so lange selbst ihre schon erwachsenen Kinder denken können. Sie werden die Arbeitslosigkeit vererben, wenn nicht bald etwas geschieht. Und dann hängen diese Kinder, wenn sie Jugendliche geworden sind, am Dorfkiosk herum. Und noch ein wenig später beginnt der Kreislauf von vorn. So gesehen ist Dareks und Katarzynas Hochzeit das Happy End einer Jugend in der polnischen Provinz. Katarzyna weiß genau, wie viel Glück sie gehabt hat. In ihrem Job wird sie eine Position einnehmen, die Berufsberatung und Bildungsberatung vereint.

## Generation JP II – Polens Jugend

*Mehr Biss als im Westen*

Während junge polnische Akademiker es also nicht leicht haben, ins Leben durchzustarten, haben sie aber doch die bei weitem besten Chancen und einen fast unerschütterlichen Glauben an sich und ihre Zukunft. Marek, ein 26jähriger Jurist sagt: »Ich will nach oben, ganz nach oben, koste es was es wolle, denn darunter ist schon unten.« Geld rangiert sehr weit oben auf ihrer Wer-

Schulkinder auf dem Heimweg in Warschaus Altstadt

INFO

## Das neue polnische Schulsystem

- **Alter 7–13 Jahre:** sechsjährige allgemeinbildende Grundschule;
- **Alter 13–16 Jahre:** dreijähriges allgemeinbildendes Gymnasium mit Abschlussprüfung.

  Danach kann als unterste Bildungsstufe ohne Aufnahmeprüfung die zweijährige Berufsgrundschule besucht werden. Weiterführende Schulen können nur nach einer Aufnahmeprüfung besucht werden:
- **Alter 16–19 Jahre:** allgemeinbildendes dreijähriges Lyzeum, das nach insgesamt zwölf Schuljahren zum Abitur führt,

  oder
- **Alter 16–20 Jahre:** vierjährige technische oder berufsbildende Mittelschule die zur Hochschulreife und gleichzeitig einem Berufsabschluss führt, der etwa an den deutschen Techniker heranreicht.

---

teskala. Aber sie wissen, dass man an das große Geld nur mit Wissen kommt. Äußerlich und was den Musikgeschmack betrifft unterscheiden sie sich in so gut wie nichts von ihren westlichen Altersgenossen. Aber sie haben mehr Biss und das schließt den Mut zu großen Veränderungen wie einer etwaigen Auswanderung mit ein.

*Von den Großeltern Lichtjahre entfernt*

Für polnische Teenager und Twens hat die Familie immer noch Vorrang vor Freunden. Darin unterscheiden sie sich von ihren westlichen Altersgenossen. Aber im Grunde sind sie von ihren Eltern und erst recht den Großeltern in der Provinz doch Lichtjahre entfernt. Deren Weltbild der »Opferkultur« bringt heute 15jährige einfach nur zum Gähnen. Und wenn sie die alten Geschichten vom Kampf um Demokratisierung und *Solidarność* hören, schalten sie auf Durchzug. Wer nicht älter ist als Ende 20, gehört zu der Generation, die selbst keine Erinnerung mehr an die Wende hat: Mit den Mythen der Vergangenheit wissen sie nichts mehr anzufangen.

*Dicht am Mittelmaß*

Polens Jugend findet sich in ihrer neuen Realität durchaus zurecht. Sie ist keine Nullbockgeneration. Junge Leute arbeiten hart und glauben an das, was manchen auch gelingt, die Blitzkarriere. Und doch fehlt ihnen etwas: die große zündende Idee, der große Mythos, der ihnen einen neuen Weg prophezeit. Woran sollen sie sich noch reiben? Wie das große Gemeinschaftsgefühl finden, wo doch jeder auf seinem individuellen Weg unterwegs ist? Etwas Wärme und die Spiritualität des »wir« gegen das »ihr anderen« erlebte Polens Jugend nur beim Tod von Papst Johannes Paul II., beim Weltjugendtag in Köln und allenfalls noch bei den Solidaritätskundgebungen für die Ukraine während der *Orangenen Revolution*. Eine eigene »Barrikade« hat Polens »Generation JP II.« nicht gefunden, obwohl die – zumindest probeweise und für eine gewisse Zeit – allemal attraktiver wäre als der Mittelstand, in dem sie landen wird und der doch sprachlich zumindest fatal dicht am Mittelmaß ist.

## Neue Wirklichkeiten – Frau und Familie

### »Mutter Polin«?

*Hüterin des Hauses und der nationalen Identität*

Umfrageergebnisse polnischer Meinungsforschungsinstitute belegen, dass Ehe, Familie und Kinder bei den meisten Befragten ganz oben auf der Werteskala stehen, noch vor Gesundheit und Freundeskreis. Aber wo finden sich insbesondere Frauen in den gesellschaftlichen Brüchen der Nachwendezeit wieder? Polinnen stehen gewissermaßen zwischen zwei Stühlen, folgen einerseits dem traditionellen Rollenbild der *Matka Polka,* der an Küche und Kirche gebundenen *Mutter Polin,* und stellen sich andererseits auf ein Leben als moderne Unternehmerin ein: Denn wo die Alternative ansonsten Arbeitslosigkeit heißt, fällt der Sprung ins Unternehmertum vergleichsweise leicht. Genau vor dieser Entscheidung stand das Gros der Frauen, die heute 39 Prozent der kleinen und mittleren Betriebe Polens führen. Rund 80 000 dieser Firmen befinden sich im ländlichen Raum, wo der Spagat zum tradierten Frauenbild besonders groß ist.
Das traditionelle Frauenbild der *Mutter Polin* sieht die polnische Frau als Hüterin der nationalen Identität, die sich ohne persönlichen Ehrgeiz und ohne eigene Ziele verfolgen zu wollen für Nation und Familie aufopfert und ganz für Mann und Kinder da ist. Propagiert hat dieses Bild erstmals 1830 der polnische Dichterfürst Adam Mickiewicz. Über lange Zeit trugen polnische Frauen ganz allein die Verantwortung für Heim und Kindererziehung und mussten oft genug die Familie auch alleine ernähren. Die Männer waren zu diesen Zeiten im Aufstand, deportiert oder tot. Die *Mutter Polin* sorgte durch diesen auch der Kirche gefallenden Dienst an Volk und Familie für den Erhalt der Nation.

*Patriotinnen und Wissenschaftlerinnen*

Mut zu eigenen Ideen, die moderne Polin

Bei aller Reduzierung auf die überkommene Frauenrolle waren die Polinnen in ihrer Geschichte aber auch immer starke Frauen, glühende Patriotinnen, die sogar an Aufständen und Verschwörungen teilnahmen. Um diese patriotischen Frauen haben sich viele Legenden gerankt, wie etwa um die Gräfin Maria Walewska (1786–1817), die aus Patriotismus zur Geliebten Napoleons wurde. Eine ganz andere große Frauengestalt der polnischen Geschichte war Marie Skłodowska-Curie (1867–1934). Sie war die erste Frau, der ein Nobelpreis verliehen wurde. War dieser Nobelpreis für Physik des Jahres 1903, den

Marktplatz (Rynek) in Olsztyn (Allenstein)

sie gemeinsam mit ihrem Mann Pierre Curie und Henri Becquerel erhielt, an sich schon außergewöhnlich für eine Frau, wurde sie 1911 auch noch mit dem Nobelpreis für Chemie ausgezeichnet. Diese Leistung ist bis heute unerreicht: Noch immer ist Marie Skłodowska-Curie die einzige Frau, die zwei Nobelpreise erhielt, und das noch in zwei verschiedenen Fachrichtungen. Ihre Tochter Irene Joliot-Curie bekam 1935 ebenfalls den Nobelpreis für Chemie. Aber auch rebellische Geister wie Rosa Luxemburg, oder Helena Rubinstein, die aus Krakau-Kazimierz kam und ein Kosmetik-Imperium aufbaute, oder der Schauspielstar Pola Negri gehörten zu Polens starken Frauengestalten.

*Gleichberechtigt?*

Auch die Volksrepublik konnte anscheinend an dem Rollenbild der »Mutter Polin« nur äußerlich mit ein paar sozialistisch-fortschrittlichen Fassaden etwas verändern. Die polnischen Frauen hatten 1919 das Wahlrecht erhalten, um sie für ihre Verdienste für die Nation zu ehren. Die volle Gleichberechtigung erhielten sie erst nach 1945. Als Arbeitskräfte wurden die Frauen geschätzt; gleichen Lohn für gleiche Arbeit bekommen sie in Polen jedoch bis heute nicht. Teilweise müssen sie noch immer mit 20 Prozent Lohnabschlag rechnen und oft sind Frauen auch jetzt noch in Stellungen tätig, die weit unterhalb ihrer Qualifikation liegen. Berufstätigkeit, Familie und Haushalt zu kombinieren wurde in der Volksrepublik zwar zur Regel (erleichtert durch die staatlich garantierte Kinderbetreuung), aber hinter den Wohnungstüren änderte sich an der überkommenen Frauenrolle genauso wenig wie in den Köpfen. Dazu war auch die Position der Kirche zu stark.

*Geburtenregelung durch Abtreibung?*

Was aber in Sozialismuszeiten trotz des starken Einflusses der Kirche angenommen wurde, war das liberale Abtreibungsrecht. Es ermögliche einen Schwangerschaftsabbruch bis zum dritten Schwangerschaftsmonat kostenfrei. Eine Aufklärung oder gar Sexualerziehung junger Mädchen fand allerdings kaum statt und Mittel zur Schwangerschaftsverhütung waren kaum zugänglich. So wurde die Abtreibung zu einer gängigen Verhütungspraxis. Etwa 300 000 Schwangerschaftsabbrüche pro Jahr wurden damals registriert. Seit sich 1993 die kirchlichen Vorstellungen zum Schwangerschaftsabbruch durchsetzten, hat Polen eines der restriktivsten Abtreibungsgesetze in Europa. Ein Schwangerschaftsabbruch ist nur noch bei Vergewaltigung, bei Gefahr für Leib und Leben der Mutter, bei unheilbarer Krankheit des Kindes oder starken Missbildungen erlaubt. Pro Jahr sind es nun noch etwa 150 erlaubte Eingriffe. Die Dunkelziffer der illegalen Eingriffe soll jedoch bei 80 000 liegen. Es gab erstaunlicherweise kaum Frauenproteste gegen dieses neue Gesetz.

*Die Kehrseite des Abtreibungsverbots*

Legal eine Abtreibung durchführen zu lassen ist in Polen derzeit kaum möglich. Selbst wenn die Indikation besteht, wird eine Frau kaum eine Klinik finden, die dazu bereit ist. Illegal sieht das ganz anders aus. Für Geld bekommt Frau ihre Abtreibung auch in einer polnischen Praxis oder Klinik. Der Preis soll etwa einem durchschnittlichen Monatsgehalt entsprechen – für die meisten Frauen außerhalb ihrer finanziellen Möglichkeiten. Mit Notlagen lassen sich überall gute Geschäfte machen und so haben sich ausländische Kliniken auf Polinnen spezialisiert: Sogenannte »dutch services« etwa wurden schon massiv in polnischen Zeitungen beworben. Hinter diesem scheinbar harmlosen »holländischen Service« verbargen sich schwimmende holländische Abtreibungskliniken, die gerade so eben außerhalb polnischer Hoheitsgewässer vor Anker lagen und dort Schwangerschaftsabbrüche durchführten.

*Scheidungen*

Noch etwas änderte sich im Nachwendepolen im Sinne der Kirche. Polen hat heute mit der seit der Wende kaum gestiegenen Zahl von 56 000 Scheidungen pro Jahr eine der niedrigsten Scheidungsraten Europas. Zum Vergleich: In Deutschland werden derzeit 214 000 Ehen jährlich geschieden (bei nur rund doppelt so hoher Einwohnerzahl).

## Stadtfrauen und Landfrauen

*Rollenänderungen*

Seit die rechte Koalition Polen regiert, wird das traditionelle Familienbild wieder hochgehalten und ikonisiert. Doch die gesellschaftliche Realität entspricht längst nicht mehr dem Bild der Frau als Hüterin von Haus und Herd, als Erzieherin der Kinder. Auch die Rolle des Mannes als alleinigem Ernährer ist wirklichkeitsfremd. Mit nur einem Einkommen ist in Polen kein Staat zu machen und schon gar keine Familie zu ernähren. Und weil mehr Familie auch mehr Geld kostet, wird auch die polnische Familie immer kleiner. Derzeit zieht ein polnisches Paar statistisch gerade einmal »eineinviertel Kind« groß. Der Trend zur Einkindfamilie ist unübersehbar. Das bedeutet nicht unbedingt einen völligen Wandel des Familienbildes oder der Wertvorstellungen – den Polen geht die Familie noch immer über alles –, sondern ist schlicht wirtschaftliche Notwendigkeit.

*Kontraste*

Arbeiten Frauen in »Polen A« um der Selbstverwirklichung willen und um sich und der Familie Extra-Konsumwünsche erfüllen zu können, tun die Frauen in

»Polen B« das, damit die Familie über die Runden kommt. Hier im meist ländlich geprägten Raum erkennt man rein äußerlich schon den Kontrast. An jeder Ecke sind sie zu sehen: die abgearbeiteten und früh gealterten Frauen, die sich zerschlissen haben zwischen Kindererziehung, Schwangerschaften, Haushalt und einem mies bezahlten Knochenjob, dazu die ständigen Sorgen um die nackte Existenz und häusliche Gewalt in jeder elften Familie am unteren Ende der sozialen Rangleiter – freudlose Leben, die nur aus Pflichten bestehen, Menschen, denen niemand hilft.

Der Pilzverkauf bringt ein kleines Taschengeld ein.

Der Kontrast zu den Frauen von »Polen A« könnte größer nicht sein. Dabei erfüllen auch sie ein Klischeebild, neben dem der *Mutter Polin* ist die *schöne Polin* das zweite gängige Bild, dem polnische Frauen zu entsprechen haben. In »Polen A« laufen sie rundum top gestylt, grazil auf Stöckelschuhen trippelnd, genau, wie es Mann in Polen noch immer ganz gern hätte. Ohne den knappen Rock oder das atemberaubende Kleid tut sich in Polen auch die Karrierefrau noch vielfach schwer. Besonders dort, wo sie auf männliches Wohlwollen angewiesen ist und das kann schon auf der Universität beginnen. Nur mühsam setzt sich der praktische Businesslook mit Hosenanzug durch. Da kann man manchmal vor allem in den Kleinstädten noch hören: »Eure Kanzlerin traut sich aber was!« Und damit sind dann Angela Merkels Hosenanzüge gemeint, nicht etwa ihre Politik oder irgendwelche Feminismusbekundungen. Feminismus hat es sowieso schwer in Polen.

*Die schöne Polin*

Aber egal ob Rock oder Hosenanzug – Polen im Umbruch hat längst kein einheitliches Frauenbild mehr. Mit einem Anteil von 30 Prozent Frauen in wirtschaftlichen Führungspositionen, kann es auch als Land der Powerladies gelten, liegt es doch diesbezüglich im europäischen Spitzenbereich. In Polens Städten gibt es 400 000 Betriebe, die von einer Frau geleitet werden. Fast jeder fünfte dieser Betriebe beschäftigt Menschen in ausgesprochenen »Männerberufen«, gehört zur Bau- oder Transportbranche. Man könnte meinen, diese Frauen hätten in einem Land ohne große feministische Bewegung gleich mehrere Stufen der Emanzipation übersprungen. Doch ganz kommen auch sie nicht heraus aus den Rollenbildern, mit denen sie groß geworden sind. Und offensichtlich wollen sie das auch gar nicht: Im Betrieb knallharte Businessfrauen, schlüpfen sie, kaum dass sie die heimische Schwelle übertreten haben, zurück in die Rolle der *Mutter Polin* und scheinen dies fast zu genießen.

*Powerladies*

## Die Netzwerker oder wo fängt die Korruption an?

*Vitamin B*

Es ist das, was in Deutschland unter dem Begriff »Vitamin B« läuft: Beziehungen haben. Man könnte es auch Vetternwirtschaft nennen. Falls es auf höchster Ebene passiert, heißt es auch in Polen Korruption. Das eben ist der Unterschied in der Wahrnehmung. Korruption findet irgendwo weiter oben statt und nicht im persönlichen Alltag, ist ein Phänomen der großen Politik und nicht des kleinen Mannes. Falls es den jedoch betrifft, nennt man das Ganze vielleicht freundlich »Netzwerken«, in Polen *załatwiać* (erledigen) oder »Herr xy hat das für mich erledigt.«

*Keine Angelegenheit*

Und das geht so: A. fehlen eigentlich zwei Beitragsjahre für den vorzeitigen Rentenanspruch. Was kann man da machen? Zusammen mit seiner Frau Z. überlegt er sich, ob sie jemanden kennen, der »helfen« könnte. Sie kommen auf die Nachbarin B., deren Schwester doch bei der staatlichen Sozialversicherung ZUS arbeitet. Z., die Frau von A., geht nun zu dieser Nachbarin B., nimmt ein Päckchen Kaffee mit und »zum Probieren« einen selbstgebackenen Kuchen. Es dauert eine lange Zeit bis man zum Thema kommt. Erst einmal wird für eine freundliche Atmosphäre gesorgt. »Nie ma sprawy«, sagt Nachbarin B. dann, »Keine Angelegenheit, meine Schwester C. ist sehr verständnisvoll, sie kann sicher helfen.« Ein paar Tage vergehen, dann kommt Nachbarin B. zu Z. und verkündet die frohe Botschaft, dass ihre Schwester C. tatsächlich helfen kann. A. solle doch in den nächsten Tagen mit all seinen Unterlagen bei Schwester C. vorsprechen. Blumen wären zu auffällig in solch einem Amt und so nimmt A. ein Päckchen Kaffee und ein Fläschchen vom Lieblingslikör der Dame mit. Die Atmosphäre ist sehr vertrauensvoll. Man redet über dies und das. Dann prüft C. die Unterlagen, zeigt sich warmherzig und voll Verständnis, lächelt freundlich und sagt »nie ma sprawy«, das ist eine Kleinigkeit. Gleichzeitig rechnet sie A. vor, dass er in nur drei Monaten in Rente gehen kann und dass die dann gar nicht mal so niedrig wie befürchtet sein wird. Hochzufrieden verlässt A. das Gebäude der ZUS und schaut auf dem Rückweg bei seinem Bruder D. vorbei. Der wird dem Sohn von C. nun einen Job in der Computerabteilung seiner Firma besorgen. Zwei Wochen später hat Nachbarin B. Namenstag, zu dem A. und seine Frau natürlich eingeladen sind. Dort treffen sie auch auf die nette Schwester C. und ihren Mann E. Man kennt sich ja nun schon und kommt sofort ins Gespräch. Herr E. erzählt von den Plänen eines Hausanbaus für den Sohn, der nun bald heiraten wolle. Das ist schön, denn da kann man die Bekanntschaft gleich vertiefen und den Bruder von B. einschalten. Denn der sitzt an maßgeblicher Stelle im Bauamt und kann das schnell erledigen. Und so weiter, und so weiter…

*Kein Unrechtsbewusstsein*

So entstehen Netzwerke, die immer größer werden und immer mehr Bereiche des Alltags abdecken. Auf die Idee, dass solches Tun korrupt sein könnte, dass hier die Grenze von der kleinen Gefälligkeit zur »richtigen« Korruption weit überschritten ist, kommt in Polen kein Mensch. Da fehlt jegliches Unrechtsbewusstsein. Meistens geht es um behördliche Genehmigungen, Schulzeugnisse,

Begehrter Arbeitsplatz: Volkswagen Motor Polska, Polkowice (Polkwitz)

Studienplätze, Jobs, bessere Behandlung beim Arzt und ähnliche Gefälligkeiten des Alltags. Aber es fließt auch Geld. Generell ist fast jeder Bereich des Alltags betroffen und fast jeder Pole hat schon mal an dieser oder jener Form von Bestechung teilgenommen. Den Vogel aber schießt das Gesundheitswesen ab. 73 Prozent der Polen geben an, schon einmal einem Arzt oder einer Schwester »łapówka« zugesteckt zu haben, »Pfötchen« wie dieses Handgeld im Polnischen genannt wird. Immerhin acht Prozent haben schon einmal ein Zeugnis bei einem Lehrer gekauft und 22 Prozent gar einen Polizisten bestochen.

*System Alltagskorruption*

Dieses System der Alltagskorruption existiert seit den Zeiten der Volksrepublik. In der sozialistischen Mangelwirtschaft waren gegenseitige Gefälligkeiten eine Überlebensstrategie und man war in Zeiten gähnend leerer Läden darauf angewiesen, solche nützlichen Netzwerke zu weben. Damals ging es um Waren wie Autoteile, Möbel oder Kühlschränke, Dinge also, die man unter dem Ladentisch und ohne Schlangestehen erhielt, und um Zuteilungen aller Art etwa für eine Wohnung oder einen Telefonanschluss oder gar für einen Reisepass für die Auslandreise.

Nach dem Ende der Mangelwirtschaft konnte man eine Autobatterie an jeder Tankstelle kaufen, die Möbelläden waren gefüllt und auch Kühlschränke bot jedes Kaufhaus. Harte Waren kaufte man von nun an direkt im erstbesten Laden, allenfalls wenn man Bekanntschaft im Großhandel hatte, war das für Konsumgüter von Interesse. Was zunächst blieb, waren kleine Aufmerksamkeiten für Dienstleistungen oder bevorzugte Behandlung. Hier eine Schachtel Pralinen, dort ein Päckchen Kaffee.

Das änderte sich mit der Einführung der regionalen und lokalen Selbstverwaltung nach der Verwaltungsreform 1999. Fast über Nacht entstanden neue Zuständigkeiten und ganze Verwaltungsebenen mit zuwendungshungrigen Beamten, die nach dem Motto »ich auch« die Hände aufhielten. Auch *Transparency*

*International* sieht auf der regionalen und lokalen Ebene Polens größte Korruptionsquelle. Denn von diesen Stellen aus werden zum Beispiel Firmengründungen bearbeitet, Auftragsausschreibungen entschieden und Baugenehmigungen erteilt. Hatte man schon vorher gelegentlich Lehrer, Ärzte oder Beamte bestochen, wurde es nun zur Regel.

*Umwege mit dem Rettungswagen*

Angst hat der sogenannte kleine Mann in Polen vor allem vor dem Gesundheitssystem. Wird im Ernstfall jemand aus der eigenen Familie da sein? Wird man genug Geld haben, um die nötige medizinische Behandlung zu bekommen? Seit dem Skandal um die »Łódzer Häute« 2002 scheint jeder Alptraum wahr werden zu können. Ganze Ambulanzen, Sanitäter und Notärzte hatten mit Bestattungsunternehmern gemeinsame Sache gemacht und in Łódż ein florierendes Geschäft aufgezogen. Bis zu 500 PLN zahlten die Bestatter für jede gelieferte oder vermittelte Leiche. Für einige Patienten in den Notarztwagen endete die Fahrt sogar tödlich. Der Rettungswagen fuhr so lange Umwege, bis der Patient endlich tot war. Erste Hilfe zu leisten wäre da natürlich kontraproduktiv gewesen. Schnell stellte sich heraus, dass Łódż kein Einzelfall war. Das Gesundheitssystem mit seiner hohen Bestechlichkeitsdurchsetzung und miesen Gehältern hat durch diese Affäre für die Menschen in Polen einen wohl auf längere Zeit irreparablen Vertrauensverlust erlitten. Sarkastischer Rat aus der Zeitung: »Bieten Sie den Sanitätern 2000 PLN, das ist mehr als die Bestatter zahlen!«

*Bekanntschaft braucht der Pole.*

Das System des »łapówka«-Gebens wird auch von der polnischen Art zu verhandeln begünstigt. Man füllt nicht etwa einen Bauantrag aus und schickt ihn direkt der zuständigen Behörde zu. Auch die Firmengründungsprozeduren erledigt man in Polen nicht einfach schriftlich. Nicht einmal die erste Kontaktaufnahme zu dem entsprechenden Beamten. Jeder Pole überlegt zunächst einmal, welcher Bekannte Kontakt zu dieser Behörde haben könnte. Hat man ihn gefunden, wird er bei seinem Bekannten in der Behörde anrufen und ankündigen, dass er in den nächsten Tagen mit einem Bekannten in wichtiger Angelegenheit vorbeikäme. Dann geht er mit diesem Bekannten zu dessen Bekanntem in der Behörde, von der er eine Genehmigung braucht. Man sitzt eine Weile zusammen, redet in angenehmer Atmosphäre über dies oder das, kommt zwischendurch kurz zur Sache und unterhält sich dann ausführlich über den letzten Urlaub in Masuren. Plötzlich kommt ein anderer Kollege herein und bringt freundlich lächelnd den unterschriebenen und zigfach

Vertrauen durch Kommunikation, auch am Arbeitsplatz

abgestempelten Antrag herein. Er ist zufälligerweise ein Studienkollege des Bekannten des Bekannten und leitet die zuständige Abteilung. Nun wird *Ihr* Bekannter Ihnen sagen, was diese – sagen wir mal »Expressabfertigung« – an Zuschlag kostet. Bekanntschaft braucht der Pole.

*Netzwerke braucht der Pole.*

Nach dem gleichen Muster läuft auch eine Kontaktherstellung mit einem möglichen neuen Geschäftspartner ab. Kennt man dort niemanden, ruft man an, lobt die Firma, kommt vom Hundertsten ins Tausendste, um sich dann, wenn man den Eindruck eines netten, vertrauensvollen Gespräches hat, langsam dem Kern seines Anliegens zu nähern, nämlich, dass man demnächst einen Brief in einer für die Firma des Gesprächspartners wichtigen Angelegenheit schreiben wird. In diesem Brief kann man dann ein Treffen wegen einer nur vage angedeuteten möglichen Zusammenarbeit anregen, nicht mehr. Diese Art der Vermittlung oder Quasivermittlung schafft die für Verhandlungen mit Polen unerlässliche Vertrauensbasis, ohne die hier nichts läuft. Netzwerke braucht der Pole.

*Skandale und Affären*

Was die Polen erregt und dem Land endgültig den Ruf einbrachte, eines der korruptesten Länder Europas zu sein, es als EU-Schlusslicht auf Platz 70 des *Transparency Reports* einreihte, ist die Verstrickung der »großen Politik« in ein Geflecht von Skandalen und Affären. Die Riesenaffären der letzten Jahre gingen auch bei uns durch alle Medien. Weniger bekannt ist, was sich auf höchster Ebene sonst noch abspielt.

*Jetzt aber wir!*

Nach jedem Machtwechsel in Warschau werden sofort alle Personen in den einträglichen Positionen der staatlichen Wirtschaftsunternehmen entlassen und durch vertraute Gefolgsmänner ersetzt. Sie sind die künftigen Garanten des Wohlstandes der Regierungspolitiker. Denn nun können diese jederzeit jede Summe an Einzelpersonen oder private Firmen transferieren und eine schier unendliche Reihe von weiteren einträglichen Posten für die eigenen Parteigänger schaffen. Hierauf Einfluss zu bekommen, ist das Ziel beim Postenschacher in neuen Koalitionen. Beobachten konnte man dieses *»teraz kurwa my«*, »jetzt verflucht noch mal aber wir«, bei allen Nachwenderegierungen. Auch die Regierung Kaczyński, die angetreten war mit dem Anspruch einer moralischen Wende und der Entbürokratisierung, verhielt sich nicht anders. Im Gegenteil: Die Aufblähung der Regierungsbürokratie und der Verwaltung ist noch schneller, noch gewaltiger geworden und führt zu einer enormen Geldmittelverschwendung. Viele Politiker scheinen sich in der Gewissheit wählen zu lassen, dann endlich Immunität zu genießen und so richtig zuschlagen zu können. Jeder hat schließlich auch noch Familienangehörige, die versorgt werden wollen. Nicht umsonst heißt es über die Selbstbereicherungstendenzen polnischer Politiker im Volksmund lakonisch *»cztery lata, nowa chata«*, »vier Jahre im Amt, neues Haus.«

Die aktuelle Sichtweise der Polen ist es, den Staat als einen Gegensatz von »ihr Gauner da oben« und »wir betrogenen machtlosen kleinen Leute hier unten« zu betrachten. Was ganz einfach noch fehlt in Polen, ist die staatsbürgerliche Einstellung zum Staat und das Verantwortungsgefühl eines jeden Bürgers für diesen Staat. Eine Zivilgesellschaft wächst eben nicht über Nacht heran.

# Von den schönen Seiten des Lebens

## Tafelfreuden und Gastfreundschaft

*Wie beim Adel*

*Gość w domu, Bóg w domu* – Gast im Hause, Gott im Haus. Unter diesem alten Motto steht die legendäre polnische Gastfreundschaft. Sobald ein Mensch die Schwelle eines Hauses übertritt, wird er ausgiebig bewirtet. Das kann ein entfernter Verwandter auf der Durchreise sein, ein Nachbar, der die geliehene Zange zurückbringt, ein Bekannter mit einer Nachricht, wer auch immer. Diese Freigiebigkeit und die Lust am Tafeln stammt – wie könnte es anders sein – aus der Zeit der Adelsrepublik. Sie wissen ja, jeder Pole ist ein verkappter Landadliger.

*Auf ein Likörchen!*

Auch Ihnen wird es so ergehen, selbst wenn Sie nur spontan auf einen Kaffee eingeladen sind. Garantiert steht sofort Tee oder ein Bier auf dem Tisch, ist der Kaffee gekocht, sind irgendwoher Kuchen und Kekse herbeigezaubert. Bei so viel Herzlichkeit kommt die Unterhaltung rasch in Gang. Vielleicht hilft ein Likörchen nach. Und dann kommt die beiläufige Frage: »Ach übrigens, Sie bleiben doch zum Essen?« Wenn man so warmherzig angestrahlt wird, kann man doch nicht nein sagen, und man sollte es auch nicht. Wer keinen Kontakt möchte, kann sich das überlegen, bevor er einer spontanen Einladung folgt. Doch wer zusagt, muss sich auf Gewaltiges einstellen und den Gürtel am besten vorab schon lockern.

*Die Küche steht Kopf.*

Scheinbar aus dem Nichts trägt die Hausfrau eine Speise nach der anderen auf. Vorher hatte sie die Kinder noch rasch in den Laden um die Ecke geschickt, der 24 Stunden geöffnet ist, und dann stand die kleine Küche Kopf: Mayonnaise anrühren, Eier kochen, in der Mikrowelle brutzeln die Hähnchenkeulen, Tomaten und Gurken fertig schneiden, das Gemüse putzen. Auch Wurst und Schinken sind auf einem Teller drapiert, das Brot ist aufgeschnitten. Noch den Käse auswickeln, auf dem Teller dekorieren, die Tochter ist schon beim Zubereiten des Beefsteak Tatar angelangt. Der Sohn macht sich ebenfalls nützlich und öffnet das Glas mit den selbst eingelegten Pilzen, füllt den inzwischen warmen *Bigos* aus dem Topf in eine Schüssel. Ein Teller nach dem anderen wandert auf den Esstisch, der Brotkorb muss auf den Fußboden, es ist kein Platz mehr. Alle Augen leuchten und als Gast staunen Sie über die fast kindliche Freude, die solcherlei Bewirtung dem Gastgeber macht.

*Lob und Trinksprüche*

Man sammelt Pluspunkte, wenn man die Kochkünste der Hausfrau lobt, und es gehört sich einfach, von allem wenigstens ein Häppchen zu kosten. Die uns Deutschen anerzogene Bescheidenheit, sich zu zieren um nicht als Vielfraß zu gelten, ist in Polen völlig unangemessen. Ja, fast ein Fauxpas. Wenn der Gast nicht nach Kräften zulangt, könnte das als Beleidigung aufgefasst werden: »Der mag uns nicht und unsere Küche ist ihm nicht gut genug!« Als höflicher Mensch erfindet der Gast, nachdem der Hausherr seinerseits einen Toast auf ihn ausgebracht hat, einen Trinkspruch auf seine Gastgeber. Trinksprüche gehören in Polen dazu und wenn niemandem mehr etwas einfällt, wird kurz die Wodkaflasche angetickt und nur ein knappes *»Do centrala!«* (»Auf die Zentrale!«) gerufen.

Dorffest: Selbstproduzierte Köstlichkeiten

*Mithalten!*

Als Gast sollte man nicht versuchen das Schnapsglas zu verstecken oder abzudecken. Auch sind endlose Diskussionen darüber ziemlich fruchtlos, warum man nicht mehr trinken möchte oder etwas zurückhaltend dabei ist. Lassen Sie sich einfach das Glas voll schenken und nippen Sie dann nur ein winziges Schlückchen vom Wodka, oder tun Sie so als ob. Wenn Sie dann irgendwann *wirklich* nicht mehr können, werden Ihre Gastgeber Ihnen das ansehen und Sie nicht weiter bedrängen. Sie haben ja Erfahrung. Kehrt dann wieder Nüchternheit ein und mit ihr die Erkenntnis, wie viel Improvisationskunst und strategisches Geschick eine polnische Hausfrau mitbringt, wenn sie aus nichts ein Festmahl zaubert, dann wird klar, weshalb so viele polnische Frauen Unternehmerinnen sind.

*Gegeneinladung nicht vergessen!*

Aber auch die polnische Gastfreundschaft ist nicht bodenlos. Zwar erwartet niemand einen Ausgleich direkt im Gegenzug. Doch spätestens, nachdem Sie mehr als einmal eingeladen wurden, sollten Sie sich zu einer Gegeneinladung entschließen. Denn auch die Gastfreundschaft verträgt – wie jede Freundschaft – keine allzu große Schieflage, was Nehmen und Geben betrifft. Auch wenn die Wirte Ihrer Pension oder Ihres Bauernhofs Sie abends wiederholt zum Essen einladen, würden Sie das doch auch bei uns nicht völlig ohne »Gegenleistung« annehmen. Sei es in Gestalt eines Geschenks oder einer Gegeneinladung in ein Restaurant, was immer Sie wollen. Auch die Polen haben ein feines Gespür dafür, wann Sie ausgenutzt werden.

## Immer gehaltvoll – die polnische Küche

*Die beste Wurst der Welt*

Nichts lieben die Polen so sehr, wie ein langes, geselliges Beisammensein mit einem üppigen Schmaus. Man kennt zwar auch in Polen Festessen, die wie ein Menu aufgebaut aus mehreren nacheinander servierten Gängen bestehen. Üblicher aber ist es, seine Gäste an eine Tafel zu bitten, die sich förmlich unter der Last der vielen verschiedenen Speisen biegt. Von kleinen Beilagen wie frischen

Familienfest: Aufgetischt wird, was die Küche hergibt.

Schlachtfest: Würstchen und Schinken für den Eigenbedarf

Gurken, Tomaten mit Zwiebeln, den berühmten polnischen Salzgurken, Brot, über Gemüsesalat, gebratenen Fisch, schlesische Würstchen, *Polędwica* (Kassler), Schinken, bis hin zu Hähnchenkeulen, Wurst, *Pierogi* (Maultaschen) und natürlich – und das fehlt nie – *Bigos*. Die Speisen werden den ganzen Abend über aufgefüllt und bei Bedarf wieder aufgewärmt. Übrigens sind die Polen auf eines ganz besonders stolz, und das ist ihre Wurst. Sie sind felsenfest der Überzeugung die beste Wurst der Welt zu machen, ein dezentes Lob des Gastes kann da nicht schaden.

*Deftige Kost*

Allen Modernisierungstendenzen zum Trotz hat sich die traditionelle polnische Küche bis heute behauptet: Man isst nach wie vor deftig. Doch sind die Speisen und ihre Zubereitung der deutschen Küche gar nicht so unähnlich. Insbesondere die Nachkommen von Ostpreußen und Schlesiern werden viel Vertrautes entdecken. Einige Charakteristika der Küche Ostmitteleuropas kommen auch in Polen vor, etwa die vielfältige Verwendung von saurer Sahne, Majoran als eines der wichtigsten Gewürze sowie ein gewisses Faible für Süßsaures. Trotz des Siegeszuges der Fastfood-Ketten haben sich die meisten der unzähligen kleinen Imbisse in Polen halten konnen und mit ihnen die polnischen Leib- und Magengerichte.

*Eintöpfe und Suppen*

*Bigos,* der polnische Jägertopf aus Weißkohl oder Sauerkraut mit Fleisch, Pilzen, Zwiebeln und Tomatenmark ist das wohl bekannteste Gericht im Lande und darf auf keiner Tafel in Polen fehlen. Eine Vorliebe vieler Polen aber ist *Flaki,* die in jedem polnischen Lokal vom Straßenimbiss bis hin zum feinen Restaurant zum Angebot gehört. *Flaki* ist eine in Rinderbrühe mit Gemüse gekochte Suppe aus in schmale Streifen geschnittenen Kutteln, an der reichlich Majoran nicht fehlen darf. Diese Art der Kuttelsuppe ist auch jedem Ostpreußen als »Königsberger Fleck« bekannt. Eine weitere beliebte Suppe in Polen ist *Barszcz Czerwony,* die klassische klare Rote-Rüben-Brühe, zu der meist kleine Pastetchen gereicht werden. *Barszcz* taugt nicht nur als Vorsuppe. Heiß getrunken wärmt sie an kalten Tagen Leib und Seele und ist hervorragend zur Katerbekämpfung geeignet. *Chłodnik* ist eine Sommervariante des *Barszcz,* die kalt gegessen wird. Dazu kommen saure Sahne, saure Gurken, Dill und gehacktes Ei in die ansonsten klare Brühe.

Eisbein und Piroggen

*Pierogi* sind in Polen eine beliebte Speise, die nicht nur als Hauptgericht, sondern auch als Vorspeise verzehrt wird. Diese polnischen Maultaschen, die in unzähligen Varianten existieren, gibt es sowohl als süße *Pierogi* mit Quarkfüllungen, die mit Sahne oder brauner Butter angerichtet werden, als auch herzhaft mit Hackfleisch, Pilzen oder Sauerkraut gefüllt. Generell wird man in Polen viele Speisen entdecken, die unserem Geschmack vertraut sind. Auf keiner Speisekarte fehlen gebratene Ente mit Äpfeln, Kohlrouladen, Schweinerücken mit Pflaumen, Schweinebraten in Honigkruste, Kotelettvarianten und vor allem eines: Eisbein.

INFO

## Pieroggen, die polnischen Maultaschen

Die in Polen überaus beliebten Pieroggen gibt es in unzähligen Varianten. Dabei ist das unten stehende Grundrezept immer gleich. Nur die Füllungen wechseln und der eigenen Phantasie sind dabei keine Grenzen gesetzt. Dieses Gericht eignet sich durch seine Vielfältigkeit auch hervorragend für Vegetarier.
Die klassischen Füllungen bestehen aus:

- gewürfeltem Speck oder angebratenem Hackfleisch *(Pierogi z mięsem* – Pieroggen mit Fleisch),
- Weißkohlstreifen oder Sauerkraut *(Pierogi z kapustą* – Pieroggen mit Kohl),
- gehackten Pilzen (Pierogi z grzybami),
- einer Kombination von letzteren beiden *(Pierogi z kapustą i grzybam* – Pieroggen mit Kohl und Pilzen),
- süßen Varianten mit Obst, Quark oder einer Kartoffel-Quarkfüllung *(Pierogi ruskie* – russische Pieroggen).

Das folgende Grundrezept reicht für vier Portionen: Ein Ei, einen Esslöffel Öl, 350 Gramm Mehl, einen guten halben Liter Wasser und eine Prise Salz zu einem Teig verkneten. Den Teig nicht zu trocken werden lassen, bei Bedarf Wasser zugeben. Eine ebene Fläche bemehlen und den Teig darauf dünn ausrollen. Mit einem umgedrehten Glas Kreise ausstechen. Füllung auf die ausgeschnittenen Teigkreise geben. Teigkreise mittig umklappen, sodass Halbkreise entstehen. Rand auf Rand legen und Teig mit den Fingern zusammendrücken. Teigreste jeweils wieder zusammenkneten, ausrollen und ausstechen, bis die ganze Masse verbraucht ist.
Reichlich Salzwasser in einem großen Topf zum Kochen bringen und die fertig geformten Pieroggen hinein geben. So lange kochen, bis die Pieroggen von allein wieder an die Wasseroberfläche kommen. Mit der Schöpfkelle herausnehmen. Wer mag, schwenkt die Pieroggen noch in einer Pfanne mit brauner Butter oder lässt sie ein wenig bräunen.
Drei Scheiben durchwachsenen Speck würfeln und mit einer gehackten Zwiebel in der Pfanne anbraten. Über die Pieroggen gießen. Bei den süßen Varianten gießt man statt dieser Speckstippe saure Sahne über die Pieroggen.

In Nordpolen mit seinen fischreichen Gewässern aber ist Fisch das Hauptgericht der Wahl. Selbst in kleinsten Restaurants und sogar in Imbissen erhält man vorzüglichen frischen Fisch. Frisch geräucherte oder zartbraun gebackene Flunder *(Flądra)* aus der Ostsee oder goldgelb geräucherte Maränen *(Sielawa)* aus den Masurischen Seen sollten Sie probieren. Sorten, die bei uns als teure Delikatessen und Edelfische gelten, wie Hecht oder Zander, bekommen Sie hier preiswert und fangfrisch an jeder Ecke. In guten Restaurants werden Sie auch heimische Flusskrebse genießen können.

*Fangfrische Maränen*

Polen ist eine Gesellschaft im Wandel, das wirkt sich auch auf die Ess- und Trinkgewohnheiten unserer Nachbarn aus. Vom Land der Teetrinker wurde Polen erst zum Land der Kaffeetrinker und ist mittlerweile schon wieder bei der Rückbesinnung. Eine wahre Renaissance des Tees hat eingesetzt: Ohne *Herbata* (Tee) geht in Polen nichts. Nicht einmal vor dem Wodka macht der Wandel halt. Längst hat ihn Bier als beliebtestes alkoholisches Getränk abgelöst. Dieser Siegeszug des Bieres begann in Polen nach der Wende, als die Qualität der einheimischen Biere einen Quantensprung machte. War polnischer Gerstensaft früher ein schales, nichtssagendes Gebräu und mindestens so trüb wie die Lage im Lande, können sich polnische Biere wie *żywiec, Lech* und *EB* heute durchaus mit westlichen Produkten messen.

*Tee und Bier*

## Feste und Feiertage

Die Polen gelten als ein Volk, das gerne feiert und das an Traditionen und an alten Bräuchen festhält. Das Gros der polnischen Gesellschaft ist – besonders was die Feiertage betrifft – der traditionellen Lebensweise bis heute stark verhaftet. Diejenigen Bräuche, die noch heidnischer Herkunft sind, haben ihre Bedeutung längst verloren und sind heute nur überlieferte Traditionen, an denen man aus Sentimentalität festhält. Vielleicht auch, weil mancher Halt darin findet oder auch einfach nur Spaß daran hat. Diese Traditionsgebundenheit selbst junger Polen wird besonders während der kirchlichen Feiertage wie Weihnachten, Ostern und Allerheiligen deutlich.

*Traditionsgebundenheit*

Natürlich gibt es auch staatliche Feiertage wie den Tag der Unabhängigkeit, der am 11. November zur Erinnerung an die Neuerstehung Polens 1918 begangen wird, und den Jahrestag der Unterzeichnung der ersten polnischen Verfassung vom 3. Mai 1791. Dann gibt es Umzüge, Festversammlungen mit ellenlangen Festreden, feierliche Konzerte und Volksmusik und ein rot-weißes Fahnenmeer.

*Staatliche Feiertage*

Die festlichen Höhepunkte im Jahreslauf eines jeden Polen bestimmt aber noch immer das katholische Kirchenjahr und die kirchlichen Feste waren und sind die wichtigsten Feiertage. Vieles wird dem deutschen Reisegast vertraut erscheinen, denn Osterhasen und Ostereier gibt es in Polen genauso wie den Weihnachtsbaum und den Nikolaus. Einiges allerdings unterscheidet sich schon stark von deutschen Sitten und Gebräuchen: »*Co kraj, to obyczaj* – Andere Länder andere Sitten«.

*Kirchenfeste*

INFO

## Wildes Geschnatter – Weihnachtsgänse

Schon zu Zeiten unserer Großeltern war Weihnachten nicht mehr fern, wenn von jenseits der polnischen Grenze ein vielstimmiges, schnell anschwellendes Geschnatter zu hören war. Und dann sah man sie in weißen Scharen daherkommen. Sie sollten sich auf den abgeernteten Stoppelfeldern Ostpreußens noch so richtig schön dick und rund futtern, bevor sie auf den deutschen Weihnachtstafeln landeten. Heute bekommen die meisten polnischen Gänse bei ihrer letzten, dreiwöchigen Mastkur täglich 500 Gramm Hafer als Futter: Sie heißen dann Hafermastgänse.

Viel Bewegung auf viel Platz an viel frischer Luft brauchen Gänse auch heute noch und die haben sie in Polen. Die Gans ist nach wie vor der bevorzugte Weihnachtsbraten der Deutschen, und ein großer Teil dieser Gänse stammt aus Polen. Dort werden Jahr für Jahr neun Millionen Stück des weißen Federviehs aufgezogen, in Deutschland selbst sind es nur 600 000 Stück. Damit ist Polen nach Russland mit 20 Millionen Gänsen jährlich der größte Gänseproduzent Europas.

Im Gegensatz zu den meisten anderen Geflügelrassen ist Europa auch das Ursprungsgebiet der heutigen Gänsearten. Darüber hinaus sind Gänse das einzige Geflügel, das sein Erscheinungsbild bis heute nicht wesentlich verändert hat. Zum Haustier wurden die Gänse wahrscheinlich zuerst in den wasserreichen Gebieten Polens und des östlichen Europas. Von dort dürften sie sich auch schnell nach Russland ausgebreitet haben.

Polen hat also schon seit eh und je eine besondere Tradition in der Gänsezucht. Das ziemlich kalte Klima und gesundes Futter begünstigten auch das Wachstum heller Daunen mit hoher Füllkraft. Daunenbetten mit polnischen Daunen sind wie eine weiße Wolke, leicht und weich. Als Festtagsbraten haben die leckeren Vögel schon von jeher begeistert. Bereits Plinius erwähnte im ersten Jahrhundert Mastgänse als delikates Festmahl. Weihnachtsschmaus wurden sie erst in jüngerer Zeit. War der Heilige Abend für Katholiken noch Fastentag, gab es den Gänsebraten vor der Reformation und später in katholischen Regionen allenfalls am Weihnachtsfeiertag. Dafür gab es aber am 11. November den Martinstag, an dem traditionell die Martinsgans auf den Tisch kam. In Polen selbst sind Gänse kein traditionelles Weihnachtsessen, sondern ein allgemein beliebter Festtagsbraten.

»Treffen sich zwei polnische Gänse, sagt die eine zur anderen: Freu dich, Weihnachten sind wir im Westen!«
*Polnischer Witz aus den Zeiten der Volksrepublik*

## Weihnachten

*Christliche Traditionen*

Polnische Weihnacht ist immer noch das vom Glauben und alten christlichen Traditionen bestimmte große Familienfest. Noch ist es wichtiger gemeinsam bei Tisch zu sitzen, als teure Geschenke auszutauschen. Schon Wochen vorher freut sich die ganze Familie auf das Weihnachtsessen. Da wird geplant, eingekauft, gekocht, gebacken und gebraten. Zwar ist Polen das Herkunftsland der Weihnachtsgans, aber es gibt sie dort nicht am Weihnachtsabend. Der gehört nämlich noch zur Adventszeit und die ist in Polen strenge Fastenzeit. Deshalb werden Sie in Polen auch kaum Weihnachtsmärkte finden.
Am Heiligabend wird also gefastet bis gegen 17 Uhr der erste Stern aufgeht, der den Beginn des Weihnachtsfestes signalisiert. Nun wird eine große bunt bedruckte eckige Oblate gebrochen und unter den Familienmitgliedern verteilt zum Zeichen, dass die Familie das Leben miteinander in Liebe teilen will. Man wünscht sich alles Gute, Gesundheit und frohe Weihnachten. Die Kerzen des geschmückten Weihnachtsbaumes werden angezündet und die Familien setzen sich an den festlich gedeckten Tisch, auf dem traditionell ein Gedeck mehr aufgelegt ist, um auch einen unerwarteten Gast noch bewirten zu können – ein Brauch mit Bezug zur christlichen Weihnachtsgeschichte: In Erinnerung an die Herbergssuche der Heiligen Familie soll kein anklopfender Gast draußen vor der Tür bleiben.
Die Kinder warten gespannt darauf, den Teller anheben zu dürfen. Sie wollen nachschauen, ob ein Geldstück darunter liegt. Unter dem Tisch befindet sich ebenfalls nach altem Brauch ein kleiner Ballen Stroh, manchmal ist etwas Stroh auch unter der Tischdecke versteckt. Daraus zieht sich dann jeder Anwesende einen Halm. Wer den längsten hat, der wird auch am langsten leben! Eigentlich soll diese Tradition aber an Jesu Geburt auf Stroh erinnern. Nach anderem alten Brauchtum stehen als Erinnerung an die zwölf Apostel zwölf verschiedene Gerichte auf dem Tisch, alle fleischlos, denn die Fastenzeit endet erst um Mitternacht, weshalb auch der geliebte Wodka zur Verdauung bis dahin tabu ist.

*In Polen kommt der Sternenmann.*

Die üppig gedeckten Tische biegen sich zu diesem Weihnachtsmahl in polnischen Familien noch mehr als sonst. Süßes gehört zur polnischen Weihnachtstafel, besonders Mohnkuchen. Genauso unverzichtbar wie »Karpfen in Biersauce« gehören *Barszcz,* Pieroggen, Hering in Öl, Bratfisch und Fisch in Aspik auf die Weihnachtstafel, auch Krautgerichte und polnischer Gemüsesalat. Nach dem Essen ist es dann endlich so weit: Strahlende Kinderaugen, glühende Wangen, die Bescherung naht. Aber nicht der Weihnachtsmann kommt in Polen, sondern der Sternenmann, begleitet von den Sternenjungen. Wie bei uns der Weihnachtsmann prüft in Polen der Sternenmann die Kinder. Haben sie ih-

ren Katechismus gelernt? Waren sie brav? Belohnt werden sie mit Geschenken und Leckereien. Es wird viel gesungen während der *wigilia,* der Heiligen Nacht. Die polnischen Weihnachtslieder *(kolędy)* gehören zu den schönsten der Welt. In die Kirche gehen die Familien zur Mitternachtsmesse *(pasterka),* was Hirtenwache bedeutet. Schon der Kirchgang durch die oft sternklare, eiskalte Winternacht über knirschenden Schnee, der feierliche Glockenklang und die von weitem sichtbare, festlich erleuchtete Kirche ist ein besonderes Erlebnis, nicht nur für die kleinen Familienmitglieder.
Am ersten Weihnachtstag bleibt man zu Hause. Traditionell widmen alle diesen Tag der Familie und es kommt auf den Tisch, was an den Tagen zuvor gekocht wurde. Am zweiten Feiertag, dem *Stefanstag,* stehen nach alter Sitte Verwandtenbesuche an. Noch einmal wird aufgefahren, was die Speisekammer hergibt.

## Ostern

*Höhepunkt ist der Karfreitag.*

Ostern in Polen – das sind natürlich wieder Kirche, Familie, sich biegende Tische und viiiiiiiel Wasser. Ostern ist wie bei allen Christen das höchste kirchliche Fest, hier aber auch ein großes Familienfest. Der Osterhase hat dabei kaum eine Chance, ist er doch nur so eine neumodische Errungenschaft, die nach der Wende aus dem Westen ins Land geschwappt ist. Wirklich wichtig sind in Polen allein die Passion und die Auferstehung Christi sowie die alten Bräuche.
Die vorösterliche Karwoche ist eine Zeit der Dunkelheit und Trauer, die ihren Höhepunkt am Karfreitag findet. Der ist in Polen anders als in Deutschland kein gesetzlicher Feiertag. Die Spiegel in den Häusern sind verhängt, es wird gefastet, Strenggläubige nehmen nur Brot und Wasser zu sich, Fleisch gibt es nirgends. In den Kirchen ist es düster, keine Glocke läutet. Die gläubigen Polen verbringen viele Stunden im Gebet, vertieft am symbolischen Grab Christi: Manche wachen die ganze Nacht, darunter viele junge Leute, die nach alter Tradition das Christusgrab in sieben verschiedenen Kirchen besuchen.

Kalwaria – alljährlich wird in der Nähe von Krakau der Leidensweg Christi nachgespielt. Tausende von Gläubigen folgen dem Zug.

Der Ostersonnabend vergeht mit Festvorbereitungen in den Familien, es wird gekocht und gebacken nach alten Sitten und Rezepten, immer nach dem Motto: Das Rezept unserer Großmutter ist das beste. Schließlich müssen die Osterkörbe gerichtet werden, damit sie in der

Kirche gesegnet werden können. Natürlich alles nach alter Tradition, mit Wurst, Salz, Pfeffer, Meerrettich, Rote Beten und Kuchen, drapiert auf weißem Leinen und mit Weidenkätzchen geschmückt.

*Osterkörbe und Osterkerzen*

Ganz früh am Ostermorgen, oder schon in der Osternacht, sind die Kirchen zu den Auferstehungsandachten überfüllt, die – als Symbol einer ohne das Licht des Glaubens düsteren Welt – in völliger Dunkelheit beginnen. Bald bricht das Osterlicht die Finsternis, immer mehr Lichter werden an der Osterkerze entzündet, die durch die Kirche getragen wird. Frohe Gesänge, mit allen gezogenen Registern wie aufbrausender Orgelklang, Glockengeläute und Böllerkrachen künden von der Freude der Auferstehung. Dreimal zieht eine Freudenprozession um die Kirche.

*Osterfrühstück*

Nun ist sie endlich vorbei die Fastenzeit. Alles eilt nach Hause zum großen Osterfrühstück, wobei Frühstück eine bescheidene Bezeichnung ist, für das was nun folgt. Wie bei allen Familienfeiern in Polen biegen sich die Tische. Eine Fülle kalter Speisen wird zur traditionellen Ostertafel gereicht: verschiedene Wurst- und Fleischsorten, Schinken, das Osterbrot mit dem Kreuz, das entweder gebackene oder aus Zucker gefertigte Lamm, Rote Bete und Meerrettich, die klassische Sauermehlsuppe *Zurek Wielkanocny* und natürlich die speziellen Kuchensorten *Babka, Sernik, Mąkowiec, Mazurka* und *Paska.* Am wichtigsten aber sind die gesegneten Speisen, besonders die *Pisanki* genannten gefärbten Eier. Jedes Familienmitglied nimmt von den gesegneten, geteilten Eiern und verzehrt ein Stück, dabei Glück- und Segenswünsche für alle Anwesenden aussprechend.

*Tag des Wassergießens*

Am Ostermontag ist es vorbei mit der Feierlichkeit. Zum Spaziergang sollte man entweder wachsam um sich schauen und gut zu Fuß sein oder selbst bei Sonnenschein regenfeste Kleidung tragen. Es ist *Smigus Dyngus,* der Tag des Wassergießens. Jeder der vorbeikommt, wird vor allem von jungen Leuten erbarmungslos mit Wasserpistolen, Wasserbeuteln, Schöpfkellen voll Wasser und sogar ganzen Eimern voll Wasser traktiert. Es ist der Tag mit dem höchsten Wasserverbrauch im ganzen Jahr. Dieser Brauch hat sehr alte Wurzeln, er stammt aus dem Jahre 966, als der polnische Herrscher Mieszko I. am Ostermontag getauft und Polen damit zum Christentum bekehrt wurde.

## Allerheiligen

*Massenansturm an den Gräbern*

Einer der wichtigsten Feiertage des Landes ist Allerheiligen, das am 1. November gefeiert wird. Dann ist ganz Polen auf den Beinen. In den Städten bilden sich lange Warteschlangen an den öffentlichen Verkehrsmitteln und auf den Straßen kommt es zu Staus. Das ganze Land scheint sich auf den Weg gemacht zu haben, um auf den Friedhöfen der verstorbenen Angehörigen zu gedenken. Die Gräber wurden mit immensem Aufwand schon Tage vorher geschmückt und geharkt, die Grabsteine geschrubbt. Farbenfrohe Kunststoffgestecke schmücken bald die Gräber, die in allen Farben vorhandenen Grablichter werden gerichtet.

Mit nicht weniger Aufwand wurde in den Familien gekocht und gebacken, denn an diesem Tag kehren auch weit entfernt lebende Verwandte heim, um ihn im Kreise der Familie zu begehen. Allerheiligen ist also nicht bloßes Totengedenken, sondern auch ein Familientreffen wie die Polen es lieben: mit üppigem Festmahl.

## Freizeit in Polen

### Und sonntags in den Garten

*Gartenkolonien*

Jeden Sonntag wieder erlebt man die Metamorphose des polnischen Bürgers: vom Kirchgänger im Sonntagsstaat zum Kleingärtner in Freizeitkluft. Nach der Kirche geht es rasch nach Hause, alle ziehen sich schnell um und suchen zusammen, was sie für einen Tag im Garten brauchen. Und dann stehen sie zu Tausenden an den Bushaltestellen, um wenig später draußen vor den Städten an den Toren der Gartenkolonien auszusteigen. Vereint mit den Autofahrern, die ihre Karossen in langen Reihen an den Kolonien parken, strömen sie durch die Tore und weiter auf die eigenen Parzellen.

*Geselligkeit*

Man pusselt hier ein wenig, jätet dort, erntet frisches Obst und Gemüse. Zwar ist diese Ernte für viele Polen immer noch eine wichtige finanzielle Entlastung des Haushaltsbudgets, doch das ist nicht das wichtigste. Die Geselligkeit ist es, der Plausch mit dem Nachbarn, das Austauschen von Tipps und das gegenseitige Bewundern der schönsten Erntestücke. Und natürlich gehört die Familie dazu. Denn vor allem genießt man den Tag zusammen mit Familienangehörigen, isst und trinkt vor der kleinen Datscha, die unbedingt zu jedem Garten gehört.

Ein üppiger Bauerngarten, Stolz jeder Familie

In fröhlicher Erwartung der Volkstanzherren

*Gartenleidenschaft*

Alle fühlen sich ein klein wenig wie auf dem Land, auf einem Landsitz und bewirten Familie und Freunde. Kratze nur ein wenig an einem Polen und der Landedelmann kommt hervor, möchte man meinen. Spätestens abends, wenn die Wurst noch ganz ursprünglich auf einen Stock gesteckt und ins Feuer gehalten wird, kommen Sätze wie: »Es war ja eigentlich schon immer unser Traum, auf dem Land zu leben«. Je nach Vermögenslage haben Polen einen bescheidenen Kleingarten oder ein veritables Wochenend- oder gar Ferienhäuschen mit Gartengrundstück. So gehört die *działka,* der Garten, fest zum Lebensgefühl vieler Polen. So sehr, dass man fürchten musste, die Gartenleidenschaft der Polen könnte den Ausgang des EU-Referendums gefährden. Aber dann kamen sie doch noch, auf dem Rückweg am Sonntagabend, in aufgeräumter Stimmung nach einem der ersten schönen warmen Wochenenden, stellten ihre Eimer mit Tomaten und Gurken ab und – stimmten ab.

## Waldmenschen

*Vom Wald verschluckt*

Der Herbst naht. Das merkt man in Polen untrüglich daran, dass wahre Völkerscharen sich an den Bushaltestellen versammeln, meist in Gummistiefeln und mit Eimern aller Größen bewaffnet. Sie steigen dort wieder aus den Bussen aus, wo garantiert weit und breit kein Haus zu sehen ist, sondern nur Wald, nichts als Wald. Minuten später ist von der ungewöhnlichen Menschenansammlung nichts mehr zu sehen, der Wald scheint sie verschluckt zu haben. Wenige Stunden später tauchen sie wieder auf und versammeln sich an der Bushaltestelle, um zurück zu fahren. Ihre Eimer sind nun randvoll mit den schönsten frischen Pilzen.

Zehn Millionen Polen sind nach Umfragen Pilzsammler, das heißt jeder vierte Pole. Diese Leidenschaft teilt das ganze Volk: Egal ob arbeitslose Familienväter und Mütter, die ein Zubrot dringend benötigen oder der Millionär, der zur Entspannung und aus Tradition in den Wald geht. Auch das ist nämlich eine Tradition in Polen: Leben von und mit dem Wald. Polen haben ein ganz besonderes Verhältnis zum Wald, hat er sie doch immer wieder in schlechten Zeiten ernährt und – wenn es ganz besonders schlimm kam – auch versteckt vor Verfolgung. Sie kennen sich aus im Wald, wissen wo man welche Tiere beobachten kann, wo die besten Pilze zu finden sind, wo ein fischreicher See liegt. Polen lieben ihren Wald, aber sie verklären ihn nicht mythisch wie Deutsche es in der Vergangenheit oftmals taten mit ihrem viel besungenen »Deutschen Wald«. Und wer seinen Wald so gut kennt und liebt wie die Polen, der behandelt ihn pfleglich. Doch da Polen vor allem pragmatisch sind, kann es in schlechten Zeiten sein, dass da auch schon einmal schwarz abgeholzt wird. Schließlich muss einer ja leben.

*Zehn Millionen Pilzsammler*

*Heidelbeerzeit*

»Mein Gott, sammelst du etwa Plastiktüten?« fragte ich eines Tages meine Cousine, als ich die Einkäufe im Kofferraum des Wagens verstaute. »Ich, nein«, meinte sie fröhlich, »aber wir könnten doch womöglich irgendwo an einem Wald vorbeikommen und es ist doch Heidelbeerzeit.« So sind sie, die Polen, auch als Touristen. Zum Beispiel bei einem Kleinbahnausflug in Masuren. Mittags hält das Dampfbähnchen, damit die Passagiere Zeit zu einem Spaziergang im schattigen Wald und einem anschließenden Bad in dem am Ende des Waldweges liegenden See haben. Der Unterschied ist unübersehbar. Die wenigen deutschen Mitfahrenden marschieren brav auf den Waldwegen direkt hinunter zum See. Weil sie sich nicht auskennen, sehen sie gar nicht, was es hier alles am Wegrand zu holen gibt. Anders die Polen: Vergnügt springen sie aus dem Zug, rasch die zusammengelegten Plastiktüten entfaltend. Dann schwärmen sie aus und streifen in gebückter Haltung durch den Wald. Ihre Tüten sind prall mit herrlich aromatischen Heidelbeeren gefüllt, wenn sie am See ankommen. Zeit genug für ein schnelles Bad ist ja immer noch. Die Polen sind die wahren Waldmenschen.

Pilze und Beeren werden Sie an vielen Durchgangsstraßen und in den Orten auf den Märkten, an den Kirchhofmauern, Busbahnhöfen, in den Fußgängerzonen und überall dort im Angebot finden, wo viele Menschen vorbeikommen. Meist befinden sie sich in Gläsern, seltener in Eimern oder Körben. Zur Preisberechnung braucht man keine Waage, abgerechnet wird nach Litern. Natürlich gibt es unter den Anbietern auch schwarze Schafe, also lassen Sie die Pilze immer in eine eigene Tüte umkippen. Wenn man den ganzen Korb kauft, könnte unten eine dicke Lage Zeitungspapier sein. Auf der sicheren Seite sind Sie, wenn Sie nicht irgendwo an der Landstraße, sondern in einem Ort kaufen. Betrüger halten sich dort garantiert nicht lange.

## Ein Volk von Sportbegeisterten

*König Fußball*

Volkssport Nummer eins ist auch in Polen König Fußball, mit all seinen positiven und negativen Begleiterscheinungen. *Ekstraklasa* heißt die polnische Bundesliga, in der 16 Clubs um die Meisterschaft spielen. Die dominierenden

Mannschaften des letzten Jahrzehnts waren *Wisła Krakau* und *Legia Warschau.* Zuschauerzahlen wie die deutsche Bundesliga erreicht die *Ekstraklasa* allerdings bei weitem nicht, selbst die Spitzenspiele werden selten von mehr als 10 000 Fans gesehen. Der klassische *kibic,* wie der Fan auf Polnisch heißt, unterscheidet sich kaum von den westlichen Fußballanhängern. Er reist per Bus oder Zug in meist privat organisierten Gruppen und entsprechend kostümiert »seinem« Club kreuz und quer durchs Land hinterher.

*Hooligans*

Die polnische Gesellschaft steckt noch immer im Umbruch, in der Transformation, die auch Wendeverlierer zurücklässt. Ein gewisser Prozentsatz an entwurzelten, oft ins rechtsradikale Milieu abdriftenden jungen Männern ohne Arbeit und ohne Perspektive, die in der Gewalt einen Ersatz-Lebensinhalt fanden, ist die Folge. Etwa 20 000 solcher gewalttätiger Hooligans sorgen in Polen für die »Dritte Halbzeit«. Doch das ist beileibe kein auf Polen zu beschränkendes Thema. Hooligans gibt es in vielen Ländern.

*Amateurfußball*

Noch interessanter als Fußball gucken ist für die Polen Fußball spielen und so sieht man überall in Polen Fußballplätze und improvisierte Bolzplätze. Zwar fiel die staatliche Finanzierung nach der Wende weg, doch überlebte Polens Amateurfußball, auch in den untersten Ligen. Besonders im ländlichen Raum konnten aber nicht alle Vereine den Spielbetrieb aufrechterhalten. Die an kleinere Wirtschaftsbetriebe gebundenen Sportclubs und die Clubs der landwirtschaftlichen Staatsgüter überlebten in den wenigsten Fällen: Sie konnten die Plätze ohne Geldgeber nicht bespielbar halten, die Spielkleidung nicht mehr finanzieren, ebenso wenig wie Reisen zu Auswärtsspielen oder die Schiedsrichterspesen.

*Sponsoren*

Die Koppelung von Sport und Arbeitsstätte erwies sich im neuen Wirtschaftssystem als Schwachpunkt. Nur wenn die Privatisierung der Mutterfirma gelang, hatte auch der Betriebssportclub eine Überlebenschance. Ein solches Beispiel ist *Stomil Olsztyn,* der Sportclub der gleichnamigen Reifenfirma in der masurischen Woiwodschaftshauptstadt Olsztyn (Allenstein). Mit dem Geld der neuen Mutterfirma Michelin gelang sogar der zeitweilige Aufstieg in die *Ekstraklasa.* Ansonsten überlebten nur die Vereine, die in der Lage waren, lokale Sponsoren aufzutun und sich als Werbeträger für die Gemeinden interessant zu machen.

Skateboardkünstler wie im Westen, aber keine Nullbockgeneration.

Abenteuersport – Floßfahrt in den Karpaten

*Priester im Trikot des AC Milan*

Das gilt natürlich nicht nur für den polnischen Fußball, sondern genauso für die anderen Volkssportarten wie Leichtathletik, Volleyball und Tischtennis. Besonders Tischtennis ist beliebt, kann man es doch in jeder normalen Sporthalle spielen und auch die Ausrüstung ist bezahlbar. So gibt es im Tischtennis wie auch in den anderen Volkssportarten neben dem offiziellen Ligabetrieb noch eine Vielzahl von Betriebssport-Ligen wie auch Spaß-Ligen, in denen sich Millionen von Polen auch der älteren Generationen tummeln. Sehr gut besucht sind außerdem die kirchlichen Sportangebote. In Polen gilt, dass Kirche ist, wo die Menschen sind, also kommt der Priester zum Fußball. Und dann geschieht es, dass ein Priester im Trikot des *AC Milan* und in Fußballstiefeln laut den Ball fordernd über den Bolzplatz tobt und grätscht, als ob es keine Nächstenliebe gäbe. Fußball ist eben Fußball. »Der liebe Gott ist selbst Fan und drückt ein Auge zu«, meinte der Milanfan, als er nach dem Duschen nun wieder in der Soutane zum Kaffee erschien.

*Funsportarten*

Man sieht sie auch in Polen, die Funsportarten. Skateboarder flitzen durch die Fußgängerzonen der Städte, selbst Halfpipes sind nicht einmal mehr in Provinzstädten eine Sensation. An Polens Stränden ist Kitesurfen der Hit, in der Hohen Tatra sieht man sie täglich am Himmel, die Paraglider und Drachenflieger, trifft auf Wegen und engen Bergstraßen auf Mountainbiker und im Winter auf Snowboarder. Doch nur eine Funsportart hat sich in Polen wirklich durchgesetzt und ist zum Massensport geworden, und das ist Beachvolleyball. Da gibt es im ganzen Land an jedem Strand Turniere, die die Organisatoren mit viel Trara durchziehen und eine Stimmung erzeugen, als ob alle am Olympiastrand von Sydney säßen. Das ist cool, das ist hip, da kann man sich zeigen – sehen und gesehen werden. Besonders Beachvolleyball kommt dem Hang der Polen, den Sommer zu zelebrieren sehr entgegen: Volksfeste, laue Abende und fröhlich lärmende Events wie ein solches Beachvolleyballturnier lassen sie mediterrane Leichtigkeit des polnischen Sommers so richtig zur Geltung kommen.

## In der Natur unterwegs – Paddeln, Campen, Wandern

*Naturliebhaber*

Noch laufen die meisten jungen Polen im alten Pfadfinder-Anorak durch die Lande und nicht in Multifunktionskleidung. Es ist auch egal, ob es nun Outdoor-Adventure, Trecking oder schlicht Wandern heißt. Die Polen sind große Naturliebhaber, das gilt auch für die junge Generation. So sind viele in der Freizeit, an einem verlängerten Wochenende und in ihrem Urlaub auf Abenteuersuche und die findet in Polen noch überwiegend draußen statt und nicht in der virtuellen Welt des Internets. Polen bietet genügend Wildnis, um solche Abenteuerlust auch abseits der Touristenpfade auszuleben.

*Aussteiger und Bergromantiker*

Für Trecking und Wandern bietet Polen alles in den menschenleeren Räumen des Nordostens und den Bergregionen des Südens, vor allem im Bieszczady-Gebirge, den Ostbeskiden im Dreiländereck Polen-Ukraine-Slowakei. Kult ist auch die Gegend um den 90 Kilometer langen Höhenweg von Komancza nach Ustrzyki Górne, der fast wie eine Pilgerfahrt absolviert wird. Besonders attraktiv ist ein Urlaub in den Ostbeskiden wegen des Beskidisches Meer genannten Jezioro Soliński (Solina See), eines 21 Quadratkilometer großen Stausees. Die Region für Aussteiger und Bergromantiker aber ist der Bieszczady Park Narodowy, ein Nationalpark, in dem es noch Wisente, Braunbären, Wölfe, Luchse und Adler gibt. Dort in Polens Wildnis treffen sich alljährlich junge Leute, die mit Rucksack und Zelt unterwegs sind. Sie zelten auf einem einsamen Bauernhof, übernachten im Heuschober, auf der Alm, oder mieten sich eine der einfachen Zelten nachempfundenen Dreieckshütten auf dem Campingplatz.

*Heuhotels*

Genauso beliebt unter jungen Leuten sind Touren auf Schusters Rappen durch das Riesengebirge oder auch durch Masuren. Übernachtet wird dann richtig zünftig in »Heuhotels« mit deftigem Frühstück und dem Gemeinschaftserlebnis des Waschens an der Pumpe, auch Jugendlager und Jugendseminare dieser Art erfreuen sich großer Beliebtheit. Als besonders cool gelten Computerkurse in der Wildnis.

*Wanderurlaube*

Wohnmobile und Wohnwagen gibt es in Polen wegen der hohen Preise kaum. Aber wozu ein großes Steilwandzelt kaufen oder gar einen Wohnwagen? Auf fast jedem polnischen Campingplatz werden verschieden ausgestattete Holzhäuschen angeboten, die man preiswert mieten kann. Zurück zur Natur heißt es im Urlaub und am Wochenende! Auf sehr großen Komfort legen da die wenigsten Polen Wert. Zwar ist wildes Campen auch in Polen verboten, aber das Land ist groß und der nächste Polizeiwagen weit, denken sich viele junge Polen, wenn sie ihr Zelt am Waldrand oder an einem einsamen Seeufer aufschlagen. Vor allem aber sagen die meisten Bauern Ja, wenn man sie bittet, das Zelt auf ihrem Land aufschlagen zu dürfen. Besonders beliebt sind sowohl für Wanderer als auch für Kanuten die preiswerten Unterkünfte der PTTK *(Polskie Towarzystwo Turystyczno-Krajoznawcze* – Polnische Gesellschaft für Touristik und Heimatkunde), braucht man doch so kein Zelt mitzuschleppen. Die PTTK hat weit über 100 000 Mitglieder, was allein zeigt, welch hohen Stellenwert Wanderurlaube in Polen haben.

*Schönste Paddeltour Europas*

Nicht nur Urlaub auf Schusters Rappen, auch Paddeltouren sind angesagt bei den Polen, egal ob bei Jugendlichen oder ganzen Familien, besonders seit bekannt wurde, dass Papst Johannes Paul II. auch ein begeisterter Paddler war. So paddeln heute alljährlich Tausende Polen die Routen nach, auf denen er einst fuhr. Masuren hat es den Warschauern dabei besonders angetan, ist man doch nur zwei Stunden unterwegs bis in die Grüne Lunge Polens. Man fährt zu seinem eigenen Ferienhäuschen oder mietet sich übers Wochenende in eine Pension ein und dann geht es aufs Wasser. Während der Ferienwochenenden können Sie trockenen Fußes über manchen kleinen Fluss gelangen, so viele Paddelboote sind unterwegs. Es wird voller, aber letztlich gibt es genügend Platz für alle, auch abseits der touristischen Zentren. Das trifft selbst für die mehrtägigen Paddelrouten auf der Krutynia zu, die als schönste Paddeltour Europas gilt. Wer es noch ursprünglicher will, und das trifft wiederum vor allem auf junge Polen zu, nimmt sich die Czarna-Hańcza-Route bei Suwłki vor und wandelt wieder auf den Spuren des Papstes bis nach Augustów. Verbunden werden diese Paddeltage meist mit einer Trecking- oder Kanu-Tour durch den Biebrzański-Nationalpark, der sich gleich südlich anschließt. In Europas größtem Urwald gewesen zu sein, Elchen und einer unglaublichen Vielfalt von Vögeln zu begegnen, ist für Polen aller Altersstufen eine durch keinen Trubel und kein Event zu ersetzende Urlaubsattraktion.

## Polnische Urlaubsträume oder: Wie urlauben die Polen?

*Organisierter Urlaub*

Der Sozialismus hat andere Urlaubsformen herausgeformt als das westliche Gesellschaftssystem, und davon sind die Urlaubsträume vieler Polen noch heute geprägt. Urlaub war für viele Polen möglich, denn er war fast zum Nulltarif zu haben. Die Urlaubsziele waren meist an die verfügbaren Plätze des Betriebes oder einer gesellschaftlichen Organisation gebunden. Oft ging es an die Ostsee, nach Masuren oder in die Bergregionen des Südens. Mit Glück bekam man sogar eine Auslandsreise nach Ungarn an den Balaton (Plattensee) oder gar ans Schwarze Meer. Diese Plätze waren rar und meist nur durch Beziehungen zu bekommen. Manchmal hatte solch ein Ausnahmeglücklicher auch die Chance durch seinen Sportclub an einem Ferien- und Trainingslager im Ausland teilzunehmen. Für Schüler gab es die verschiedensten Ferienlager und manche Kinder fuhren gleich zweimal in den Urlaub, einmal in ein Lager und einmal mit den Eltern.

Die Ferienheime sind inzwischen privatisiert, renoviert und nur noch für gutes Geld zu buchen. Ferienlager gibt es noch immer, nicht mehr umsonst und längst

Sommer im Strandbad, Lötzen, Masuren

nicht mehr für jedes Kind, aber sie erfreuen sich ungebrochener Beliebtheit. Noch in der ersten Hälfte der 1990er Jahre packten die Autobesitzer unter den Polen ihren »Maluch« (Kleinerchen) genannten *Polski Fiat* randvoll mit Lebensmitteln in Konserven, das Zelt kam aufs Dach, in die Lücken wurden noch allerlei nützliche Dinge gestopft, die – so hoffte man – unterwegs zu Geld gemacht werden konnten, denn das Budget reichte mal gerade fürs Benzin. Glücklich war, wer ausgewanderte Verwandte in der Bundesrepublik oder anderen Westländern besuchen konnte. Wer kein Auto hatte, fuhr mit dem Linienbus, der preiswertesten Reisemöglichkeit.

*»Einmal Urlaub am Mittelmeer!«*

Heute reisen die Polen anders. Nicht mehr mit dem überladenen *Maluch,* sondern als Pauschaltourist mit dem Flugzeug oder mit dem koreanischen Klein- oder Mittelklassewagen in eine Pension. Die Polen, die es sich leisten konnten, sind getreu dem Motto »Einmal Urlaub am Mittelmeer!« – inzwischen im warmen Süden gewesen. Die heutige Elterngeneration hat dank der Billigflieger die Welt gesehen oder zumindest das persönliche Traumziel. Es kehrt etwas mehr Ruhe ein, man hat nicht mehr dauernd das Gefühl, das Leben verpasst zu haben. Und die jungen Polen pendeln hin und her zwischen einem Kurztrip im Billigflieger nach London und einer Zivilisationsmüdigkeit, die sie Wanderurlaub in der polnischen Wildnis im äußersten Nord- oder Südosten ihres Landes lieben lehrte.

*Wintersport*

Polen als Wintersport- und Winterurlaubsland haben westlich der Oder erst die Skisprungerfolge von Adam Małysz so richtig bekannt gemacht. Auch Zakopane rückte erstmals als Schauplatz faszinierender Weltcupskispringen ins Blickfeld. Dabei galt Polens Wintersporthauptstadt schon vor dem Krieg als das mondäne östliche Pendant zu St.Moritz und war sogar schon Austragungsort von Skiweltmeisterschaften. Allein die Hohe Tatra und Zakopane werden im Jahr von sechs Millionen Touristen besucht, von denen die Mehrzahl Polen sind.

*Luxusurlaub*

Dann wären da noch die wohlhabenden Polen. Auch unter ihnen ist Urlaub in Polen wieder in Mode gekommen, sogar die Ziele sind die gleichen wie bei den Durchschnittspolen. Anders allerdings sind die Hotels, in denen die Schickeria absteigt und die Aktivitäten. Da macht man einen Golfurlaub an der Ostsee, einen Reiturlaub in Masuren, schwelgt in Landedelmannzeiten bei einem Schlossurlaub oder folgt dem jüngsten Trend, der zum Boom zu werden scheint, dem Wellnessurlaub in einem möglichst luxuriösen Hotel.

# Kleiner Polenknigge

Beliebter Treffpunkt: Marktplatz in Breslau

## Noch immer mit Handkuss – Begrüßungsrituale

*Hallo und Guten Tag!*

Jede Begegnung, jede folgende Kommunikation, beginnt mit der Begrüßung. Im Zweifelsfall und auch ohne jegliche Sprachkenntnisse muss ein »Hallo« verbunden mit einem freundlichen Lächeln genügen. Wenn Sie es aber nur irgendwie hinbekommen, sollten Sie es auf Polnisch versuchen. *Dzień dobry* (Guten Tag) wird in Polen unabhängig von der Tageszeit gewünscht. Abends kann man auch *Dobry wieczór* (Guten Abend) sagen. Dazu reicht man sich die Hand. Auch in Polen wird stets zuerst die anwesende Frau begrüßt, selbst wenn sie in der Firmenhierarchie weiter unten steht als zum Beispiel Ihr neuer Geschäftspartner. Im informellen Bereich, wenn man sich bereits kennt oder unter jungen Leuten, ist das kurze *Cześć* angemessen, was so viel wie unser »Hallo« bedeutet. Ist man gut miteinander bekannt oder befreundet, küssen Frauen sich auf beide Wangen, Männer umarmen sich.

*Handkuss*

Wundern Sie sich nicht, sofern Sie eine Frau sind, wenn bei einer Vorstellung ein Mann sich vor Ihnen verbeugt und *Całuję rączki* (wörtlich: »Ich küsse die Händchen«) sagt, Ihre Hand ergreift, sie hochzieht und einen angedeuteten Kuss darauf haucht. Bitte entziehen Sie ihm die Hand nicht! Das wäre eine ziemliche Brüskierung. Hier will Sie niemand »anmachen«. Es ist im Gegenteil eine Form der polnischen Höflichkeit, die auch stark durch die Ideale der *Szlachta,* des polnischen Landadels, geprägt ist. Allerdings ist in Polen vieles im Wandel, so auch die Vorstellung über gutes Benehmen. Auf einen Handkuss aber sollten Sie gefasst sein und ihn »huldvoll« lächelnd und wie selbstverständlich entgegennehmen.

*Imaginäre Titel*

In Polen kennt man wie bei uns das formelle Sie und die Anrede Herr XY und Frau XY. Ein bisschen sind die Polen wie die Österreicher, sie lieben Titel. Man wird Sie in Polen also als Frau oder Herr XY vorstellen, Sie aber *pan* oder *pani doktor,* also »Herr oder Frau Doktor« nennen. Diese Titelnennung erfolgt immer von »unten nach oben«. Das heißt, der beruflich oder sozial Tieferstehende spricht den Höherstehenden mit einem imaginären Titel an. Auf die gleiche Art werden etwa Gäste auf Symposien oder Geschäftspartner geehrt. Dabei gilt: »Herr oder Frau Ingenieur« bei jemandem, der irgendetwas mit Technik zu tun hat. »Herr oder Frau Doktor« kann man immer sagen. Zu jeder Art Lehrer sagt man gern »Herr oder Frau Professor«. Wenn man gar nicht weiß, welche Bezeichnung angemessen ist, tituliert man sein Gegenüber mit *panie kierowniku!,* »Herr Leiter«, und das passt dann sogar für den mürrisch darein schauenden Beamten bei der Zugauskunft.

*Du, Sie oder »Frau Brigittchen«*

Lieber aber ist es den Polen eigentlich familiärer. Sie werden daher sehr schnell zu einer vertrauteren Umgangsform übergehen, auch im Laufe geschäftlicher Verhandlungen. Das hört sich dann gleich viel intimer und gemütlicher an. Ich werde beispielsweise in Polen *Pani Brigidka* genannt, »Frau Brigittchen«, also nach der Formel »Frau/Herr plus Vorname in der Koseform«. Koseformen, Diminutive, sind im polnischen Sprachgebrauch gang und gäbe. Nur kommen Sie bitte nicht auf die Idee, einen beruflich oder sozial höher stehenden Polen von sich aus etwa *Panie Adasiu,* »Herr Adamchen« zu nennen und ihn damit »klein« zu machen, denn so würde es wirken.
Durch diese »Zwischenstufe« dauert es in Polen etwas länger, bis das Ty, also das Du angeboten wird. Im privaten Bereich, zwischen Freunden und in den Familien, duzt man sich allerdings generell. Für Sie gilt als Faustregel: die Einladung zum Duzen genau wie nach dem deutschen Knigge vom Älteren dem Jüngeren und von der Frau dem Mann gegenüber aussprechen.

*»Danke«*

Bei jeder Art von Begegnung in Polen oder im Alltag geht es sehr höflich zu. Sie sollten sich unbedingt das Wort *dziękuję* (danke) merken, das bei unzähligen Gelegenheiten gesagt wird. So dankt man etwa nach jeder Mahlzeit und es kann nicht schaden, wenn Sie das auch tun. Es kann ebenfalls nicht schaden, wenn Sie in Polen als Mann Frauen in und aus dem Mantel helfen, ihnen den Stuhl zurechtrücken und die Türe aufhalten.

## In Polen unterwegs

*Koreanische Kleinwagen*

Der Verkehr in Polen nimmt Jahr für Jahr stark zu. Immer mehr Menschen können sich ein Auto leisten: Bei gut situierten Familien steht auch bereits ein Zweitwagen vor der Tür: Manchmal handelt es sich dabei um einen Dienstwagen, manchmal wird für den Sohn, seltener für die Tochter, noch seltener für die Ehefrau ein zweites Auto angeschafft. Die überwiegende Zahl der Polen quält sich jedoch im koreanischen Kleinwagen durch den Verkehr – oder fährt Zug.

*Mit brawura durch die Innenstadt*

Die Verkehrsstaus rund um die Städte treffen alle Polen. Als Reisegast sollte man das bei seinen Zeitplanungen berücksichtigen. Auch die Innenstädte sind oft verstopft. Um 15 Uhr durch eine Stadt wie Danzig fahren zu wollen oder zu müssen, ist ein nervenaufreibendes Geduldsspiel. In Warschau ist es noch um ein Vielfaches schlimmer. Es gibt kaum Autobahnen in Polen. Die wenigen sind mautpflichtig und werden von den Polen deshalb nach Möglichkeit gemieden. Viele Ortsumgehungen sind im Bau befindlich oder erst in Planung, sodass sich der Verkehr in den Innenstädten zeitraubend staut.

Längst gefährden in Polen nicht mehr wie früher Pferdefuhrwerke den Verkehr, sondern die Unmengen von Lkws. Zur Verkehrsdichte kommt als zusätzliches Gefahrenpotential die ungezügelte Fahrweise vieler Polen. Mit *brawura* fahren nennen sie das. Diese »Bravour« ist vor allem auf den Expressstraßen zwischen den großen Städten anzutreffen. Berüchtigt für ihre Todesziffern ist die E 7 von Danzig nach Warschau. Besonders gefährlich wird es, wenn es regnet. Dann fahren die flotten Polen in den tiefen Spurrillen der Lastwagen Wasserski. Wenn Polen hinter dem Steuer sitzen, scheinen sie ihre sonstige Höflichkeit und solidarische Rücksichtnahme in der Garage gelassen zu haben.

*Vorsicht am Zebrastreifen!*

Einen Überlebenstipp im Straßenverkehr sollten Sie als Reisegast beherzigen: Zwar sind die polnischen Verkehrsgesetze gar nicht so viel anders als unsere, aber verlassen Sie sich besser nicht darauf, dass polnische Autofahrer an einem Zebrastreifen anhalten, um Fußgänger über die Straße zu lassen.

*Bus und Zug*

Überfüllt sind nicht nur Polens Straßen, sondern auch Busse und Züge. Dem können Sie entgehen, indem Sie *vorher* eine Platzkarte kaufen. Viele Züge ha-

Warten auf den Bus, Haltestelle Wawel in Krakau

ben ohnehin Platzkartenpflicht. Eine Zugreise ist in jedem Fall ein Erlebnis der besonderen Art. Betritt man ein Abteil, wird man automatisch Mitglied einer Reisegemeinschaft, ja einer »Familie auf Zeit«. Selbst wenn sprachliche Verständigung kaum möglich sein sollte, wird sich eine Form von Kommunikation ergeben: Mal ist es ein warmes Lächeln, mal ein bedauerndes Schulterzucken. Polen unterhalten sich gern und als Ausländer sind Sie in jedem Fall ein interessanter Gesprächspartner.

*Gemeinschaft auf Zeit*

Und schwupp haben Sie auch schon eine Tüte mit Bonbons unter der Nase: *Krówki.* Das sind die berühmten polnischen Karamellbonbons, die Sie unbedingt probieren sollten. Oder Sie erhalten einen Apfel gereicht, säuberlich mit dem Taschenmesser zerteilt, zu einem Schwall von erkennbar freundlichen Worten. Nehmen Sie dankend an; vielleicht haben Sie ja irgendwo im Gepäck auch noch einen Schokoriegel, den Sie genauso teilen können.

Mit dem gegenseitigen Anbieten von Reiseproviant ist die Gemeinschaft besiegelt. Vor allem können Sie nun beruhigt eine Zigarette auf dem Flur rauchen – man raucht in polnischen Zügen aus Rücksicht auf die Mitreisenden auch im Raucherwagen nicht in den Abteilen – oder zur Toilette gehen. Ihr Gepäck wird ab sofort gehütet wie der eigene Augapfel. Eine solche Gemeinschaft auf Zeit verpflichtet übrigens zu gar nichts. Sie macht nur die Reise angenehmer und sicherer. Am Ziel angekommen wünscht man sich alles Gute und geht auseinander.

## Bitte mit Mitbringsel – die erste Einladung

*Warmes Essen am Nachmittag*

Nun ist es also so weit: Ihre neuen polnischen Freunde haben Sie zu sich nach Hause eingeladen. Sie möchten doch so gegen vier Uhr nachmittags kommen, hat man Ihnen gesagt. Worauf Sie sich nun einstellen müssen? Da wäre zunächst einmal die Uhrzeit. Bei uns wäre dies als eine Einladung zu Kaffee und Kuchen zu verstehen. Nicht so in Polen, wo man einen anderen Tagesablauf hat. Traditionell war es während der Volksrepublik-Zeit so, dass man morgens um sieben Uhr anfing zu arbeiten und mittags nur eine kurze Pause hatte, die gerade mal für einige *kanapki* (Stullen) reichte. Man arbeitete bis gegen 15 Uhr und ging dann nach Hause und nahm das Mittagessen ein. Sehr viele Polen arbeiten heute noch nach diesem Zeitschema. Aber auch für die anderen ist eine Essenszeit zwischen 15 und 16 Uhr durchaus üblich geblieben. Sind Sie also um 16 Uhr eingeladen, sollten Sie mit einem üppigen Mittagessen rechnen und sich darauf einstellen.

*Pünktlichkeit*

Ganz wichtig: Vergessen Sie bitte Ihre deutsche Pünktlichkeit. In Polen sieht man das lockerer. Eine Verabredung ist schließlich keine logistische Präzisionsleistung. Im Gegenteil: Wenn Sie überpünktlich sind, bringen Sie Ihre Gastgeber womöglich in Verlegenheit, weil sie noch nicht mit Ihnen rechnen. Perfekt machen Sie es, wenn Sie eine Viertelstunde zu spät kommen und sich dafür nicht etwa entschuldigen.

Klein-stadt-Idyll, Trzebiatów (Treptow)

Gast-geschenk

Ihre Gastgeber werden einen enormen Aufwand betreiben, um Sie zu bewirten. Auch das in der Tradition früherer Landedelleute, wie wir schon gehört haben. Da wäre es natürlich nett, wenn Sie diese Mühen mit ein paar kleinen Mitbringseln würdigen. Anders gesagt: Ein Gastgeschenk ist ein *Muss* in Polen. Was Sie mitbringen sollten? Für die Dame des Hauses sind Blumen immer passend – bitte stets in ungerader Zahl und wenn irgend möglich keine Chrysanthemen oder Nelken – oder eine Schachtel Pralinen. Den Gastgeber erfreuen Sie sicher mit einer Flasche Hochprozentigem oder einer Flasche Wein.

Gästepan-toffeln

Die Geschenke sind gekauft, die Zeit ist gekommen, Sie stehen vor der Tür Ihrer polnischen Bekannten und klingeln. Den Gastgeber begrüßen Sie mit Handschlag, die Gastgeberin mit einem Handkuss, Sie übergeben die Geschenke. Aber bitte nicht über der Türschwelle, das bringt Unglück! Sie werden also hereingebeten und sollten nun von sich aus die Schuhe ausziehen. Es ist in Polen absolut unüblich, in der Wohnung mit Straßenschuhen zu gehen. Es schadet also nicht, ein paar dünne Latschen dabei zu haben. Wahrscheinlich aber wird Ihr Gastgeber Ihnen sogar ein paar Gästepantoffeln bringen.

Üppiges Essen

Nun werden Sie an den Tisch gebeten und bekommen den bequemsten Platz. Vermutlich werden Sie glauben, den Tisch jetzt schon ächzen zu hören unter der Last der Speisen. Doch es wird garantiert noch mehr: Denn die warmen Gerichte kommen ja erst jetzt noch dazu. Sie sind gut beraten, von allem nur wenig zu nehmen. Und sparen Sie nicht mit Lob! Das erwartet man von Ihnen, wo sich Ihre Gastgeber doch so viel Mühe gemacht haben. Es entsteht auch hier keine Verbindlichkeit, falls Sie das fürchten sollten. Polen bewirten Sie einfach deshalb aufwendig, weil sie selbst eine solche Freude daran haben.

*Am Wodka nur nippen?*

Dann kommt der unvermeidliche erste Wodka. Lassen Sie Ihren Gastgeber bitte auch Ihr Glas widerspruchslos füllen. Selbst wenn Sie gern einmal einen Wodka trinken, leeren Sie das Glas nicht in einem Zug. Nippen Sie nur daran, der Abend ist noch lang. Vergessen Sie auch die Geschichten von Saftgläsern voll Wodka, aus denen das Feuerwasser wie Saft getrunken wird. Polen verwenden Schnapsgläser wie wir. Und nie Polen mit Russen vergleichen! Polen halten sich nämlich für kultivierter! Es hat ebenfalls wenig Sinn, sich bei jedem Nachschenken auf eine Diskussion einzulassen. Benetzen Sie nur die Lippen oder trinken Sie, so viel Sie mögen und vertragen.

*Trinksprüche*

Anders als bei uns oft üblich, wird die Tafel in Polen nicht aufgehoben. Man bleibt am Tisch sitzen, die Speisen bleiben stehen und warme Gerichte werden immer wieder aufgewärmt. Auf diese Art ist der Alkohol natürlich verträglicher. Zu einem Wodka gehört in Polen auch ein Trinkspruch. Ihr Gastgeber wird damit beginnen und auf Ihr Wohl, Ihre Gesundheit trinken. Nach diesem ersten Trinkspruch gibt es keine festen Regeln, aber es wird durchaus erwartet, dass auch Sie einen Toast ausbringen. Außerdem dürfen Sie sich im weiteren Verlauf des Abends gern an den Trinksprüchen beteiligen, Möglichkeiten gibt es schließlich unendlich viele: Auf die Frauen, die Eltern, auf Polen, den Erfolg, die Freundschaft!

*Gegeneinladung*

Es gibt keine Regeln, wann man gehen sollte. Allerdings kommt es dabei auf den Wochentag an. Folgt ein Arbeitstag bedenken Sie bitte, dass Ihre polnischen Gastgeber womöglich sehr früh aufstehen müssen. Und wann Ihre Gastgeber müde werden, merken Sie ja selbst. Sie haben nun erlebt, wie überwältigend polnische Gastfreundschaft sein kann, doch auch die ist auf Dauer keine Einbahnstraße. Revanchieren müssen Sie sich bei Gelegenheit schon.

## Vertrauen ist gefragt – Verhandeln in Polen

*Unternehmergeist ist vorhanden.*

Wenn Sie eine Partnerschaft mit einem polnischen Unternehmen eingehen wollen, werden Sie vermutlich einen mittelständischen Betrieb in Polen suchen, mit dem Sie verhandeln müssen. Es tut Ihren Gesprächen gut, wenn Sie vorher herausfinden, unter welchen Bedingungen Ihre polnischen Partner den Betrieb aufgebaut haben. Wahrscheinlich ist er kleiner als Ihrer, mit älteren Maschinen bestückt, in Gebäuden untergebracht, die eine Renovierung vertragen würden und vor allem wird er mit nur wenig Kapital ausgestattet sein. Das nämlich ist der große Hemmschuh für die polnische mittelständische Wirtschaft: Zu wenig Eigenkapital und zu hohe Zinssätze auf dem Kapitalmarkt machen es oft unmöglich Kredite aufzunehmen. In den allermeisten Fällen wäre bei Ihren künftigen Partnern das Potential vorhanden, auch die Auftragslage gäbe zu den schönsten Hoffnungen Anlass. Was aber zur Expansion fehlt, ist das liebe Geld.

Dazu kommt der Steuer- und Fördermitteldschungel, ein Wust von Erlassen und Vorschriften und wenig Beratung. Die Bedingungen des polnischen Unternehmers waren also garantiert um ein Vielfaches schwieriger als Ihre. Unternehmergeist haben Polen. Drei Millionen Firmenneugründungen nach der Wende sprechen eine eindeutige Sprache.

*Nicht als Oberlehrer auftreten!*

Deutsche werden in Polen oft als »oberlehrerhaft« empfunden, als Gesprächspartner, die gern von oben herab verkünden, wo es lang geht. Das sollten Sie unbedingt vermeiden und Ihr Verhalten immer wieder überprüfen. Ihre Gespräche wird es enorm erleichtern, wenn Sie von der deutschen Sichtweise etwas abrücken und in Ihrem polnischen Partner Positives sehen, wie beispielsweise seine Meisterschaft in der Krisenbewältigung und seine Improvisationskunst.

*Eine Extra-Karte für Polen*

Und bitte, wedeln Sie Ihrem Gesprächspartner nicht gleich mit der Visitenkarte unter der Nase herum. Das kann in Polen unangenehm aufdringlich wirken. Es ist üblich, Visitenkarten erst am Ende eines Treffens zu überreichen und das dann etwas diskreter als bei uns. Schauen Sie sich auch – bevor Sie nach Polen fahren – Ihre Visitenkarte einmal etwas genauer an! Was steht drauf? Etwa so etwas wie »Bereichsleiter Osteuropa«? Schlecht, ganz schlecht! Das wird Ihren polnischen Gesprächspartnern sauer aufstoßen. »Glaubt der etwa, wir leben hier in der Steppe?«, könnten sie insgeheim denken. Es kostet nicht so viel, sich eine Extra-Karte für Polen anfertigen zu lassen, auf der Bereichsleiter Polen oder Mitteleuropa steht. Polen gehört zu Mitteleuropa, nicht zu Osteuropa! Da reagieren Ihre polnischen Kollegen sehr empfindlich.

*Kontaktanbahnung*

Andere Länder, andere Sitten heißt es nicht umsonst, und völlig verschieden kann von Land zu Land auch die Art sein, miteinander zu kommunizieren. Selbst unter Nachbarn wie Polen und Deutschen. Bei einer Anbahnung von Geschäftsbeziehungen wird man innerhalb Polens immer zuerst einmal das eigene Netzwerk von Bekannten, Partnern und auch Verwandten durchforsten und prüfen, ob irgendwer bereits Kontakte zu dem anvisierten Partner hat, oder jemanden kennt, der eine Verbindung zu dieser Firma oder auch Behörde hat. Dieser Bekannte wird dort persönlich oder notfalls auch telefonisch vorsprechen und den Kontakt anbahnen.

*Kommunikationskultur*

Als Deutscher hätten Sie einen detaillierten Brief aufgesetzt, der genau erläutert, worum es Ihnen geht. Aber nicht in Polen. Das werden Sie spätestens dann merken, wenn Sie nach drei Monaten noch immer keine Antwort haben. Das Missverständnis beruht auf dem Gegensatz der Kommunikationskultur beider Länder. In Deutschland dominiert die schriftliche Variante, Kontakte werden brieflich angebahnt. In Polen hingegen überwiegt die mündliche Kommunikationskultur. Nehmen Sie also den ersten Kontakt zu möglichen polnischen Partnern immer persönlich oder telefonisch auf, oder lassen Sie eine Agentur oder einen Dolmetscher das in Ihrem Sinne tun. In der Anbahnung einer Geschäftspartnerschaft und generell bei Verhandlungen mit Polen bleibt die mündliche Kommunikation das wichtigste Element. Eine weitere Voraussetzung für den Erfolg ist das Schaffen einer Atmosphäre des Vertrauens. Nur mit guten zwischenmenschlichen Beziehungen werden Sie zum Abschluss kommen.

*Konflikt-scheu*

Im Laufe Ihrer Arbeitstreffen mit Polen werden Sie immer wieder eine gewisse Konfliktscheu feststellen. Doch, natürlich kann man sich auch mit Polen knallhart auseinandersetzen. Aber generell tendieren sie dazu, mehr Verständnis für die Belange des anderen zu haben, als wir das gewohnt sind. Kaum jemals werden Sie es erleben, dass Ihnen ein Pole direkt sagt: »Nein, das geht nicht, das können wir zu dem Termin xy nicht schaffen.« Das gilt übrigens auch für den privaten Bereich. In Polen werden sowohl im Privaten als auch im Geschäftlichen gern Zusagen gemacht und zwar auch dann, wenn man nach unserer Denkweise eigentlich von Anfang an gewusst hat, dass sie nicht einzuhalten sind. »Nie ma sprawy,« heißt es dann, »keine Angelegenheit«. Regen Sie sich am besten nicht auf und lassen Sie sich überraschen! Ein bisschen zu spät denken Polen manchmal schon darüber nach, wie ein Problem zu lösen ist oder wer einem dabei helfen könnte. Dann aber lauft die polnische Improvisationskunst und Krisenbewältigungsfähigkeit zu Hochformen auf.

Improvisation auch im Umgang mit Behörden, Neues Rathaus in Legnica (Liegnitz)

*Kritik verpacken!*

Warum Sie so sauer reagieren, kann Ihr polnischer Partner überhaupt nicht verstehen. Er hat doch alles Menschenmögliche versucht und schließlich hat es doch auch noch geklappt. Gut, vielleicht nicht so elegant und auch nicht ganz termingemäß. Aber jetzt wäre es eigentlich an der Zeit, wieder einzulenken. Kritik formulieren Polen nicht frontal und direkt, sondern verpackt in ein paar warmherzige und verständnisvolle Worte. Das erwarten sie auch von Ihnen.

*Zeitpolster einplanen!*

Auch für den Abschluss der Verhandlungen ist das Wichtigste eine gute Atmosphäre. Vor allem Zwischenergebnisse werden von Polen aber nicht unbedingt als endgültig angesehen. Wundern Sie sich also nicht, wenn aus Polen Gesprächsbedarf angemeldet wird und Sie nachverhandeln müssen. Äußern Sie lieber Verständnis, dass Ihre polnischen Partner bei den Verhandlungen vor allem für die gute Stimmung sorgten und erst danach die Ergebnisse ausgewertet haben, um dann festzustellen, dass es Nachbesserungsbedarf gibt. Es ist besser, wenn Sie damit rechnen und Zeitpolster für solche Verzögerungen einplanen. Das kann selbst nach Vertragsabschluss noch passieren. Härte zu zeigen bringt nicht viel, zumal Ihr Partner offen mit seinen Schwächen umging. Legen Sie aber auch dar, wo Ihre Probleme liegen und wo Ihre Grenzen sind.

Fußgängerzone in Sanok, Karpatenvorland

*Polnische Lebensart*

Noch ein besonderes Phänomen wird Ihnen in Polen begegnen. Man trennt dort Privatleben und Arbeit nicht so strikt wie in Deutschland. Gang und gäbe ist es, Geschäftspartner mitsamt Familie ins eigene Wochenend- oder Ferienhaus einzuladen. Lehnen Sie nicht ab, dort haben Sie die Chance, sich als sympathischer, vertrauenswürdiger Mensch zu präsentieren und das ist nun einmal überaus wichtig, wenn Sie mit Polen ins Geschäft kommen wollen. Sehr beliebt – nicht jeder hat ein Ferienhaus am See – sind auch Bankette in schön gelegenen Hotels, die eigentlich das ganze Wochenende andauern. Wundern Sie sich also nicht über solche Einladungen aufs Land. Das polnische Leben ist nun einmal von den Traditionen des Landadels geprägt. Bitte lästern Sie nicht darüber! Es ist der Kern polnischer Lebensart und niemand kann dort dafür, dass Russen, Preußen und Habsburger dem Land die Möglichkeit nahmen, bürgerliche Traditionen und ein städtisches Bürgertum als prägende Schicht herauszubilden. (vgl. S. 40ff.)

*Irritierende Witze*

Noch etwas werden Sie irgendwann auf einem Treffen oder während eines Banketts erleben: das Erzählen von Schwulen- und Judenwitzen zu später Stunde. Gehen Sie souverän darüber hinweg!

## Fettnäpfchen – vom Umgang mit der polnischen Seele

### Interkulturelle Kompetenz

*Bereiten Sie sich vor!*

Interkulturelle Kompetenz wird im zusammenwachsenden Europa zunehmend wichtiger. So wichtig, dass sogar Hochschulen sich intensiv damit befassen. Immer öfter wird interkulturelles Training nachgefragt, besonders vor Firmenexpansionen. Aber das Wissen um die kulturellen Unterschiede der Nationen und ein wenig Training schadet auch Studenten nicht, die beispielsweise »nur« ein Auslandssemester ablegen wollen. Und auch dem Reisenden, der im Gastland Kontakt aufnehmen will, ist solches bestimmt von Nutzen.

*Wissen erleichtert den Kontakt.*

Ganz klar, wenn man überlegt, was man in Polen als Deutscher lieber nicht tun sollte, geht es nicht so sehr um irgendwelche harten Fakten, sondern um Emotionen und Empfindlichkeiten. Wenn Sie Ihre eigenen kulturellen Grenzen überschreiten und ins Ausland reisen, müssen Sie bei jeglichem Kontakt mit Menschen im Gastland damit rechnen, dass diese scheinbar aus heiterem Himmel auf gewisse Themen unerwartet reagieren. Andersherum gilt das natürlich genauso. Auch sollten Sie immer damit rechnen, von Bemerkungen und vom Verhalten polnischer Gesprächspartner getroffen werden zu können. Wir sind nun einmal von unseren kulturellen und nationalen Identitäten unterschiedlich geprägt, und diese Identität können wir nicht einfach wegwischen. Den Einstieg in eine komplikationslose Kontaktvertiefung erleichtert es kolossal, wenn man um die wichtigsten Fettnäpfchen weiß, die einem in Polen im Weg stehen.

## Wie man es nicht machen sollte

*Peinlicher Werbespot*

Gleich werden die Nachrichten kommen, noch dudelt die Werbung im polnischen Fernsehen. Plötzlich horche ich auf und schaue genau hin. Dreißig Sekunden später sitze ich ungläubig staunend da und rekapituliere das Gesehene. Im Rahmen ihrer Spotserie »Bester Fachausrüster aller Zeiten« während der Fußballweltmeisterschaft wurden polnische Kunden des polnischen *Mediamarkts* als Diebe dargestellt. Drei Kunden loben in diesem Spot die niedrigen Preise des Konzerns, die so »tief seien, wie die polnische Seele«. Der *Mediamarkt*-Verkäufer, dargestellt von Oliver Pocher, einem deutschen Comedy-Star, zeigt seine Uhr vor und meint, der Pole sei ja doch ein anständiger Mensch! ??? Doch inzwischen tricksen die diebischen polnischen Fußballfans die Mitarbeiter des Marktes so geschickt aus, dass diese am Ende des Spots ohne Hosen dastehen, alle geklaut von polnischen Kunden. Der Radiospot dieses Konzerns in Polen war auch nicht viel besser: Ein Pole antwortet darin auf die Frage nach seinem Namen: »Ich Klaus«. Dann stellt sich aber heraus, dass die Preise so niedrig sind, dass sich das Klauen nicht lohnt.

*Interkulturelles Lehrstück*

Dieser Werbespot ist ein interkulturelles Lehrstück dafür, was passiert, wenn man in einem Land reüssieren will, ohne es für nötig zu befinden, sich entsprechendes interkulturelles Wissen anzueignen. Man hätte sonst voraussehen können, was nun in Polen geschah. So jedoch sprang man mit Anlauf und mit beiden Beinen voraus in ein Riesenfettnäpfchen, wie polnische Zeitungen meinten, ins »größte Fettnäpfchen aller Zeiten«. Die »polnische Seele« jedenfalls kam umgehend in Wallung. Es hagelte Proteste und Boykottaufrufe, selbst der polnische Botschafter in Berlin, Andrzej Byrt, protestierte.

## Pole wie bist du?

Es ist ein schwieriges Unterfangen, in ein paar Sätzen möglichst griffig eine Nation von fast 40 Millionen Individuen zu charakterisieren, zumal man darüber streiten kann, in wieweit es einen Nationalcharakter gibt. Doch versuchen wir es einmal. Also wie sind die Polen?

- Polen lieben Gesellschaft und einen gemütlichen Plausch, der gern ausgedehnt und intensiv sein darf.
- Polen lieben es, Gäste mit überwältigender Gastfreundschaft zu bewirten.
- Polen sind biegsam, denn Starres bricht zuerst.
- Polen nehmen Neues begierig auf, um es dann polnisch zu machen.
- Polen lieben Diskussionen, die innen und außen deutlich unterscheiden, in denen »wir Polen« klagen, auch alles auf die Schippe nehmen und selbstkritisch bis dorthinaus sein dürfen, regelrecht nörgeln dürfen an Polen – mit oder ohne Augenzwinkern. Aber von einem Nichtpolen, besonders von einem Deutschen, wird solches gar nicht so gern gehört.
- Gleiches gilt für Witzeleien; sofort wird geargwöhnt, man teile wohl immer noch die alten Vorurteile und Ressentiments.
- Polen sind beharrlich oppositionell, so beharrlich, dass sie damit selbst politische Systeme zermürben.
- Polen schlagen sich mit Hilfe ihres Netzwerkes durch – Bekannte braucht der Pole.
- Polen sind ohne Respekt vor Obrigkeit, Staat und Rechtsprechung. Aber wen wundert das bei der Vergangenheit.

INFO

## Auf den Punkt gebracht – die häufigsten Fehler

Zwischen Deutschen und Polen gibt es keine wirklichen schwerwiegenden Tabus, aber doch etliche kulturelle Unterschiede und Stolpersteine im Umgang miteinander. Und natürlich kann man als Deutscher in Polen in einige Fettnäpfchen treten. Die häufigsten Fehler, die Deutsche in Polen machen, sind:

- Witze über den verstorbenen polnischen Papst reißen und über den Glauben der Polen lästern. Seien Sie tolerant und akzeptieren Sie die andere Einstellung der Polen!
- Einschreiten, wenn Witze über sexuelle oder nationale Minderheiten gerissen werden oder man gar Judenwitze erzählt. In Polen kennt man diese Art von *Political Correctness* nicht und ist trotzdem nicht intolerant.
- Darüber schimpfen, dass man als Deutscher in Polen keinen Boden erwerben kann. Das ist erstens eine vertraglich ausgehandelte Schutzfrist (genau wie unsere Sperrung des Arbeitsmarkts), und zweitens hat polnischer Boden, um den so viel Blut vergossen wurde, einen ganz besonderen Wert im Land.
- Polen und Russland in irgendeiner Weise vergleichen oder deren Gemeinsamkeiten betrachten. Polen gehört nicht zu Osteuropa (nicht nur nach dem Verständnis der Polen). Polen distanzieren sich von den Russen und umgekehrt.
- Bemerkungen über irgendeine Form der Rückständigkeit zu machen, zum Beispiel die polnische Landwirtschaft betreffend.
- Deutsche nationale Symbole allzu deutlich in Polen präsentieren, also mit der flatternden Deutschlandfahne am Auto durch Polen fahren. Was uns im eigenen Land bei der Fußballweltmeisterschaft sympathisch machte, wirkt in Polen als Erinnerung an die unselige Vergangenheit.
- »Oben ohne« oder nackt baden. Polen ist ein katholisches Land. Respektieren Sie das und tragen Sie am Strand stets Ihr Bikinioberteil. Es gibt in Polen nur wenige FKK-Strände, an denen Nacktheit toleriert wird.
- Von oben herab wie ein Oberlehrer verkünden, wo es lang geht. Deutsche Belehrungen haben die Polen lange ertragen.

– Polen sind verkappte Landadelige und als solche niemandem untertan, ihre Ideale und Vorbilder stammen aus dem Adel, der anders als bei uns staatstragende Schicht war.
– Polen sind meisterhafte Krisenbewältiger, denn die Krise war Jahrhunderte lang Normalzustand.
– Polen sind begnadete Improvisationskünstler mit dem »goldenen Händchen« für schwierige Situationen.
– Polen leiden unter dem Komplex des ewigen Opfers …

… haben aber die Devise: *Nie damy się* – wir lassen uns nicht unterkriegen!

# Sprachgrundlagen

## Die polnische Sprache – eine Herausforderung

*Konsonantenwüste*

Gleich die erste Stadt hinter der Grenze stellt eine sprachliche Herausforderung für jeden Nichtpolen dar: Szczecin! Wie um alles in der Welt soll man diese Konsonantenwüste aussprechen? Wenn Sie meinen, die speziellen Zischlaute nicht hinzubekommen, die sich dann richtig ungefähr – aber wirklich nur ungefähr – so anhören wie »Schtschetschin«, könnten Sie natürlich »Stettin« sagen. Doch Sie sollten es mit der polnischen Bezeichnung versuchen. Nicht wegen der »politischen Korrektheit« was die ehemaligen deutschen Ostgebiete betrifft – die interessiert in Polen keinen Menschen mehr. Aber wenn Sie sich nur ein paar einfachere Wendungen merken, zeigen Sie damit Ihren polnischen Gastgebern, dass Sie sich die Mühe machen, ihre Sprache zu lernen. Es wird sie begeistern und ihr ganzes denkbares Repertoire an Gastfreundschaft voll zur Entfaltung bringen.

*Zungenbrecher*

Sie müssen bei Ihren Sprachversuchen ja nicht gleich mit dem polnischen Zungenbrecher beginnen, gegen den Fischers Fritz ein Kinderspiel ist. Dieser Zungenbrecher geht so: *»W Szczebrzeszynie chrząszcz brzmi w trzcinie«* (lautmalerisch etwa: W Schtschebscheschinie chschonschtsch bschmi w tschinie) und bedeutet »In Szczebrzeszyn brummt ein Käfer im Schilf.« Aber Sie werden diesem Satz garantiert begegnen. Jeder Bekannte, dessen polnische Seele Sie mit ihren Sprachlern-Versuchen gestreichelt haben, wird unverdrossen seinerseits versuchen, Ihnen die korrekte Aussprache beizubringen. Viele Polen sind übrigens der Meinung, derartiger Sprachunterricht funktioniere am besten, nachdem zwei Wodkas die verkrampfte Ausländerzunge entsprechend gelockert haben.

*Rettungsanker*

Auch wenn das polnische Vokabular zunächst völlig fremd erscheint, entdeckt man bald doch einige bekannte Worte, die wie ein Rettungsanker wirken. Sie ahnen es schon: Polnisch ist gewiss keine einfach zu erlernende Sprache. Zu den vielen verschiedenen Zischlauten kommen das schräg durchgestrichene l (ł), das man wie das englische w in *water* ausspricht. Dann gibt es noch das o (ó) mit dem Strich darüber, das unserem u gleicht. Der Strich über dem n (ń) bedeutet eine Erweichung, die ein bisschen dem französischen n nach Nasallauten gleicht. Dann gibt es noch die Nasallaute, das ą wird ähnlich wie das französische o in *bon* gesprochen, das ę wie das französische i in *vin*. Alles in allem kommt das polnische Alphabet mit 32 Zeichen aus. Der Lernende gerät meist vollends ins Schwitzen, wenn er das Menü aus schier endlosen Reihen von Konsonanten sieht, noch gewürzt durch Deklinationen der Substantive in sieben Fällen und einer Konjugation der Verben, die anscheinend nur aus Ausnahmen zu bestehen scheint.

Das macht sicher jedem klar, warum Polnisch noch vor dem Russischen, das immerhin mit dem Kyrillischen auch noch ein eigenes Alphabet besitzt, als die am schwersten zu erlernende slawische Sprache gilt. Polnisch gehört zum slawischen Sprachzweig der indogermanischen Sprachen und dort zur Familie der

Verstehen sich auch ohne Worete – junge Festbesucher

*Eine slawische Sprache*

westslawischen Sprachen, zu der auch das Tschechische, das Slowakische und das Sorbische zählen. Daher verstehen sich Polen und Tschechen ganz passabel, wenn sich auch das Tschechische mit seiner ganz anderen Sprachmelodie für die Polen wie ein lustiger Singsang anhört. Am besten können sich Polen und Slowaken verständigen, sogar ohne Dolmetscher. Russisch, das zu den ostslawischen Sprachen gehört, ist vom Polnischen etwa so weit entfernt wie das Englische vom Deutschen. Dennoch ist Polnisch für Menschen, die schon Russisch können, wesentlich leichter zu erlernen. Zumindest die Bedeutungen vieler Wortstämme sind dann schon bekannt. Das erleichtert den Zugang und beschleunigt das Lerntempo.

*Kompliziert und etwas altertümlich*

Eine mögliche Erklärung für die Kompliziertheit der polnischen Sprache liegt in ihrer relativen Altertümlichkeit. In den langen Jahren der staatlichen Nichtexistenz hatte man alle Hände voll damit zu tun, die Sprache überhaupt zu erhalten. Was praktisch gänzlich fehlte, war der Modernisierungsdruck der beiden vergangenen Jahrhunderte, der andere Sprachen straffte und vereinfachte. Diese relativ weitgehende Abkopplung von allen sprachlichen Modernisierungstendenzen hielt bis zur Wende 1989 an. Die in anderen Ländern sich über die Jahrzehnte der Nachkriegszeit hinziehende und die Sprachen amerikanisierende Globalisierung brach wie eine Flutwelle über Polen herein. Bald machten Polonisten und Linguisten auf die Gefahren für die bisher rein gehaltene polnische Sprache aufmerksam und sahen ihre Muttersprache an der Globalisierung Schaden nehmen. Inzwischen wurde ein »Gesetz zur Reinerhaltung der polnischen Sprache« erlassen, das den Standard des Schulpolnisch festlegt und auch von den Medien ein Polnisch verlangt, das weitgehend auf Anglizismen

**INFO**

## Fluchen in Polen

Ein Wort, das Sie in Polen ab und zu hören werden, wenn jemand flucht, wird Ihnen bekannt vorkommen: »Kurve«! Na ist doch klar, was gemeint ist! Weit gefehlt, dieses Wörtchen hat im Polnischen eine ganz andere Bedeutung: *kurwa* heißt Hure. Das knappe *kurwa* ist dabei aber nichts weiter, als eine der im Polnischen so beliebten Verkürzungen. Eigentlich ist damit nämlich nicht gemeint, dass der dieses Wort Aussprechende den Adressaten für eine Hure hält, das wäre ja auch bei Männern einigermaßen unlogisch. Nein, der vollständige Fluch bedeutet so viel wie »Deine Mutter ist eine Hure«. Das klingt für West- und Mitteleuropäer gelinde gesagt seltsam. Doch sollten wir uns mit Urteilen darüber zurückhalten. Die bei uns gängigen Flüche aus dem Anal-Fäkalbereich klingen für andere Kulturen auch nicht eben appetitlich. Im slawischen Sprachraum ist eben dieser sogenannte »Mutterfluch« der Ausdruck der Wahl, wenn man sein Gegenüber mit einem möglichst groben Keil treffen möchte. Benutzt wird er etwa analog unserem beliebten Götz-von-Berlichingen-Zitat.

Bad Landeck (Lądek Zdroj), Marktplatz

verzichtet. Zwar stößt dieses Gesetz immer wieder auf Durchsetzungsprobleme, doch es soll nur Auswüchse verhindern. Damit sind vor allem Fernsehspots gemeint, wie man sie auch bei uns kennt, Werbeeinblendungen, die mittlerweile fast völlig ohne die jeweilige Landessprache auskommen. Bedenklich erscheint es Sprachpuristen, dass Anglizismen mittlerweile einfach eins zu eins übernommen werden. Bis vor kurzem wurden solche Fremdworte wenigstens polonisiert, indem sie der polnischen Schreibweise angepasst wurden.

Fremdworte

Bei allem Bemühen um die Reinerhaltung des Polnischen hat es auch früher schon Fremdwörter im Polnischen gegeben. Es wäre auch verwunderlich, wenn die Teilung Polens und das Leben unter fremdsprachiger Besetzung keinen Einfluss auf die Sprache gehabt hätten. Wie in anderen Sprachen sind solche Worte so tief in die polnische Sprache integriert, dass man sich ihrer Herkunft oft nicht mehr bewusst ist. So gibt es auch etliche deutsche Worte im Polnischen wie *mistrz*/Meister, *gmina*/Gemeinde, *szlafrok*/Morgenmantel, *burmistrz*/ Bürgermeister, *fajerant*/Feierabend, *prysznic*/Dusche (Prischnitz-Bad). Das Gros der deutschen Fremdworte stammt aus der Zeit der preußischen und habsburgischen Besetzung. Manche dieser Worte fanden den Weg ins Polnische über deutschsprachige Zuwanderer bereits im Mittelalter. Aus dieser Zeit stammt auch die Bezeichnung *Niemcy* für die Deutschen. Dieses Wort kommt von *niemy*, stumm, weil die Deutschen schwiegen, da sie nicht Polnisch sprachen.

# Kleine Überlebenshilfe – ein paar Worte Polnisch

## Regeln zur Aussprache

**Vokale**

| | |
|---|---|
| ą | nasales a ähnlich franz. *bon* |
| ę | nasales e ähnlich franz. *vin* |
| ó | u |
| y | i |

Die Vokale a, e, i, o, u werden wie im Deutschen ausgesprochen, aber grundsätzlich kurz.

**Konsonanten**

| | |
|---|---|
| ł | u wie in engl. *water* |
| ń | nj wie in span. *Señora* |
| c | z |
| ć | Zischlaut tch (ch wie d.t ich) und tsch |
| ch | ch wie in dt. Bach |
| cz | tsch |
| rz | j wie in franz. *journal* |
| s | stimmloses s wie in dt. Pass |
| ś | gezischter Mischlaut zwischen s und sch |
| sz | sch |
| szcz | schtsch |
| z | stimmhaftes s wie in dt. Sonne |
| ẑ | j wie in franz. *journal* |
| ź | stimmhaftes ś |

## Begriffe und Redewendungen

Das polnische »Sie« wird mit *pan/pani* ausgedrückt. Dabei gilt im Folgenden: Vor dem Schrägstrich steht die maskuline Form, dahinter die feminine Form.

| | |
|---|---|
| ja | *tak* |
| nein | *nie* |
| bitte | *prosz* |
| ich heiße … | *nazywam si* |
| Sprechen Sie deutsch? | *Mówi pan/pani poiemiecku?* |
| Ich verstehe nicht. | *Nie rozumiem.* |
| Schreiben Sie es mir bitte auf. | *Proszę mi to napisać.* |
| Wo ist …? | *Gdzie jest …?* |
| – das Polizeirevier | *… policja* |
| – die Straße | *… ulica* |
| – das Hotel | *… hotel* |
| Wo kann man … kaufen? | *… Gdzie można kupić?* |
| Bitte die Rechnung! | *Proszę o rachunek!* |
| Wieviel kostet das? | *Ile to kosztuje?* |
| Mir geht es nicht gut | *źle się czuję.* |
| Ich habe Schmerzen | *boli mnie …* |
| Krankenhaus | *szpital* |
| Zahnarzt | *dentysta* |
| Apotheke | *apteka* |

| | |
|---|---|
| In welche Richtung muss ich gehen? | *W która stronę mam iść?* |
| Nach links. | *na lewo* |
| Nach rechts. | *na prawo* |
| Geradeaus | *po prostu* |
| Ich bin müde. | *Jestem zm czony/zm czona.* |
| Ich bin hungrig. | *Jestem głodny/głodna.* |
| Ich bin durstig. | *Chcę mi się pić.* |
| Das ist ... | *To jest ...* |
| Sehr gern. | *Bardzo chętnie.* |
| Toiletten | *Toalety* |
| Toilette für Damen | *dla Pan* (oft nur ein Kreis) |
| Toilette für Herren | *dla Panów* (oft nur ein Dreieck) |

## Begrüßung

| | |
|---|---|
| Guten Tag! | *Dzien dobry!* |
| Guten Abend! | *Dobry wieczór!* |
| Gute Nacht! | *Dobranoc!* |
| Auf Wiedersehen! | *Do widzenia!* |
| Tschüß! | *Cześć!* Oder *Serwus!* |
| Sehr angenehm. | *Bardzo mi miło.* |
| Wie geht es Ihnen? | *Jak sie pan/pani miewa?* |
| Wie geht es Dir? | *Jak się masz?* |
| Gut | *Dobrze* |
| Sehr gut | *Doskonale* |
| Stunde | *godzina* |
| Heute | *dzisaj* |
| Gestern | *wczoraj* |
| Morgen | *jutro* |

## Zahlen

| | | | |
|---|---|---|---|
| 1 | *jeden* | 20 | *dwadzieścia* |
| 2 | *dwa* | 30 | *trzydzieści* |
| 3 | *trzy* | 35 | *trzydzieści pięć* |
| 4 | *cztery* | 40 | *czterdzieści* |
| 5 | *pięć* | 50 | *pięćdziesiąt* |
| 6 | *sześć* | 60 | *sześćdziesiąt* |
| 7 | *siedem* | 100 | *sto* |
| 8 | *ostem* | 200 | *dwieście* |
| 9 | *dziewięć* | 1000 | *tysiąc* |
| 10 | *dziesięć* | 1 000 000 | *milion* |

# Kulturspiel

Im Ohrsessel gemütlich lesen und verstehen ist eine Sache – sich in ungewohnten Situationen vor Ort spontan richtig zu verhalten eine andere. Auf den folgenden Seiten können Sie deshalb Ihr kulturelles Verständnis schon einmal testen.

► Versuchen Sie die Situation zu erfassen und entscheiden Sie sich für die Lösung, die Sie intuitiv für richtig halten. Im Kommentar verraten wir Ihnen, welches Verhalten angemessen ist und warum man andere Reaktionen besser vermeidet.

**Kavalier der alten Schule**
Wie reagiert »Frau«?

**Pantoffelhelden**
Was nun?

**Von bester Seite**
Wie verhalten Sie sich?

**Böse Witze**
Wie gehen Sie damit um?

**Familienanschluss**
Mitmachen oder ablehnen?

**Das Blaue vom Himmel**
Was tun Sie?

## Situation 1

# Kavalier der alten Schule

Sie sind zum ersten Mal in Polen und mit Ihrer polnischen Freundin Anna zum Essen verabredet. Die möchte Ihnen bei dieser Gelegenheit ihren Mann vorstellen. Die beiden erwarten Sie in einem Restaurant. Bei der Begrüßung macht Marcin eine tiefe Verbeugung, ergreift Ihre ausgestreckte Hand, zieht sie leicht zu sich und haucht Ihnen den ersten Handkuss Ihres Lebens entgegen.
**Wie reagiert »Frau«?**

**a)** Sie empfinden den Auftritt des Mannes als albern und aufdringlich. Sie fragen sich, ob dieser Fatzke sich bei Ihnen einschmeicheln will oder welche Absichten er verfolgt. Sie entziehen ihm die Hand abrupt und geben ihm deutlich zu verstehen, dass man mit solchen Mätzchen bei Ihnen nicht landen kann.

**b)** Sie sind irritiert über die altmodische Art des Polen, lassen ihn aber gewähren. Wie peinlich Ihnen als emanzipierter Frau sein Verhalten vorkommt, behalten Sie für sich. Schließlich möchten Sie keine schlechte Stimmung verbreiten. Für den Rest des Abends aber vermeiden Sie weitere Tuchfühlung und wenden sich Ihrer Freundin zu.

**c)** Sie lächeln ihn strahlend an und erwidern seinen Gruß aufs Herzlichste. Sie fühlen sich ganz als Dame und genießen seine Aufmerksamkeit. Selbstverständlich lassen Sie es zu, dass er Ihnen aus dem Mantel hilft, Sie zu dem Ihnen zugedachten Platz führt und auch noch Ihren Stuhl zurechtrückt.

## Kommentar

Wenn Sie Lösung a) oder b) gewählt haben, werden Sie vermutlich nie erfahren, dass der Mann Ihrer neuen Freundin eigentlich ein ganz netter Mensch ist. Lösung c) ist hier goldrichtig. In Polen ist der Handkuss selbst unter jungen Leuten auch heute noch sehr verbreitet. Er ist kein Ausdruck billiger Anmache, sondern – im Gegenteil – ein Zeichen der Ehrerbietung, Wertschätzung und Höflichkeit, vor allem älteren und gesellschaftlich höher stehenden Frauen gegenüber. Genauso üblich ist es in Polen, Frauen die Tür zu öffnen, ihnen aus dem Mantel zu helfen oder ihnen einen Sitzplatz anzubieten.

## Situation 2

### Pantoffelhelden

Ihre Firma hat Sie zu einer Dienstreise nach Krakau geschickt. Nach einem intensiven Arbeitstag im Büro bittet Ihr polnischer Kollege Sie spontan auf ein Gläschen zu sich nach Hause. Überrascht nehmen Sie zur Kenntnis, dass er sich die Schuhe auszieht, kaum dass er die Wohnungstüre aufgeschlossen hat. Der sonst stets korrekt gekleidete Mann schlüpft in ausgelatschte Pantoffeln. **Was nun?**

**a)** Sie überspielen Ihre Verwunderung und fragen nach kurzer Ratlosigkeit Ihren Gastgeber ganz direkt, ob Sie Ihre Schuhe ebenfalls ausziehen sollen.
**b)** Sie nehmen die Situation locker, ziehen kommentarlos Ihre Schuhe aus und erbitten sich ebenfalls ein Paar Pantoffeln.
**c)** Sie denken nicht im Traum daran, es Ihrem Gastgeber gleich zu tun. Nur in Schuhen fühlen Sie sich als ganzer Mensch und behalten diese natürlich an – genauso wie Ihre Gäste zuhause auch.

### Kommentar

Lösung b) macht Sie in Polen zum idealen Gast und ist die hier einzig angebrachte Variante, wenn Sie nicht unangenehm auffallen wollen. Niemand betritt in Polen jemals eine Wohnung mit Straßenschuhen. Und garantiert hält Ihr Gastgeber schon ein Paar Gäste-Latschen parat. Mit Lösung a) bringen Sie Ihren Gastgeber höchstens in Verlegenheit. Ersparen Sie ihm die Frage, ob er von Ihnen etwas verlangen kann, was Ihnen unbehaglich sein könnte! Lösung c) ist völlig inakzeptabel. Als Gast muss man sich nach den Landessitten richten, wenn man nicht als ungehobelt gelten will. *Co kraj, to obyczaj!* oder: Andere Länder, andere Sitten.

## Situation 3

### Von bester Seite

Ihre neuen polnischen Bekannten haben Sie zum ersten Mal zu einem privaten Essen eingeladen. Sie vermuten, dass Ihr Auftreten genau unter die Lupe genommen wird und möchten Fehler vermeiden. Es liegt Ihnen viel daran, bestehende Vorurteile gegenüber Deutschen nicht zu bestätigen, sondern einen guten Eindruck hinterlassen. **Wie verhalten Sie sich?**

**a)** Sie erscheinen auf die Minute pünktlich, verzichten auf verpflichtende Geschenke, essen wie ein Spatz. Ein Wodka? Ja. Doch danach halten Sie sich auch beim Trinken zurück. Sie treten in jeder Hinsicht bescheiden auf und bestehen darauf, beim Abwasch zu helfen.

**b)** Sie kommen zur verabredeten Zeit, ein nettes Werbegeschenk Ihrer Firma unter dem Arm. Sie probieren nur von den leichten Speisen und weisen dabei auf Ihre Diät hin. Den Wodka lehnen Sie als Antialkoholiker generell ab und bitten stattdessen um ein Glas Mineralwasser.

**c)** Sie kommen ohne Entschuldigung eine Viertelstunde zu spät. Dem Hausherrn bringen Sie eine gute Flasche Wein mit, der Dame des Hauses einen Blumenstrauß, den Sie höflicherweise schon vor der Tür aus dem Papier gewickelt haben. Sie kosten lobend von allen Speisen, vom Wodka aber nippen sie nur.

### Kommentar

Mit Lösung b) haben Sie so ziemlich alles falsch gemacht, was ein Gast in Polen falsch machen kann. Auch Lösung a) wird nicht viel besser ankommen. Man wird denken, dass Ihnen die polnische Küche nicht schmeckt, und der Gastgeber wird beim Trinken vereinsamen. Vor allem aber sollten Sie als Gast niemals Ihre Hilfe beim Abräumen und Abwaschen anbieten. Sie sind Gast und das bedeutet *Gość w domu, Bóg w domu* – Gast im Hause, Gott im Hause. Deutsche Punktlichkeit ist in Polen ebenfalls nicht gefragt. Persönliche Gastgeschenke aber sind ein Muss. Beherzigen Sie also Lösung c) und Sie zeigen sich von Ihrer besten Seite.

## Situation 4

### Böse Witze

Sie sind bei einem Empfang Ihres polnischen Geschäftspartners und repräsentieren Ihren deutschen Arbeitgeber. Die meisten Teilnehmer und Gäste kennen Sie kaum. Zu fortgeschrittener Stunde hören Sie Witze, die man Ihnen übersetzt. Es geht dabei um alle möglichen Minderheiten und Randgruppen, das Gros allerdings sind Judenwitze. **Wie gehen Sie damit um?**

**a)** Vor allem der als Scherz daherkommende Antisemitismus trifft Sie unvorbereitet. Sie sind fassungslos, ja entsetzt, und beschließen, rasch, unauffällig und dezent von der Bildfläche zu verschwinden.
**b)** Sie verleihen Ihrer Empörung Ausdruck und stellen in einer klugen, kleinen Grundsatzrede klar, weshalb Sie derartige Zynismen nicht zum Lachen finden.
**c)** Sie atmen tief durch, lächeln vieldeutig, und schalten ansonsten auf Durchzug. Unkommentiert lassen Sie die Runde ihre Witze erzählen.

### Kommentar

Nur mit Lösung c) beherrschen Sie die ja lediglich von Ihnen als heikel empfundene Situation. Reaktion a) und Reaktion b) sind zwar beide nachvollziehbar, der Situation aber nicht angemessen. Unser Humorverständnis und unsere spezifisch deutschen Ansichten über *Political Correctness* decken sich nicht mit denen der Polen. Machen Sie sich klar, dass es Themen gibt, bei denen man sich als Deutscher besser zurückhält. Dazu gehört auch der Umgang mit Judenwitzen und antisemitischen Äußerungen. Unser kollektives historisches Gedächtnis hat andere Empfindlichkeiten gespeichert, als das polnische. Deutsche waren Verursacher des Holocaust, nicht Polen. Diesem unterschiedlichen historischen Hintergrund entsprechend klingen Judenwitze in polnischen Ohren nicht annähernd so zynisch wie in unseren. Sie entsprechen eher dem Niveau unserer Ostfriesen-Witze.

## Situation 5

### Familienanschluss

Ihre Familie begleitet Sie auf eine Dienstreise nach Polen. Die ersten Gespräche mit Ihrem künftigen polnischen Geschäftspartner verliefen zwar noch wenig konkret, jedoch in freundschaftlicher Atmosphäre. Statt einen Termin vorzuschlagen, um nunmehr in die engeren Vertragsverhandlungen einzutreten, lädt Ihr polnischer Partner Sie und Ihre Familie in sein Wochenendhaus auf dem Land ein. **Mitmachen oder ablehnen?**

**a)** Diese quasi private Einladung kommt Ihnen viel zu schnell. Sie wollen allerdings nicht als Spielverderber dastehen und erfinden daher eine möglichst diplomatische Ausrede. Erst die Arbeit, dann das Vergnügen! Ein privates Treffen der Familien verschieben Sie auf einen späteren Zeitpunkt.

**b)** Sie nehmen die Einladung dankend an und drücken Ihre Freude darüber aus, dass sich nun auch die beiderseitigen Familien kennen lernen.

**c)** Ein solches Ansinnen lehnen Sie strikte ab. Was geht den polnischen Kollegen Ihre Familie an? Sie haben ausschließlich ihr Verhandlungsziel im Kopf und bestehen nachdrücklich auf einem konkreten Termin im Büro unter Hinzuziehung der Anwälte, worüber Sie eine schriftliche Notiz verfassen.

### Kommentar

Lösung c) bitte nicht, wenn Sie noch eine Chance haben wollen, die Verhandlung zu einem guten Ende zu bringen. Lösung a) wird auf Verständnis stoßen, entspricht aber nicht polnischen Vorstellungen vom Umgang miteinander. Ein deutscher Geschäftsmann fixiert gern alles Wichtige schriftlich, zieht im Geschäftsverkehr generell den Brief vor, kurz und präzise. In Polen wird er damit nicht weit kommen. Ohne persönliche Treffen, die eine vertrauensvolle Atmosphäre schaffen, läuft einfach nichts. Je lockerer der persönliche Kontakt, je größer die gegenseitige Sympathie, desto besser das Geschäft. Das sollte Ihre Devise sein.

## Situation 6

### Das Blaue vom Himmel

Immer wieder werden Sie in Polen – egal ob im Privatbereich oder bei Geschäftsverhandlungen – erleben, dass Termine nicht eingehalten werden. Ein polnischer Verhandlungspartner hat Ihnen beispielsweise versichert, es sei überhaupt kein Problem, eine Leistung zu einem bestimmten Stichtag zu erbringen. Ein polnischer Freund etwa verspricht Ihnen, ein besonderes Ersatzteil kurzfristig zu besorgen. Doch die vereinbarten Termine platzen mehrfach, auch wenn Ihre Gegenüber warmherzig immer wieder beteuern: *Nie ma sprawy!* – Das ist keine Angelegenheit. **Was tun Sie?**

**a)** Sie sind verärgert und weisen Ihren polnischen Partner zurecht: »Sie hätten mir doch rechtzeitig sagen müssen, dass Sie den Termin nicht einhalten können!«

**b)** Sie setzen Ihrem Partner ultimativ eine letzte Frist, dem Freund drohen Sie mit Aufkündigung der Freundschaft, wenn er Sie noch länger hinhält.

**c)** Sie zeigen Verständnis für die Gegenseite, bitten geduldig darum, doch tunlichst »am Ball zu bleiben« und setzen Ihr Vertrauen in die polnische Fähigkeit, Probleme auch unorthodox in den Griff zu bekommen.

### Kommentar

Hier treffen zwei Mentalitätswelten aufeinander. Deutsche lieben es geradlinig und verlässlich. Termine sind einzuhalten. Passiert Unvorhersehbares, erwartet man sofortige Benachrichtigung. In Polen dagegen müssen Sie auch im Geschäftsleben damit rechnen, dass Ihnen das Blaue vom Himmel herunter versprochen wird. Ein »Nein, das ist nicht zu schaffen!«, werden Sie kaum je hören. Polen winden sich lieber und versuchen, zu improvisieren. Lösung b) dürfte folglich das Ende der Beziehungen bedeuten. Lösung a) lässt schuldbewusste Partner zurück, die Ihren Ärger nicht so recht verstehen. Schließlich hat man sich bemüht. Lösung c) bringt Sie am weitesten. Auch wenn Sie noch so sauer sind, bleiben Sie gelassen.

# Literaturtipps – eine Auswahl der Autorin

## Geschichte, Politik und Landeskunde

Bachmann, Klaus: *Polens Uhren gehen anders.* Warschau vor der Osterweiterung der Europäischen Union. Stuttgart u. a. 2001, Hohenheim Verlag.
(Unvoreingenommenes und aktuelles Portrait Polens kurz vor dem EU-Beitritt, mit allen Sorgen, Ängsten und Hoffnungen der Menschen.)

Becher, Ursula, Borodziej, Włodzimierz & Maier, Robert (Hrsg.): *Deutschland und Polen im zwanzigsten Jahrhundert,* Analysen – Quellen – didaktische Hinweise. Hannover 2001, Hahn Verlag.
(Genaue Analyse der Geschichte des leidvollen Jahrhunderts. Gemeinschaftsarbeit deutscher und polnischer Wissenschaftler.)

Bingen, Dieter: *Die Republik Polen. Eine kleine politische Landeskunde.* Bonn 1999, Verlag Bonn aktuell.
(Gute und kurze Darstellung des Systemwechsels, der polnischen Politik, Verwaltung und Gesellschaft.)

Davies, Norman & Griese, Friedrich: *Im Herzen Europas. Geschichte Polens.* München 2000, C.H. Beck Verlag.
(Die anerkanntermaßen beste Darstellung der polnischen Geschichte, wissenschaftlich exakt und dabei gut lesbar.)

Escher, Felix & Vietig, Jürgen: *Deutsche und Polen.* Eine Chronik, Berlin 2002, Nicolai Verlag.
(Chronik zur Fernsehserie, die einen guten Überblick über die gemeinsame Geschichte gibt.)

Gross, Jan T. (Übers. Friedrich Griese): *Nachbarn.* München 2001, Verlag C.H.Beck.
(Der Mord an den Juden von Jedwabne. Über kein Buch wurde in der polnischen Nachwendezeit so kontrovers diskutiert.)

Hoensch, Jörg K.: *Geschichte Polens.* Stuttgart 1998, UTB Verlag.
(Wissenschaftliche Abhandlung über Polens Geschichte, fachlich hervorragendes Standardwerk, aber nicht so gut lesbar.)

Hoffman, Eva: *Im Schtetl.* Die Welt der polnischen Juden. Wien 2000, Zsolnay Verlag.
(Ohne Sentimentalität geschriebenes Portrait der polnisch-kanadischen Journalistin, das die Welt des Ostjudentums fassbar macht.)

Jäger-Dabek, Brigitte: *Polen. Eine Nachbarschaftskunde für Deutsche.* Berlin 2004, Ch. Links Verlag. (Zum Weiterlesen die ausführliche Landeskunde.)

Jäger-Dabek, Brigitte: *Polens Ostseeküste & Masuren,* Iwanowski's Reisebuchverlag, 4. Aufl. 2005 (Ein Reiseführer mit vielen Tipps für individuelle Entdecker)

Krzeminski, Adam: *Polen im 20. Jahrhundert.* Ein historischer Essay. München 1998, C.H. Beck Verlag. (Brillanter Essay des polnischen Publizisten (Herausgeber der Polytika) über Polens Kampf um Freiheit und Souveränität.)

Lawaty, Andreas & Orłowski, Hubert: *Deutsche und Polen.* Geschichte, Kultur, Politik. München 2003, Verlag C.H.Beck. (Das Kompendium mit Aufsätzen zu Geschichte und Gegenwart Polens.)

Schlögel, Karl: *Die Mitte liegt ostwärts.* Europa in Übergang, München 2002, Hanser Verlag. (Ein kluges Buch über das unbekannte Europa östlich der Oder.)

Schlögel, Karl: *Promenade in Jalta und andere Städtebilder,* Frankfurt 2003, Fischer Taschenbuch Verlag. (Hervorragende Städteportraits aus dem östlichen Europa.)

Urban, Thomas: *Polen.* München 1998, Beck'sche Reihe Länder. (Kleiner Band, in dem komprimiert unser Nachbarland vorgestellt wird.)

## Wirtschaft

Djanani, Christiana, Brähler, Gernot & Lösel, Christian: *Investitionen und Steuern in Polen.* Doing Business in Poland. Herne 2005, Nwb Verlag. (Was der Investor über polnisches Recht und das polnische Steuersystem wissen muss.)

Günther, Jutta & Jajesniak-Quast, Dagmara: *Willkommene Investoren oder nationaler Ausverkauf?* Berlin 2006, BWV – Berliner Wissenschafts-Verlag. (Studie zu dem sensiblen Komplex ausländischer Investitionen in den Transformationsländern.)

Mewaldt, Andrea: *Managerwissen kompakt: Polen.* München 2006, Hanser Verlag. (Wie man geschäftliche Beziehungen nach Polen aufbaut und polnische Businessregeln beherzigt.)

## Deutsch-Polnisches

Dönhoff, Marion Gräfin: *Polen und Deutsche. Die schwierige Versöhnung.* München 1993, Goldmann Verlag.
(Kluges zu Geschichte und Perspektiven der deutsch-polnischen Beziehungen. Ein Plädoyer für die Notwendigkeit zur Versöhnung.)

Meyer, Enno: *Deutschland und Polen.* Stuttgart 1999, Klett Schulbuchverlag.
(Leicht verständliche Darstellung des deutsch-polnischen Verhältnisses von den polnischen Teilungen bis zur Gegenwart.)

Urban, Thomas: *Von Krakau bis Danzig.* Eine Reise durch die deutsch-polnische Geschichte. München 2000, C.H. Beck Verlag.
(Anhand der Geschichte von Krakau, Posen, Breslau, Kattowitz, Lodz, Warschau und Danzig wird die vielfältige Verflechtung polnischer und deutscher Geschichte dargestellt.)

## Belletristik

Chwin, Stefan: *Tod in Danzig.* Reinbek 2000, Rowohlt Taschenbuch Verlag.
(Eines der bekanntesten polnischen Bücher, das sich mit dem Kriegsende in Danzig befasst, auch mit Flucht und Vertreibung.)

Grass, Günter: *Danziger Trilogie.* München 1997, dtv.
(Eine Art Pflichtlektüre. Die drei Romane »Die Blechtrommel«, »Katz und Maus« sowie »Hundejahre« mit dem Zentralthema Danzig in einem Band.)

Grass, Günter: *Unkenrufe.* Göttingen 1992, Steidl Verlag.
(Eine deutsch-polnische Nachwendegeschichte, die in Danzig spielt.)

Grass, Günter: *Im Krebsgang.* Göttingen 2002, Steidl Verlag.
(Die Novelle des Danzigers erzählt über Flucht und Vertreibung sowie Neonazismus.)

Grass, Günter: *Beim Häuten der Zwiebel.* Göttingen 2006, Steidl Verlag.
(Wie der Literaturnobelpreisträger als 17-jähriger zur Waffen-SS eingezogen wurde und anderes aus den jungen Lebensjahren.)

Huelle, Pawel: *Weiser Dawidek.* Frankfurt/Main 1990, Luchterhand Literaturverlag.
(Roman eines Sommers im kriegszerstörten Danzig.)

Huelle, Pawel: *Schnecken, Pfützen, Regen und andere Geschichten aus Gdansk.* Hamburg 1992, Luchterhand Literaturverlag.
(Berichte über Huelles Heimatstadt Danzig aus der Sicht eines Heranwachsenden.)

Huelle, Pawel: *Silberregen. Danziger Erzählungen.* Berlin 2000, Rowohlt Verlag.
(Noch mehr Geschichten aus dem Danzig der Nachkriegszeit.)

Lec, Stanislaw Jerzy: *Sämtliche unfrisierte Gedanken.* Dazu Prosa und Gedichte. München 1999, Sanssouci Verlag.
(Aphorismen vom Meister. Vorsicht, es könnte auch ihr Lieblingsbuch werden.)

Milosz, Czeslaw: *Das Tal der Issa.* Frankfurt/M. 2000, Eichborn Verlag.
(Der Roman lässt die vergangene Welt der Polen in Litauen zu Beginn des letzten Jahrhunderts lebendig werden.)

Stasiuk, Andrzej: *Die Welt hinter Dukla,* Frankfurt/Main 2000, Suhrkamp Verlag.
(Ein Meisterwerk der literaischen Miniatur, das Eindrücke aus der Provinz am Rande der Karpaten vermittelt.)

Szymborska, Wislawa: *Auf Wiedersehen. Bis morgen.* Frankfurt/Main 1995, Suhrkamp Taschenbuchverlag.
(Große Gedichte der polnischen Literaturnobelpreisträgerin.)

Szczypiorski, Andrzej: *Die schöne Frau Seidenman.* Roman. Zürich 2000, Diogenes Verlag.
(Thema des Romans ist die Rettung der Irma Seidenman im besetzten Warschau des Jahres 1943.)

Tokarczuk, Olga: *Taghaus, Nachthaus,* München 2004, dtv.
(Liebevolles literarisches Portrait der Grenzregion zu Tschechien, ein hintergründiges, großartiges Buch.)

## Kultur

Dedecius, Karl: *Die Dichter Polens. Hundert Autoren vom Mittelalter bis heute.* Ein Brevier, Frankfurt/Main 1996, Suhrkamp Verlag.
(Kurze Darstellung der hundert wichtigsten Dichter Polens.)

Dedecius, Karl: *Zur Literatur und Kultur Polens,* Frankfurt/Main 1990, Suhrkamp Verlag.
(Essays zur Literatur Polens und zur Übersetzung.)

Muthesius, Stefan: *Kunst in Polen.* Polnische Kunst 966-1990. Eine Einführung, Königstein 1994, Die Blauen Bücher, Verlag Langewiesche.
(Interessant für diejenigen, die das Thema vertiefen wollen)

## Polnische Küche

*Deutsch-polnisches Kochbuch* als PDF aus dem Internet herunterladen, was die Europa-Region Hannover im Rahmen des deutsch-polnischen Jahres 2005/2006 herausgegeben hat.
(Auf 68 Seiten finden sich zweisprachig Rezepte. http://www.europaregion-hannover.de/files/05_08_19_kochbuch_polen.pdf)

Liepe, Margrit: *Polnisch kochen. Gerichte und ihre Geschichte,* Göttingen 2003, Verlag Die Werkstatt.
(Hier lernen Sie auch die Regionalküche kennen und erfahren alles über die vielfältigen Einflüsse aus Ost und West.)

## Sprachführer

### Reisesprachführer

Erwarten Sie nicht zu viel von Reisesprachführern: Sie dienen eher als Überlebenshilfe und taugen nicht so sehr zum Erlernen der Sprache:

Hoppe, Janusz & Klemm, Waldemar: *PONS Reisewörterbuch.* Stuttgart 2000, Ernst Klett Verlag.
(Guter Reisesprachführer mit übersichtlicher Gliederung und lebensnahen Satzbeispielen.)

Yilmaz, Ethem: *Der Sprachführer, Polnisch,* München 1996, Max Hueber Verlag.
(Wegen seiner vielen Mustersätze und reisepraktischen Hinweisen nützlich für die Reise)

### Lehrbücher

Köttgen, Alina: *Spotkania.* Ein Polnischlehrwerk für Erwachsene. München 1994, Hueber Verlag.
(Zu diesem Buch gibt es ein Arbeitsbuch sowie Audio-Cassetten, was es auch zum Selbstlernen tauglich macht. Das Lehrbuch der Volkshochschulen.)

Kotyczka, Josef: *Kurze polnische Sprachlehre.* Berlin 2000, Verlag Volk und Wissen.
(Übersichtlich, klar gegliedert und mit gut strukturierten Lerneinheiten versehen, führt diese Sprachlehre zu einem unschlagbaren Preis in die polnische Sprache ein: das Standardwerk an Universitäten.)

# Register

## S



## T



## U



## V

## W



## Y



## Z

**IWANOWSKI'S / REISEBUCHVERLAG**

# FÜR INDIVIDUELLE ENTDECKER

## REISEHANDBÜCHER

**Europa**
Andalusien *
Barcelona **2007**
Dänemark*
Finnland*
Griechenland*
Irland*
Island*
Kreta*
Kykladen
Litauen mit Kurischer Nehrung* **2007**
Liparische Inseln, Insel- und Wanderführer *
Madeira, Inselführer*
Madrid **2007**
Mallorca, Inselführer*
Mallorca, Wanderführer*
Malta mit Gozo, Inselführer*
Moskau & Goldener Ring **2007**
Nordspanien & der Jakobsweg* **2007**
Norwegen*
Peloponnes*
Polens Ostseeküste & Masuren*
Provence mit Camargue*
Rhodos/Dodekanes
Rom und Umgebung
Samos/Ostägäis
Schottland*
Schweden*
Slowakei*
Slowenien mit Istrien und Triest*
Tal der Loire * **2007**
Teneriffa, Inselführer*
Toskana*
Trentino und Gardasee*
Tschechien*
Zypern*

**Asien**
Bali*
Hong Kong
Peking
Singapur **2007**
Sri Lanka/Malediven*
Thailand mit Phuket* **2007**
Vereinigte Arabische Emirate mit Dubai und Abu Dhabi* **2007**
Vietnam*

**Afrika**
Botswana*
Kapstadt & Garden Route*
Kenia/Nordtanzania*
Madagaskar, Inselführer
Mauritius/Réunion*
Namibia*
Namibia/Naturschutzgebiete*
Namibia, Gästefarm- und Lodgeführer*
Südafrikas Norden und Ostküste*
Südafrika*
Uganda/Ruanda*
Zambia*

**Amerika**
Bahamas
Chile mit Osterinsel*
Dominikanische Republik*
Florida*
Florida, Vergnügungsparks
Hawaii*
Kalifornien*
Kanada/Osten*
Kanada/Westen*
Karibik/Kleine Antillen*
Kuba, Inselführer*
Mexiko*
New York
San Francisco
USA/Große Seen
USA/Nordosten*
USA/Nordwesten*
USA/Ostküste*
USA/Süden*
USA/Südwesten*
USA/Westen*

**Pazifik**
Australien mit Outback*
Neuseeland*
Südsee

## REISEGAST IN...

Ägypten **2007**
China
England
Indonesien
Indien
Japan
Korea
Philippinen
Polen **2007**
Russland
Thailand
USA

*** mit herausnehmbarer Reisekarte**

Iwanowski's Reisebuchverlag GmbH • Salm-Reifferscheidt-Allee 37 • D- 41540 Dormagen
TEL: 0 21 33/26 03 11 • FAX: 0 21 33/26 03 33 • E-MAIL: INFO@IWANOWSKI.DE
**www.iwanowski.de**